介護福祉士の
専門性
とは何か

私たちの果たすべき
役割と責任

編集●公益社団法人 日本介護福祉士会
協力●一般財団法人 医療経済研究・社会保険福祉協会

中央法規

はじめに

　介護福祉士の国家資格制度が創設されて三十数年が経過しました。

　わが国では、高齢者数が増加する一方で少子化も進み、人口減少社会を迎えています。大幅に増加した要介護高齢者を支える介護人材だけをみても、2025（令和7）年度には約243万人が必要とされるデータも出されています。

　介護人材の必要性は国民だれもが感じているなかで、その中心的役割をになう介護福祉士の社会的評価は確立されているとはいえません。また、私たち介護福祉士の専門性については、国民だけでなく、関係職種間でも、まだまだ十分に認識されているとはいえません。

　そこでこのたび、多くのみなさまの協力を得ながら、介護福祉士の専門性を伝える書籍を刊行することにしました。国民のみなさま、日々の業務で連携している関係職種のみなさま、介護福祉士をめざす学生のみなさま、そして、介護福祉士のみなさま自身に、ぜひこの本を手に取っていただき、介護福祉士の専門性や価値を理解していただければと思います。

　私たち介護福祉士の役割が、食事や入浴、排泄といった生活行為を支援することだけではなく、身体介護や生活援助を通して、介護を必要とする方々のそれぞれの「暮らし・人生・いのち」を理解し支えることであることがご理解いただけるはずです。

　そして、介護福祉士のみなさまが、そのことをあらためて再認識いただき、自信と誇りをもって、この役割をになっていただきたいと考えています。

　最後に、本書の刊行にあたりましては、国立研究開発法人国立長寿医療研究センターの大島伸一名誉総長をはじめ、一般財団法人医療経済研究・社会保険福祉協会の辻哲夫理事長、一般社団法人日本在宅ケアアライアン

スの新田國夫理事長ほか多くのみなさまとの勉強会の場や、意見交換の場で頂戴した貴重なご意見と、あわせてご理解とご協力をいただきましたことに心から御礼申し上げます。特に一般財団法人医療経済研究・社会保険福祉協会さまには、介護福祉士の専門性に関する深いご理解のもと、有資格者や多職種に広く読まれる書籍を発行することを企画立案時からご支援いただき、制作中も種々のご協力を賜りました。本当にありがとうございました。

公益社団法人日本介護福祉士会　会長
及川ゆりこ

目次

はじめに

研究代表者からのメッセージ

第❶章 超高齢社会日本の医療・介護領域将来予測

第❷章 介護従事者の基本的理解と 介護福祉士誕生の背景

第❸章　介護従事者の現在にいたる歴史的変遷

第④章 医療・介護連携における介護福祉士への期待

第**5**章　多職種連携において発揮される介護福祉士の役割

研究代表者からのメッセージ

　高齢化の進行とともに、高齢者の介護需要が増加しつづけている。国はこうした事態を予測し、介護保険制度（1997（平成9）年介護保険法成立、2000（平成12）年施行）を創設、2012（平成24）年には「社会保障制度改革国民会議」を開催し、2013（平成25）年に「治す」から「治し支える」医療への転換という提言がなされた。

　これまでの医療は「医術で病気をなおすこと」（『広辞苑 第六版』岩波書店、2008年）であり、老化や死は克服すべき挑戦の対象であると考えられてきたが、医療にも治すだけでなく支える役割がある、という考え方へと大きく変わったのである。支える医療では老化や死は治すべきものではなく受け入れていくものとして、医療に救命・延命・機能回復というだけでなく、生命・生活・人生全般を支えるという役割を求め、医療・看護・介護等関係職種が連携して支えていこうというのである。

　これを受けて2014（平成26）年には「地域における医療及び介護の総合的な確保を推進するための関係法律の整備等に関する法律（医療介護総合確保推進法）」を制定するなど、政策的にさまざまな対応をしてきている。

　社会のしくみや制度は社会の変化とその成熟度によって変わってくる。介護・福祉を含む医療との連携が利用者のQOL（Quality of Life：生活の質）をより高めるために、重要な意味をもつという変化が着実に進んでいるにもかかわらず、介護の専門家である介護福祉士への評価は不当に低い。これは介護福祉士の専門性が明らかにされていないだけでなく、連携が必須である医師や看護師等の医療従事者にすら、その専門性がよく知られていないからである。

　介護とは「高齢者・病人などを介抱し、日常生活を助けること」であり、福祉とは「幸福。公的扶助やサービスによる生活の安定、充足」（『広辞苑 第七版』岩波書店、2018年）、介護福祉士とは、介護を必要とする

人により適切で有効な介護を提供し、QOL をより高めるために社会から要請されて設置された専門職である。とくに高齢期で QOL を高め維持するためには、治療よりも適切な介護の提供が重要である。

超高齢社会が急速に進行するなかで医療と介護が一体化して論じられるほどに変化してきている今、介護の専門性とは何かが問われるのは必然であり、それに専門職能団体が応えなければならないのも当然である。

では、介護の専門性とは何か。この問題に正面から取り組み、関連職種が集まり5回にわたって議論し、その取りまとめを含めた叡智を日本介護福祉士会が中心となって編集したものが本書である。

介護を直接ににになうのは介護職である。介護職には介護福祉士、介護福祉士実務者研修修了者、介護職員初任者研修修了者、生活援助従事者研修修了者などがあるが、国家資格をもち介護の専門職として認定されているのは介護福祉士だけである。

国は高齢化の進展とともに急増する介護の需要に合わせて、介護福祉士の数を大幅に増やすことを決め、さらには、医療・介護等社会保障の提供体制を再構築するなかで、介護の職能についても検討を行い、一定の条件のもとに喀痰吸引等の医療行為を実施できるように法律を改正した。これはきわめて限定されたものではあるが医療行為への道を開いたという意味では画期的なことである。

こうした社会の動きを受けてか、『広辞苑 第七版』では、医療の項目が「①医術で病気をなおすこと。療治。治療。②医学的知識をもとに、福祉分野とも関係しつつ、病気の治療・予防あるいは健康増進をめざす社会的活動の総体」とその定義が大きく変更されている。第六版までは①の説明だけで②はなかったのである。これは医療のなかに福祉の概念が入ってきたことが、社会的にも広く理解され、認知、承認されてきたものと理解してよいだろう。

医療・介護の需要が量的・質的に変化するなかにあって、介護の専門職としての介護福祉士は、社会ではどのようにみられているのか。社会福祉

振興・試験センターの就労状況調査によると、資格をもちながら介護福祉士として就業している者は76.3％にすぎない（社会福祉振興・試験センター「社会福祉士・介護福祉士・精神保健福祉士就労状況調査（令和2年度）結果報告書」2021年）。理由は離職者がきわめて多いからである。介護職、とくに専門職である介護福祉士に対する社会の理解や評価が正しくなされていないということであろう。

　さらに、介護職を考えるとき、職の多様化と役割のあり方が問題を複雑にしている点についても指摘せざるを得ない。介護職といえばヘルパーと介護支援専門員（ケアマネジャー）というのが社会における認識である。ヘルパーとは、法的には訪問介護員（ホームヘルパー）と規定され、介護保険制度上の訪問介護（ホームヘルプサービス）を実施する職の総称である。これには介護福祉士のほか、前述した各都道府県または各都道府県が指定した研修事業者が実施する研修を修了し、証明書の交付を受けた者をさす職種が含まれている。また、最近は介護福祉士でケアマネジャーの資格をもつ者が増えているが、ケアマネジャーは介護職ではないのである。

　このように介護福祉士に対する社会的な理解はとぼしく、介護の専門職として認定されているのが、国家資格をもつ介護福祉士だけであるということを、国民のどれほどが理解しているのだろうか。生活、すなわち衣食住のQOLを支援する専門家がこれほど国民から求められているにもかかわらず、なぜこれほど正しく理解されていないのか。

　本書では介護福祉士という職種の社会的位置づけの正しい理解に加え、その職に求められている介護の専門性について詳しく述べている。社会に介護福祉士の使命・業務を正しく理解し評価してもらうには、何よりも当事者である介護福祉士みずからが主体的に取り組み変えていくしかない。

国立研究開発法人国立長寿医療研究センター　名誉総長
公益社団法人日本介護福祉士会認定介護福祉士認証・認定機構　機構長
大島伸一

超高齢社会日本の
医療・介護領域将来予測

第1章

1 人口・財政からみた将来予測と課題

東北福祉大学総合福祉学部社会福祉学科　講師
二渡　努

　本節では、今後のわが国の介護施策の方向性を確認する前提として、わが国の人口の推移と介護保険制度等に関する統計データから、介護サービスを取り巻く現状と今後の課題について確認する。

1 わが国の人口の推移と将来推計について

　図表 1-1 は、わが国の高齢化の推移と将来推計である。「人口推計」（総務省統計局）によると、2022（令和 4）年 10 月 1 日現在、わが国の総人口は 1 億 2494 万 7000 人であり、年齢 3 区分別人口の割合は、年少人口（15 歳未満）が 11.6％（1450 万 3000 人）、生産年齢人口（15 歳から 64 歳）が 59.4％（7420 万 8000 人）、老年人口（65 歳以上）が 29.0％（3623 万 6000 人）である。わが国は 2011（平成 23）年以降、人口減少社会に突入しており、2022（令和 4）年の総人口は前年と比較すると 55 万 6000 人減少した。他方、公衆衛生の向上や医療技術の発達による平均寿命の延伸、出生率の低下により、わが国の高齢化率は1950（昭和 25）年時点の 4.9％から現在に至るまで一貫して上昇しつづけ、2022（令和 4）年には 29.0％と過去最高となり、世界でもっとも高い値を示している。

図表 1-1　高齢化の推移と将来推計

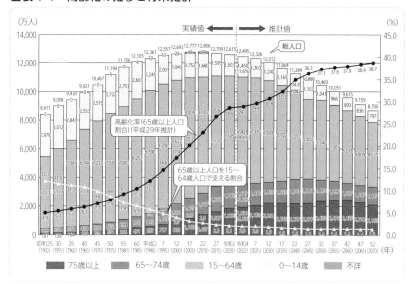

資料：棒グラフと実線の高齢化率については、2020 年までは総務省「国勢調査」（2015 年及び 2020 年は不詳補完値による）、2022 年は総務省「人口推計」（令和 4 年 10 月 1 日現在（確定値））、2025 年以降は国立社会保障・人口問題研究所「日本の将来推計人口（令和 5 年推計）」の出生中位・死亡中位仮定による推計結果

注 1：2015 年及び 2020 年の年齢階級別人口は不詳補完値によるため、年齢不詳は存在しない。2022 年の年齢階級別人口は、総務省統計局「令和 2 年国勢調査」（不詳補完値）の人口に基づいて算出されていることから、年齢不詳は存在しない。2025 年以降の年齢階級別人口は、総務省統計局「令和 2 年国勢調査　参考表：不詳補完結果」による年齢不詳をあん分した人口に基づいて算出されていることから、年齢不詳は存在しない。なお、1950 ～ 2010 年の高齢化率の算出には分母から年齢不詳を除いている。ただし、1950 年及び 1955 年において割合を算出する際には、注 2 における沖縄県の一部の人口を不詳には含めないものとする。

注 2：沖縄県の昭和 25 年 70 歳以上の外国人 136 人（男 55 人、女 81 人）及び昭和 30 年 70 歳以上 23,328 人（男 8,090 人、女 15,238 人）は 65 ～ 74 歳、75 歳以上の人口から除き、不詳に含めている。

注 3：将来人口推計とは、基準時点までに得られた人口学的データに基づき、それまでの傾向、趨勢を将来に向けて投影するものである。基準時点以降の構造的な変化等により、推計以降に得られる実績や新たな将来推計との間には乖離が生じうるものであり、将来推計人口はこのような実績等を踏まえて定期的に見直すこととしている。

注 4：四捨五入の関係で、足し合わせても 100.0% にならない場合がある。

出典：内閣府「令和 5 年版高齢社会白書」

国立社会保障・人口問題研究所の「日本の将来推計人口」（令和5年推計）における出生中位（死亡中位）推計結果によると、今後も人口の減少と高齢化率の上昇は継続し、わが国の総人口は2056（令和38）年には9965万人と1億人を下回り、2070（令和52）年には8700万人になると推計されている。高齢化率は2056（令和38）年は37.6％、2070（令和52）年は38.7％と推計されており、老年従属人口指数（生産年齢人口100に対する老年人口の比）は、1950（昭和25）年に8.3（働き手12.1人で高齢者1人を扶養）であったものが、2021（令和3）年に48.6（同2.1人で1人を扶養）、2056（令和38）年には71.2（同1.4人で1人を扶養）、2070（令和52）年には74.2（同1.3人で1人を扶養）となり、生産年齢人口に対する負担は非常に大きなものになると予想されている。

　わが国の戦後の福祉施策は救貧対策が中心であったが、高齢化率の上昇にともない、高齢者への政策的な対応が求められるようになり、1963（昭和38）年に老人福祉法が制定された。その後、わが国は他国と比較して急速に高齢化が進み、1970（昭和45）年から1994（平成6）年のわずか24年間で高齢化率7％から14％に到達した。この状況に対応すべく、1987（昭和62）年に社会福祉士及び介護福祉士法、1991（平成3）年に育児休業等に関する法律（現「育児休業、介護休業等育児又は家族介護を行う労働者の福祉に関する法律（育児・介護休業法）」）、1997（平成9）年に「介護保険法」が制定され、介護は家庭内のみで対応する課題ではなく、社会全体で対応すべき課題であると位置づけられ、介護の社会化を推進する政策的な取り組みが進められた。

2　わが国の財政状況について

　このように、わが国の人口構造は戦後の人口ボーナス期から人口オーナス期へと移行し、社会保障制度の持続可能性の観点から、高齢者の医療、

年金、介護などの社会保障費への対応は焦眉の急である。本稿が射程とする今後の介護施策を検討するにあたり、国民医療費と介護給付費の推移について確認する。

(1) 国民医療費の推移について

　「国民医療費の概況」（厚生労働省）の国民医療費、対国内総生産・対国民所得比率の年次推移をみると、2020（令和2）年度の国民医療費は42兆9665億円、人口1人あたりの国民医療費は34万600円であり、対国内総生産比率は8.02%、対国民所得比は2019（令和元）年度において11.06%であった。対して1955（昭和30）年度の国民医療費は2388億円、対国内総生産比率は2.78%、対国民所得比は3.42%となっており、両者を比較すると、国内総生産に対する比率は2.9倍、国民所得に対する比率は3.2倍と国民医療費の負担割合が高まっている。

　また、「国民医療費の概況」（厚生労働省）の2020（令和2）年度における年齢階級別国民医療費は、65歳未満が38.5%（16兆5350億円）、65歳以上が61.5%（26兆4315億円）と高齢者が全体の半分以上を占めている。年齢階級別に1人あたりの国民医療費をみると、65歳未満は1人あたり18万3500円であるのに対して、65歳以上は73万3700円とおよそ4.0倍となっている。高齢者はほかの世代と比較すると疾病リスクが高いため、差異が生じることは自明であるが、先にみたように、わが国の高齢化率はさらなる上昇が見込まれるため、それにともない増大が予想される国民医療費の抑制は至上命題である。

(2) 介護給付費の推移について

　介護保険制度はわが国の5番目の社会保険制度として2000（平成12）年よりスタートし、20年以上が経過した。疾病などにより介護が必要となるリスクは自身だけでなく、家族にも存在する。介護保険制度は自

身の介護はもちろんのこと、いつ訪れるかわからない家族の介護リスクにも備える必要不可欠な制度となった。

　要介護（要支援）認定者数の推移（年度末現在）は**図表 1-2** のとおりである。2000（平成 12）年度の制度開始時に 256 万 2000 人だった利用者数は、2021（令和 3）年度に 689 万 6000 人とおよそ 2.7 倍に増加している。サービス受給者数（1 か月平均）は**図表 1-3** のとおり 2000（平成 12）年度の 184 万人から 2021（令和 3）年度には 589 万人となり、およそ 3.2 倍に増加している。認定者数、受給者数の増加にともなって、**図表 1-4** の年度別給付費（利用者負担を除いた額）も増加しており、2000（平成 12）年度の 3 兆 2427 億円から 2021（令和 3）年度には 10 兆 4317 億円とおよそ 3.2 倍となっている。また、第 1 号被保険者の介護保険料（全国平均、月額、加重平均）も一貫して増加しており、第 1

図表 1-2　認定者数の推移

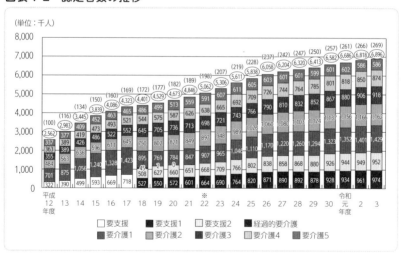

注 1：（　）の数値は、平成 12 年度を 100 とした場合の指数である。
注 2：平成 29 年度から全市町村で介護予防・日常生活支援総合事業を実施している。
※：東日本大震災の影響により、平成 22 年度の数値には福島県内 5 町 1 村の数値は含まれていない。
出典：厚生労働省「令和 3 年度介護保険事業状況報告（年報）」

図表 1-3　サービス受給者数（1 か月平均）

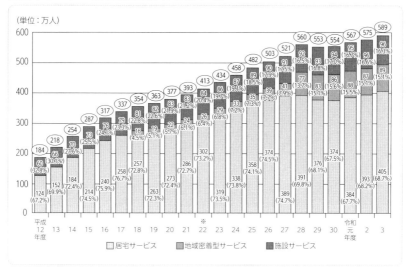

注1：（　）は各年度の構成比。
注2：各年度とも 3 月から 2 月サービス分の平均（但し、平成 12 年度については、4 月から 2 月サービス分の平均）。
注3：平成 18 年度の地域密着型サービスについては、4 月から 2 月サービス分の平均。
注4：受給者数は、居宅サービス、地域密着型サービス、施設サービス間の重複利用がある。
注5：平成 28 年 4 月 1 日から、居宅サービスである通所介護のうち、小規模な通所介護や療養通所介護は地域密着型サービスに移行している。
注6：平成 29 年度から全市町村で介護予防・日常生活支援総合事業を実施している。また、平成 29 年度末をもって、予防給付のうち訪問介護と通所介護については終了している。
※：東日本大震災の影響により、平成 22 年度の数値には福島県内 5 町 1 村の数値は含まれていない。
出典：厚生労働省「令和 3 年度介護保険事業状況報告（年報）」

期（2000（平成 12）年度から 2002（平成 14）年度）の 2911 円から、第 8 期（2021（令和 3）年度から 2023（令和 5）年度）は 6014 円とおよそ 2.1 倍となっている。先にみた国民医療費と同様に介護給付費も、高齢化にともなう認定者数の増加により、財政負担が大きな課題となっていることが理解できる。

　また、介護ニーズは量的な増大に加えて、その内容が複雑化・高度化・多様化している。**図表 1-5** の介護が必要となったおもな原因をみると、認

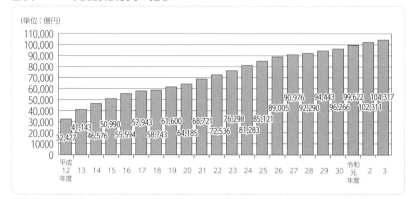

図表 1-4　年度別給付費の推移

(単位：億円)

注1：高額介護サービス費、高額医療合算介護サービス費、特定入所者介護サービス費を含む。
注2：東日本大震災の影響により、平成22年度の数値には福島県内5町1村の数値は含まれていない。
出典：厚生労働省「令和3年度介護保険事業状況報告（年報）」

図表 1-5　現在の要介護度別にみた介護が必要となったおもな原因

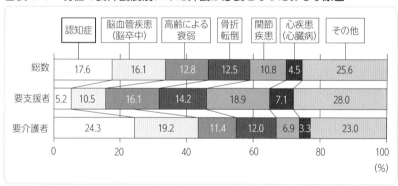

注：構成比は小数点第2位以下を四捨五入しているため、合計しても必ずしも100とはならない。
資料：厚生労働省「2019年 国民生活基礎調査」より作成
出典：介護福祉士養成講座編集委員会編『最新 介護福祉士養成講座③ 介護の基本Ⅰ 第2版』
　　　中央法規出版、2022年

知症が17.6％ともっとも多く、次いで脳血管疾患（脳卒中）が16.1％、高齢による衰弱が12.8％となっている。2013（平成25）年までの同調査では、脳血管疾患（脳卒中）がもっとも多かったが、2016（平成28）

年の調査で認知症がもっとも多くなった。このような認知症等への対応ニーズの高まりを受け、社会福祉士及び介護福祉士法における介護福祉士の定義規定は、1987（昭和 62）年の法制定時の身体介護が中心であるととらえられていた「入浴、排せつ、食事その他の介護」から、2007（平成 19）年の改正により「心身の状況に応じた介護」に改められ、身体面のみならず、心理面も含めた対応が必要とされるようになった[1]。認知症高齢者の増加は今後も継続することが推計されており、認知症高齢者に対する専門的な対応が可能な、質の高い介護人材の養成と確保は重要な課題となると考えられる。

　図表 1-6 は介護保険のサービス別 1 人あたり給付費（1 か月平均）を示したものであり、サービスの種別によって 1 人あたり給付費に差が生じていることがわかる。居宅サービス（介護予防を含む）、地域密着型サービス（介護予防を含む）、施設サービスを比較すると、施設サービスの給付費が他サービスと比較して高い傾向にあり、居宅サービスは「特定施設入居者生活介護」、地域密着型サービスは「地域密着型介護老人福祉施設入所者生活介護」「認知症対応型共同生活介護」の給付費が高いことから、入所系サービスの給付費は高い傾向にあることが理解できる。

　介護保険制度発足後、介護保険制度の持続可能性の観点から利用者負担率の引き上げや、ホテルコストの導入などが実施されている。介護保険制度の費用抑制には引き続き重度化を予防する介護予防の取り組みを強化すること、後述する「地域包括ケアシステム」を構築し、居宅サービスや地域密着型サービスを利用しながら、住み慣れた自宅での生活継続を可能とすることが有効な取り組みであると考えられる。

---

1)　「社会福祉士及び介護福祉士法等の一部を改正する法律について」平成 19 年 12 月、厚生労働省社会・援護局

図表 1-6　サービス別 1 人あたり給付費（1 か月平均）

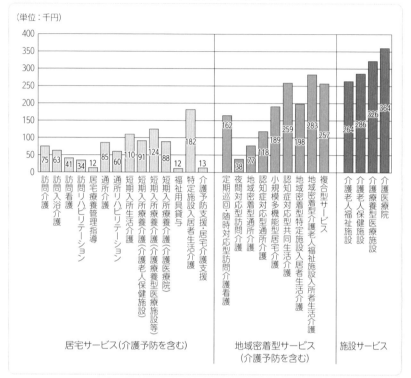

（単位：千円）

居宅サービス（介護予防を含む）

サービス	給付費
訪問介護	75
訪問入浴介護	63
訪問看護	41
訪問リハビリテーション	34
居宅療養管理指導	12
通所介護	85
通所リハビリテーション	60
短期入所生活介護	110
短期入所療養介護（介護老人保健施設）	91
短期入所療養介護（介護医療院）	124
短期入所療養介護（介護療養型医療施設等）	88
福祉用具貸与	12
特定施設入居者生活介護	182
介護予防支援・居宅介護支援	13

地域密着型サービス（介護予防を含む）

サービス	給付費
定期巡回・随時対応型訪問介護看護	162
夜間対応型訪問介護	38
地域密着型通所介護	77
認知症対応型通所介護	118
小規模多機能型居宅介護	189
認知症対応型共同生活介護	259
地域密着型特定施設入居者生活介護	198
地域密着型介護老人福祉施設入所者生活介護	283
複合型サービス	257

施設サービス

サービス	給付費
介護老人福祉施設	264
介護老人保健施設	286
介護療養型医療施設	326
介護医療院	364

注：令和 3 年度のサービスの給付費累計（高額介護サービス費、高額医療合算介護サービス費、特定入所者介護サービス費を含まない。）を、各サービス別受給者数（居宅サービス及び地域密着型サービスについては、償還給付分を含まない。）で除している。
出典：厚生労働省「令和 3 年度介護保険事業状況報告（年報）」

3　わが国の介護人材の確保について

　介護保険制度の持続可能性を検討するうえで、財政面と同様に制度を支える介護人材の確保も重要な課題である。**図表 1-7** のとおり、介護保険制度の発足時の 2000（平成 12）年度に 54.9 万人であった介護人材は、要介護（要支援）認定者数の増加にともない 2019（令和元）年度には 210.6 万人と 3.8 倍に増加している。

図表 1-7　介護職員数の推移

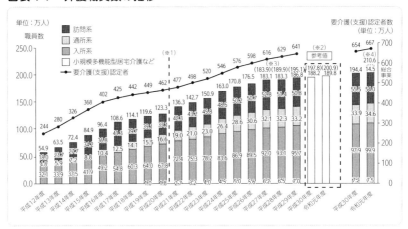

注1：介護職員数は、常勤、非常勤を含めた実人員数。（各年度の10月1日現在）
注2：調査方法の変更により、推計値の算出方法に以下のとおり変動が生じている。
　　　平成12～20年度　「介護サービス施設・事業所調査」（介サ調査）は全数調査を実施しており、各年度は当該調査による数値を記載。
　　　平成21～29年度　介サ調査は、全数の回収が困難となり、回収された調査票のみの集計となったことから、社会・援護局において全数を推計し、各年度は当該数値を記載。（※1）
　　　平成30年度～　介サ調査は、回収率に基づき全数を推計する方式に変更。一番右の2つのグラフ（平成30年度、令和元年度）は、当該調査による数値を記載。参考値は、平成29年度以前との比較が可能となるよう、社会・援護局において、介サ調査の結果に基づき、従前の推計方法により機械的に推計した数値。（※2）
注3：介護予防・日常生活支援総合事業（以下「総合事業」という。）の取扱い
　　　平成27～30年度　総合事業（従前の介護予防訪問介護・通所介護に相当するサービス）に従事する介護職員は、介サ調査の対象ではなかったため、社会・援護局で推計し、これらを加えた数値を各年度の（　）内に示している。（※3）
　　　令和元年度～　総合事業も介サ調査の調査対象となったため、総合事業に従事する介護職員（従前の介護予防訪問介護・通所介護相当のサービスを本体と一体的に実施している事業所に限る）が含まれている。（※4）
出典：厚生労働省「第8期介護保険事業計画に基づく介護職員の必要数について」2021年

　第8期介護保険事業計画の介護サービス見込み量等にもとづき、都道府県が推計した介護職員の必要数を集計すると、2025（令和7）年度に約243万人、2040（令和22）年度に約280万人となり、現状維持シナリオによる介護職員数と比較すると、2025（令和7）年度の充足率は90.9％と約22万人が不足、2040（令和22）年度の充足率は76.9％と

約 65 万人が不足することが推計されており、制度の持続可能性の観点から、財政面への対応と併せて介護人材の確保が重要な課題となる。

　介護人材の確保を考えるうえで、2025（令和 7）年と 2040（令和 22）年が重要な意味をもつ。2025（令和 7）年は第 1 次ベビーブーム期（1947（昭和 22）～ 1949（昭和 24）年）に生まれた、いわゆる「団塊の世代」が後期高齢者になる年であり、75 歳以上人口の増加のペースを確認すると、**図表 1-8** のとおり 2015（平成 27）年（実績）の 1632 万人から 2025（令和 7）年（推計）には 2180 万人と 1.3 倍に増加するため、2025（令和 7）年に向けては後期高齢者の急増に対応する必要がある。他方、2040（令和 22）年は、第 2 次ベビーブーム期（1971（昭和 46）～ 1974（昭和 49）年）に生まれた世代が 65 歳以上となるため 65 歳以上人口の割合が増加するが、その増加率よりも現役世代の急減が深刻であり、2025（令和 7）年の 7170 万人から 5978 万人へと 16.6％減少することが見込まれている。

　このように、世界でもっとも高い高齢化率となったわが国は今後、介護保険制度を利用する高齢者の増加と、その支え手となる介護職員の不足が見込まれている。次節ではこの状況を打開するための政策的な取り組みと介護福祉士が果たすべき役割について確認する。

図表 1-8　人口構造の変化と就業者数の推移

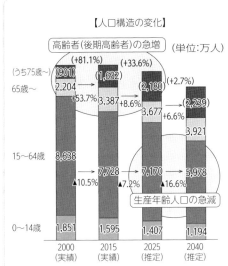

(出典) 総務省「国勢調査」「人口推計」、国立社会保障・人口問題研究所「日本の将来推計人口 平成29年推計」
(出典) 平成30年4月12日経済財政諮問会議加藤臨時委員提出資料(厚生労働省)

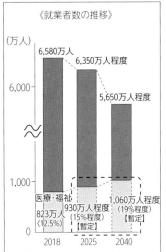

(資料)就業者数について、2018年は内閣府「経済見通しと経済財政運営の基本的態度」、2025年以降は、独立行政法人労働政策研究・研修機構「平成27年労働力需給の推計」の性・年齢別の就業率と国立社会保障・人口問題研究所「日本の将来推計人口 平成29年推計」(出生中位・死亡中位推計)を用いて機械的に算出。医療・福祉の就業者数は、医療・介護サービスの年齢別の利用状況(2025年)をもとに、人口構造の変化を加味して求めた将来の医療・介護サービスの需要から厚生労働省において推計(暫定値)。

出典：厚生労働省「介護保険制度の概要」2021年

2 将来予測に対する方向性

東北福祉大学総合福祉学部社会福祉学科　講師
二渡　努

　前節において、わが国は今後、人口減少と高齢化の進展にともなう医療制度・介護保険制度の費用増大と介護人材の不足が大きな課題となることを確認した。本節では予想される財政面と人材確保の課題への対応策に関する政策的な取り組みについて確認する。

1　地域包括ケアシステムの構築について

　前節で確認したように、今後高齢者人口の増加にともない、介護保険制度の財政状況はよりいっそう厳しくなることが想定されるが、効率性や持続可能性のみを重視した結果、サービスの質の低下を招くという事態は避けなければならず、介護需要への対応とサービスの質の担保の両立をはかる視点が重要である。

　高齢者が住み慣れた地域での生活を継続するためには、自身の健康管理と病気になった場合の適切な医療・介護サービスの利用が不可欠となる。2022（令和 4）年「人口動態調査」（厚生労働省）によると、最期を迎える場所は病院が 64.5％ともっとも多いものの減少傾向にあり、老人ホームは 11.0％、自宅は 17.4％と増加傾向にある。以前は医療依存度の高い高齢者が住み慣れた自宅での生活の継続や、自宅で最期を迎えることを希

望しても、対応できるサービスが整備されていないために、病院で最期を迎えざるを得ず、これまでの生活が分断される事例が多かった。介護保険制度は発足以降、サービスが拡充され、現在では自宅をはじめ、住み慣れた地域で最期を迎えることが可能な体制整備が進んでいる。このような、住み慣れた地域での生活継続を実現させるために国が推進している地域包括ケアシステムについて確認する。

　「地域における医療及び介護の総合的な確保の促進に関する法律（医療介護総合確保法）」の目的として、地域における創意工夫をいかしつつ、地域において効率的かつ質の高い医療提供体制を構築すること、高齢者をはじめとする国民の健康の保持と福祉の増進をはかり、生きがいをもち、健康で安らかな生活を営むことができる地域社会の形成に資することが規定されている。法では地域包括ケアシステムを「地域の実情に応じて、高齢者が、可能な限り、住み慣れた地域でその有する能力に応じ自立した日常生活を営むことができるよう、医療、介護、介護予防（要介護状態若しくは要支援状態となることの予防又は要介護状態若しくは要支援状態の軽減若しくは悪化の防止をいう。）、住まい及び自立した日常生活の支援が包括的に確保される体制をいう」と規定している。

　この地域包括ケアシステムの構築にあたり、介護福祉士の果たす役割は日々の生活支援にとどまらず、介護予防から看取りまで多岐にわたり、医療、介護、介護予防、住まいおよび自立した日常生活の支援が包括的に確保されるために、医師、看護師、理学療法士、作業療法士、栄養士などの多職種と緊密な連携が求められる。

　地域包括ケアシステムは、自身による健康維持や市場サービスの購入などの自助、地域住民による相互の支え合いによる互助、保険料を拠出しリスクに備える介護保険制度などの共助、公費を財源とする生活保護制度や虐待対応などの公助によって構成される。前節で確認した財政状況をふまえると、共助や公助の拡充を期待することはむずかしく、専門職による支

援は専門性や継続性にすぐれている反面、柔軟性にとぼしい。単独世帯の孤独死の防止、認知症高齢者の見守りや災害時の支援は、専門職のみで対応することは不可能であり、家族や地域住民の協力が不可欠となる。自助、互助、共助、公助の比重は地域、時代によって異なるが、今後は互助の比重を高める必要があると考えられる。

2　介護人材の確保について

　地域包括ケアの推進にあたっては、これまで以上に量と質の両面の確保が必要になると考えられる。ここでは介護人材の量的な確保策に関する政策的な動向について確認する。

（1）介護助手（仮称）の活用について

　2015（平成27）年2月に「2025年に向けた介護人材の確保〜量と質の好循環の確立に向けて」が社会保障審議会福祉部会の福祉人材確保専門委員会から報告され、今後、人材需給が逼迫（ひっぱく）するなかで、限られた人材を効率的、効果的に活用する観点から、これまでの専門性が不明確、役割が混在している現状から多様な人材を類型化したうえで機能分化を進める方向性が示された。具体的な内容については次節で確認するため、ここでは概略を説明する。

　介護職員が利用者への生活支援にあたり遂行する業務は幅広く、すべての業務に必ずしも高い専門性は必要とされないため、限られた人材を効率的・効果的に活用する視点に立つと、介護福祉士などの高い専門性を有した介護職員がすべての業務に対応する必要はないと考えられる。たとえば食事の際の配膳は、必ずしも高い専門性を必要とはしないものの、多くの人手を必要とする業務である。他方、認知症の利用者とのコミュニケーションは専門的な教育を受けた者でなければ対応することはむずかしい。このように、各業務のなかで高い専門性を必要とする業務と、必ずしも高い専

門性を必要としない業務について、その内容に応じて役割をふり分け、地域の高齢者などが、必ずしも高い専門性を必要としない業務をになう介護助手の取り組みが各地で進められている。介護助手の導入効果は、介護職員の業務負担の軽減はもちろんのこと、介護助手として活動する高齢者自身の介護予防や収入の確保などの副次的な効果も併せて期待できるものである。そして何よりも、介護助手を効果的に活用することで、介護職員の業務量の軽減につながり、気持ちにゆとりをもって、ていねいに利用者の介護を実践できるようになるなど、利用者にとってもよい効果が期待できる。他方、介護助手の活用により、これまで介護職員が支援の際に把握していた情報が欠落してしまう等の課題も想定されるため、介護実践において介護助手が得た情報の把握・共有等に関する工夫は必要と考えられる。

　このような「適材適所」の人材活用は介護人材不足への対応策として有効に機能している取り組みの1つである。

(2) 外国人介護人材の活用について

　「外国人雇用状況」（厚生労働省）によると、2022（令和4）年10月末現在の外国人労働者数は約182万人であり、2008（平成20）年の同時点の約49万人と比較すると、およそ3.7倍となっている。先にみたように、今後、生産年齢人口の減少が見込まれるわが国において、介護人材確保策として処遇改善等の取り組みを進めているが、国内人材のみで対応することは非常に困難であることが予想される。このような状況において、外国人労働者はわが国の労働市場を支える重要な存在となっており、高齢化率の上昇と生産年齢人口の減少に直面するわが国における対応策の1つとして外国人介護人材の活用が進んでいる。

　介護分野において外国人が就労することは原則として認められない時代が長く続いていたが、現在では介護分野における外国人介護人材の受け入れスキームとして4制度が存在する。介護分野に外国人介護人材の受け

入れがスタートしたのは、二国間の経済連携強化の観点から行われる経済連携協定（EPA）の枠組みである。2008（平成 20）年度からインドネシア、2009（平成 21）年度からフィリピン、2014（平成 26）年度からベトナムの計 3 か国から外国人介護人材の受け入れが行われている。次いで、2017（平成 29）年より専門的・技術的分野の外国人の受け入れの観点から、介護福祉士養成施設で介護福祉士を取得した留学生を対象とする在留資格「介護」が創設され（2020（令和 2）年度よりその対象は実務経験ルートに拡大）、同年、開発途上地域等への技能等の移転を制度趣旨とする技能実習制度に介護職種が追加された。さらに 2019（平成 31）年 4 月に人手不足対応のための一定の専門性・技能を有する外国人の受け入れとして、特定技能が創設され、それぞれの制度趣旨にそって介護現場において外国人介護人材の活用が進められている。在留者数は 2022（令和 4）年 6 月 1 日時点で EPA 介護福祉士・候補者が 3213 人 [2]、在留資格「介護」が 5339 人 [3]、技能実習が 1 万 5011 人 [4]、特定技能が 1 万 411 人 [5] と、合計で 3 万人以上が介護分野で就労している。

　外国人介護人材の受け入れがスタートして一定の年数が経過したことで、外国人介護職員が介護現場におけるリーダー的な役割を果たしている事例も報告されている。今後は外国人介護人材を含め、わが国で継続して就労する外国人労働者や家族帯同で来日した者が高齢化して介護が必要となり、日本を母国としない介護サービス利用者が増加することが予想される。外国人介護人材は日本を母国としない利用者に対して、日本人の介護職員よりも言語や文化を理解した効果的な介護を実践できる効果が期待で

2)　国際・厚生事業団調べ
3)　「在留外国人統計」（法務省）
4)　「職能・作業別在留資格「技能実習」に係る在留者数」（法務省）
5)　「特定技能在留外国人数」（出入国在留管理庁）

き、今後のわが国の介護現場において重要な役割を果たすことが期待される。

3 生産性向上に関する取り組みについて

　第5期科学技術基本計画において、わが国がめざすべき未来社会の姿として Society 5.0 が示され、少子高齢社会にともなう社会的コストの削減、人口減少社会に対応した生産性の向上に資する取り組みが期待されている。ここでは介護分野において進められている生産性向上の一環であるロボット介護機器、ICT（情報通信技術）導入事業と科学的介護を展開する取り組みである LIFE について確認する。

(1) ロボット介護機器と ICT 導入事業

　技術革新は産業構造に変化をもたらす。現在は AI の活用等による第4次産業革命に突入しており、衰退している産業分野もあるが、対人援助業務である介護は、その特性から機械や AI によって完全に代替することは困難であると考えられる。今後の介護人材不足という大きな課題に対応するため、介護機器等を積極的、効果的に活用し、業務負担の軽減、効率化と質の高い介護サービスの提供に努めなければならい。経済産業省と厚生労働省はロボット介護機器の重点開発分野として、移乗介護、移動支援、排泄支援、見守り・コミュニケーション、入浴支援、介護業務支援を定め、開発を進めている。

　介護分野において介護機器や ICT は徐々に浸透してきている。介護分野では利用者の移乗介助の場面等において腰に負担がかかり、腰痛を発症したことによって退職を余儀なくされるケースがあるが、現在ではノーリフティングケアの考え方が浸透し、リフト等の活用が積極的に推進されてきている。ほかにも、認知症高齢者のいわゆる「徘徊」への対応について、夜間帯など介護職員が認知症高齢者を常に見守ることが困難な時間帯の安

全確保に見守りセンサー等が活用されている。また、職員同士の連絡が必要な場合、インカムを活用することで、即時の連絡が可能となり、職員の負担軽減につながる事例も報告されている。

しかし、このような機器の導入に対して、費用面や手続き、職員への周知などの課題も存在する。そこで、厚生労働省は、2020（令和2）年から介護ロボットの開発・実証・普及のプラットホーム事業を開始した。この事業では、相談窓口の設置、介護ロボットの評価・効果検証を実施するリビングラボ（開発の促進機関）を含む関係機関のネットワークの形成、実証フィールドの整備を行っており、介護現場への介護機器の導入支援や開発企業の製品開発といった流れを促進させる効果が期待されている。

また、生産性向上の観点から地域医療介護総合確保基金を活用した介護ソフトやタブレット端末の導入支援が行われている。これまで記録の作成は手書きのために多くの時間が費やされたり、パソコンを活用した入力では、同時に複数の職員が記録することができない等の課題があったが、タブレットの導入により、ケア後の即時の記録が可能となり、記録のみに注力するのではなく、記録と同時に見守りを行うことが可能となった。このような ICT の導入により、記録時間の削減や申し送り事項の円滑な共有などの効果が得られ、削減できた時間を利用者とのコミュニケーションや直接ケアに活用するという生産性の向上、サービスの質の向上に資する効果も確認されている。ケアプランについても、これまでおもに FAX でやりとりされ、介護サービス事業所の負担が大きかったが、クラウド上で安全に電子データのやりとりを可能とするケアプランデータ連携システムが稼働する見込みであり、ICT の活用が推進されている。また、ICT 化による効果は業務負担の軽減だけでなく、次に確認する LIFE などの根拠にもとづく介護実践に資するデータの蓄積を容易にする効果も得られる。

(2) LIFE（科学的介護情報システム）

　医療分野では EBM（Evidence-Based Medicine）が進められ、勘や経験ではなく、根拠にもとづく医療が実践されてきた。この流れを介護分野に取り入れたものが科学的介護情報システムである LIFE（Long-term care Information system For Evidence）であり、2021（令和3）年度の介護報酬改定において創設された。

　LIFE では、介護施設・事業所が利用者の基本情報、ADL（日常生活動作）、口腔、栄養、認知機能の状態、実施している介護内容などのデータを厚生労働省へ送信することで、その内容が分析され、当該施設等にフィードバックされるシステムである。フィードバックされる分析結果は、事業所単位、利用者単位であり、個人へのケアの効果や適切性の検証が可能となることが見込まれ、個別サービス計画書の見直しを含め、ケアマネジメントに利活用することが期待されており、客観的で科学的な介護実践を可能とする取り組みである。

　LIFE データの蓄積・分析が進むことで根拠にもとづく質の高い介護実践へとつながり、介護職員や施設によるケアの質の向上、統一化がはかられる効果が得られ、施策の効果把握、見直しの検証にも活用される。しかし、介護は利用者の日常生活を支援するものであり、利用者本人の満足度など、数値化することが困難なものもある。また、数値の改善のみを追求することは、ADL の改善等がむずかしい利用者を排除することにもつながりかねないため、目的と手段をはき違えることのないように LIFE を活用することが重要となる。なお、その推進にあたっては、後述する介護福祉士がその要となる役割をになうことが期待されている。

4　介護福祉士養成課程の改正

　介護分野における唯一の国家資格である介護福祉士の養成課程は当初1500 時間からスタートし、介護保険法や障害者の日常生活及び社会生活

を総合的に支援するための法律（障害者総合支援法）等、福祉サービスの高度化に対応するという時代の要請に応えて累次の改正が行われ、現在は1850時間となっている。

　先に確認した機能分化において、介護福祉士は介護職員のなかで中核的な役割を果たすことが期待されており、この要請に応えることを可能とする養成カリキュラムが必要となった。これまでに、地域包括ケアシステムの構築、介護人材の確保、生産性の向上といった政策的な取り組みを確認したが、これらを介護現場で機能させるためには、施設・事業所や介護職チームにおける中核的な存在が必要であり、介護福祉士がその役割をになうことが期待されている。

　2017（平成29）年にとりまとめられた、社会保障審議会福祉部会福祉人材確保専門委員会報告書、「介護人材に求められる機能の明確化とキャリアパスの実現に向けて」において、人材育成や活用などの人材管理、サービスの質をマネジメントする組織の運営管理、それらに必要なリーダーシップ・フォロワーシップなど、チーム運営の基本を理解する内容が介護福祉士に必要であると指摘され、それらの内容が介護福祉士養成課程に盛り込まれた。その背景として、先にみた介護助手（仮称）や外国人介護人材などの多様な人材を的確にマネジメントする必要性があり、介護福祉士は、介護職員のリーダーまたはチームメンバーの専門職としての役割を発揮していくためにこれらの能力を習得する必要がある。

　また、介護福祉士養成課程の改正に合わせて、求められる介護福祉士像も改正され、「専門職として自律的に介護過程の展開ができる」という項目が追加された（第5章**図表5-1**参照）。2015（平成27）年度に三菱UFJリサーチ＆コンサルティングが実施した「介護人材の類型化・機能分化に関する調査研究事業」において、施設・事業所の管理者が考える介護過程の展開にかかる「アセスメント」「介護計画の作成」「介護計画の見直し」は介護福祉士とより専門性の高い介護福祉士等がになう業務である

との認識が 8 割程度となっている。このように、介護福祉士は先にみた LIFE を施設・事業所において展開するための中核的な役割をになうことが期待されていることがわかる。

　2022（令和 4）年 3 月に日本介護福祉士会が公表した「科学的介護情報システム（LIFE）を活用した介護過程実践に関する調査研究—介護福祉士に求められる役割—」の報告書において、介護過程実践における介護福祉士の役割として、①介護過程実践における中核的役割をになう、②生活を支援軸に利用者を支える、③介護実践を言語化する、④利用者の声の代弁・意思決定・自己実現を支援する、⑤多職種連携を推進する、⑥介護過程実践の基盤となる組織運営を推進する、の 6 点があげられている。これまでに確認したように、今後の介護現場には多様な人材の参入、生産性向上の観点からの介護機器の導入、介護過程の展開における LIFE の活用が進められる。しかし、その推進にはこれらのシステムを機能させる人材が必要であり、その役割をになうことが期待される介護福祉士の重要性はますます高まることが予想される。

　つまり、今後のわが国の介護サービスの量の確保と質の担保には、本章で確認した地域包括ケアシステムの推進、介護助手（仮称）や外国人介護人材などの多様な人材の参入とマネジメント、質の高い介護サービスの実現と生産性向上をめざす介護ロボット導入支援や介護の質の向上をめざす LIFE の推進といった取り組みが必要であり、その中核的な役割をになう介護福祉士の養成と確保が今後の介護に関する課題を解決するポイントになると考えられる。

③ これからの「介護」に対応するためのマンパワーとは何か

静岡県立大学短期大学部社会福祉学科　教授
鈴木俊文

　本節では、第1節でとらえた人口・財政からみた将来推計と課題をふまえ、「介護の社会化」という動きのなかにある「介護」「介護サービス」のにない手をみていく。これにより、これからの「介護」を考えるうえでのマンパワーとは何かをとらえ、マンパワーの拡がりを前提にした近年の介護人材確保に関する施策の動向と中核的介護人材の役割を考える。

1 介護の社会化をめぐる「介護」「介護サービス」のにない手

　第1節でふれたように、急速な高齢化にともなう介護対応は、1987（昭和62）年の社会福祉士及び介護福祉士法制定により国家資格としての専門職を誕生させ、1997（平成9）年の介護保険法制定により、介護は家庭内の「介護」のみならず専門職による「介護サービス」を加えた対応へと大きな拡がりを生み出した。これにより、社会全体で介護を支えるという介護の社会化は、「介護」と「介護サービス」という二種のにない手により推進していくことになった。

（1）介護の社会化とマンパワーの論点

　「介護の社会化」をめぐっては、介護保険制度発足当初から「家族介護者や利用者に負担と責任を押しつける制度」「自立の強制ではないか」「サービス利用格差が生じる」など、評価はさまざまである。言い換えれば、介護の社会化には介護のにない手である実践者とサービス利用当事者等それぞれの立場による「割れた評価」が存在する。そして、この割れた評価の背後にある「さまざまな立場による体験」が多くの論点を生み出してきた。本節で扱うキーワードはマンパワーである。介護の社会化との関係でいえばこれまでの議論で、「介護人材不足」への考え方と介護保険制度のサービス提供体制との関係が重要な論点となり、議論は今もなお続いている。政策上マンパワーは「介護人材」という用語で表されることが多いが、これは第1節でふれた介護保険事業計画にもとづく介護職員の必要数の推計など、国が介護人材という用語を用いる場合、「介護サービス」をになう介護職員を指す場合がほとんどである。また、介護サービスは、チームケアという言葉に表れるように介護や介護サービス実践をチームによる活動として展開するものである。この意味では、マンパワーは、介護実践にかかわる多様な専門職等「にない手による協働的な介護実践の姿」ととらえることもできよう。

　この「にない手による協働的な介護実践の姿」を、介護の社会化の動きとしてとらえることが重要である。社会化という言葉は、社会学の用語として非常に広い概念であるが、マンパワーとの関係においては、社会や集団における新しいメンバーが介護に加わっていく過程を社会化の動きとしてとらえることができよう。本節では、この理解のもと、家族介護者以外の介護現場の新しいメンバーが、どのように「介護」や「介護サービス」の実践者として、チーム活動に加わっていくのか、その変化を社会化の動きとしてとらえていくこととしたい。

（2）認知症への対応にみる「介護」「介護サービス」のにない手

　本書は、介護福祉の実践者や研究者が、超高齢社会における将来予測を持論を交えて多角的な観点から執筆している。本節の執筆を担当する筆者は、2040（令和22）年以降というおよそ20年先をみる視座として、これまでのおよそ20年の実践のなかにある「介護」「介護サービス」の体験を実践者の目線から論じる。

　筆者がはじめて介護現場に立ったのは、1998（平成10）年のことである。当時の筆者は介護老人保健施設の「認知症専門フロア」の介護職員として勤めていた。介護保険法は1997（平成9）年に制定され、2000（平成12）年に施行されているため、筆者がはじめて立ったこの介護現場は、ちょうど介護保険制度へと移り変わろうとする時代の認知症介護の実践現場である。第1節で指摘したとおり、「国民生活基礎調査（厚生労働省）」の近年の推移をみると、介護が必要となったおもな原因としては認知症がもっとも多く、介護および介護サービスにおける認知症への対応は、これまでも、これからもきわめて重要な課題である。筆者自身には、家族介護者、介護サービス実践者双方の体験があるが、以下筆者の体験を記述するにあたり、当時のリアリティを再現する意味で、近年あまり用いない用語や表現をあえて使用しながらふり返ってみたい。

① 家族による介護

　1990年代、わが家には「痴呆」の祖母がいた。おもな介護者は筆者の母であり、祖母からすれば息子の嫁にあたる。祖母のおもな痴呆症状は「被害妄想」や「徘徊」で、家族による24時間の介護が必要な状態であった。家族はともに仕事をもつ両親と、高校生の姉、中学生の私である。日中は家族が不在になるため、自宅での介護には限界があった。しだいに祖母は、孫である筆者を泥棒だと疑うようになり、はじめは笑って接していた筆者も、真夜中に筆者の部屋に来ては泥棒や誘拐の疑いをかけてくる祖母の姿を「怖い存在」としてみるようにもなっていた。こうしたなか、母は祖母

を「入院しながら診て」もらえる病院を必死に探し求めた。ようやく見つ
かったところは、自宅から車で1時間以上離れた隣町の病院である。こ
の病院では、入院中の看護のほかに、身のまわりの世話をになってくれる
家政婦という職員にお世話になった。祖母の状態はもの忘れ、被害妄想、
徘徊に加え、介護拒否などもあったため、入院中、同室の入院患者とトラ
ブルになったり、夜間まったく寝ずに徘徊するために24時間家政婦にみ
ていただくこともあった。面会時に、祖母の徘徊があまりにもひどく、病
院としても祖母の「問題行動」にとても困っているという話があった。こ
の報告を受け「このままでは、病院を追い出されてしまう」と家族全員で
日々不安を抱いていた。

　その後、祖母の痴呆症状は悪化するばかりであった。ある日、病院から
「徘徊が原因で転倒し、大腿骨を骨折した」という連絡があった。その後
祖母は十分に回復することなく、歩行どころか立ち上がることさえできな
くなってしまった。以降、祖母はベッド上での生活が続くようになり、今
度はベッドから転落しそうな状況が何度かあるという問題行動が指摘さ
れ、転倒しないための高いベッド柵が設置された。その後は、おむつをす
ぐにはずしてしまうことが問題行動と指摘され、病院から上下つながった
鍵つきのつなぎ服の購入を求められた。同時期、股関節の拘縮が進みはじ
め、おむつ交換が困難になってきているという理由から、拘縮予防のため
に股にクッションをはさむという対応も始まった。その後祖母は、みるみ
る体力が低下し、自力で食事がとれない状態になった。最後に祖母の面会
に行ったときには、点滴をしている手首を、点滴をはずさないようにとベッ
ド柵に固く縛られている祖母の姿があった。祖母はその状態で最期を迎え
た。あまりにも衝撃的な姿に、姉と私は言葉が出なかったが、それでも祖
母を最期までみてくれた病院に何度も何度も頭を下げて感謝する両親の姿
がそこにあった。

②「介護サービス」の実践者による介護

　筆者は前述した祖母の介護をきっかけに、介護の実態と介護福祉士という国家資格の存在を知った。筆者は介護福祉士の資格を取得できる養成校に進学したのだが、2年の養成課程を終え、介護現場に就職するころには、地域のなかで数々の介護施設が新設され、養成校の掲示板は新設予定の介護施設の求人情報でびっしりとうめつくされていた。当時、筆者自身も就職活動を兼ねて多くの新設施設に見学に行ったが、施設には認知症への対応を前提として「先進的な設備」が整っていた。たとえば徘徊に対応する「回廊式廊下」や、施設利用者の動きをマットから察知する「センサーマット」、そして徘徊等により万が一施設を出てしまうことに備えた「出入口の自動ロック」などがあった。これらはいずれも、認知症のある利用者の徘徊という症状に対応できる設備である。

　当時、入所サービスにおいて、昼夜問わず徘徊をくり返す数多くの施設利用者のケアになっていた筆者自身も、これらの設備には本当に多くの利用者の「安全」を支えてもらったと実感している。一方で、こうした設備に頼った「介護サービス」のあり方・考え方は、別の観点からは大きく問題視する指摘もあった。これらの設備は安全を目的に、介護実践者では十分に目が行き届かないところを、管理的な観点をふまえて「監視する設備」ともいえるため、「介護サービス」としてどうか？　という指摘である。とくに、施設の出入口が施錠された状態での対応は、徘徊などの症状があるにせよ、利用者の生活の主体性や尊厳を損なうものとして、筆者が勤めた施設内外でもさまざまな意見が飛び交っていた。一方で、限られた介護職員で、さまざまな症状のある利用者に対応していた筆者は、このような設備をすべて悪ととらえるにはもどかしい思いを抱く葛藤の日々であった。このような葛藤をともなう介護サービスを実践したのは筆者のみではなかったはずである。

2 介護の社会化をめぐるマンパワーの拡大

　前述した筆者の「介護」「介護サービス」の体験は、1990 ～ 2000 年代のエピソードである。「高齢者保健福祉推進十か年戦略（ゴールドプラン）」および「新・高齢者保健福祉推進十か年戦略（新ゴールドプラン）」の取り組みにより、高齢者介護をになうサービスは新設施設が増加し、介護サービス利用の普及は広く強力に展開した。そのようななか、「介護」「介護サービス」のにない手の体験は、それぞれの立場からさまざまな葛藤を生み出していた。そして「尊厳を支えるケア」という、新しい介護の考え方とともに、介護の社会化への影響を新たにしていくのである。

(1) 「介護」「介護サービス」に加わる新たなにない手

　新旧ゴールドプランの影響により、介護福祉士等福祉専門職を養成する専門学校や大学等の養成施設も数多く開校され、当時筆者が就職した新設の介護老人保健施設も、こうした養成施設を卒業したての 20 代の若手職員であふれていた。

　介護サービスのにない手が一気に充足した時代であると同時に「尊厳を支えるケア」という考え方が広く普及していく時代でもあった。2003（平成 15）年に高齢者介護研究会がとりまとめた「2015 年の高齢者介護～高齢者の尊厳を支えるケアの確立に向けて～」においては、新しいケアモデルの必要性を含む認知症ケアの指針が示された。これを契機に、認知症ケアの専門性の追求は「尊厳を支えるケア」という考え方が介護サービスを中心に広く行きわたっていく。同時期、当初「痴呆」という用語が使用されていた日本社会において「認知症」とする名称変更がなされたことは、介護サービスのみならず、認知症の理解、認知症介護の考え方について、社会的に大きな関心を高めることになった。

　尊厳を支えるケアという考え方の普及と推進は、介護サービスをになう

専門職以外に、地域住民等を対象にマンパワーを拡大していく動きも生み出した。たとえば、「認知症サポーター」等である。認知症サポーターは、地域住民、スーパーマーケットや金融機関の従業員、小、中、高等学校の生徒などさまざまな受講者層を対象に、認知症に対する正しい知識と理解をもち、地域で認知症の人やその家族に対して、それぞれの立場からできる範囲での手助けを行うマンパワーを養成する取り組みである。2023（令和5）年6月時点の集計で1464万5915人を養成し、現在もその養成と活動が継続している。

（2）チーム活動としてのマンパワー

　他方、専門職によるマンパワーの動きとして、たとえば、認知症ケアには早期診断、早期対応が必要であることから、医療と介護の専門職（専門医、保健師、看護師、作業療法士、社会福祉士、介護福祉士等）で構成された認知症初期集中支援チームなど、包括的なアプローチによる専門的実践が、認知症疾患の臨床的診断や家族支援を含むチーム活動として展開されていく。このチーム活動は、専門職以外のアプローチと切り分けたものではなく、専門職以外を含むチーム活動として、認知症サポーターがチームを組み、早期支援につなげる「チームオレンジ」の活動や、認知症の人自身による「希望大使」等の普及啓発活動など、公的・集団的なチーム活動として、それぞれが果たす役割が具体化されたなかで連携や協働が強化されていく姿である。

　一方で、前節で指摘したように、人口減少が加速するわが国において、マンパワーとしての公的・集団的なチーム活動を維持していくためには「限られた人材のなかで」という観点がきわめて重要となっている。さらには、多様化・高度化する介護ニーズ、医療ニーズに対応していくためには、在宅サービス、施設サービスどちらにおいても、より高度な専門的実践の提供体制が維持されることも必要不可欠である。さらには、地域に目を転じ

れば老老介護や認認介護、8050 問題、ヤングケアラーなど、社会問題として取り上げられる課題はいずれも個人に限定せず「世帯」を対象にした複合的な課題である。そして、近年増加している自然災害発生時の介護や避難行動支援なども重要な課題である。このように、これからの介護は、複合的な課題がさまざまな生活の場やライフサイクルのなかで介護ニーズとして生み出されている状況において、限られた人材のなかで、いかに公的・集団的なチーム活動を展開できるかにかかっている。

3 マンパワー拡大の法則とこれからの「介護」

　ここまでの検討をとおして、①家族介護者や専門職による「介護」「介護サービス」の二種のにない手による実践の蓄積から、②それぞれの立場によって体験される葛藤が社会的に認知される機会をとおして、③尊厳を支えるケア等、介護に関する新しい考え方の議論と、これを社会全体で共有する政策的な動きが加速し、④課題解決に向けた新しい考え方の普及とともに、公的・集団的なチーム活動がマンパワーとして生み出されていく、というマンパワーの拡大を生み出すある種の法則がみえてきた。特に、新しい考え方の普及により、公的・集団的なチーム活動をマンパワーとして生み出していく展開は、政策的な動きを加速させることで生み出される法則である。この点は、2040（令和 22）年に向けてきわめて重要である。そこで次に、現在国内で進められている介護人材確保に関する施策を手がかりに、本節でとらえたある種の法則を、新しい考え方の普及とともに、公的・集団的なチーム活動をマンパワーの拡大としていかに創出できるかを論点に考えていく。

（1）介護人材の「構造転換」にみる新しい考え方の普及

　近年における介護人材確保に関する施策の特徴として、前節にて、介護分野における外国人介護人材の受け入れと、専門職とは異なる介護助手の

活用についてふれた。このように近年の「介護サービス」は外国人材を含む専門職と専門職に限定しないマンパワーの拡大がある。この拡大による介護人材確保は、介護人材の構造転換という新しい考え方をふまえたものである。介護人材確保の構造転換は、2015（平成 27）年 2 月に公表された報告書「2025 年に向けた介護人材の確保～量と質の好循環の確立に向けて～」において、2025（令和 7）年に向けた介護人材の対応方針が「まんじゅう型」から「富士山型」へと「構造転換」を示したことによる。この構造転換には、次の 3 つのアプローチによる総合的な政策対応をはかる必要性が示された。具体的には、①「参入促進」のために、人材のすそ野の拡大を進め、多様な人材参入の促進をはかること、②「労働環境・処遇の改善」として、介護職の能力や役割分担に応じたキャリアパスの構築や、定着促進をはかること、③「資質の向上」として、専門性等の

図表 1-9　2025（令和 7）年に向けた介護人材の構造転換（イメージ）

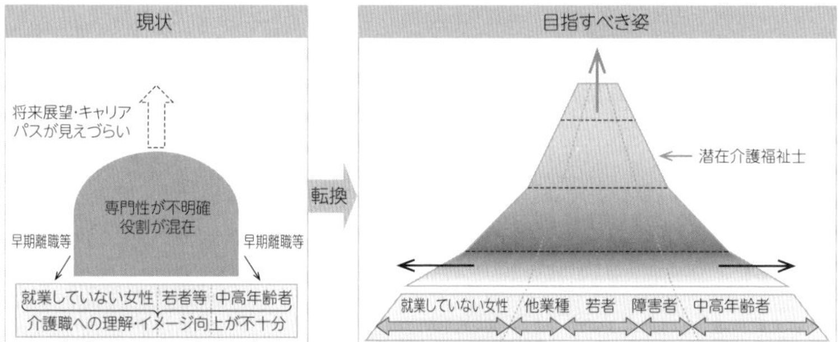

参入促進	1.すそ野を拡げる	人材のすそ野の拡大を進め、多様な人材の参入促進を図る
労働環境・処遇の改善	2.道を作る	本人の能力や役割分担に応じたキャリアパスを構築する
	3.長く歩み続ける	いったん介護の仕事についた者の定着促進を図る
資質の向上	4.山を高くする	専門性の明確化・高度化で、継続的な質の向上を促す
	5.標高を定める	限られた人材を有効活用するため、機能分化を進める

国・地域の基盤整備

出典：社会保障審議会福祉部会福祉人材確保専門委員会「2025 年に向けた介護人材の確保～量と質の好循環の確立に向けて～」2015 年

向上によって継続的な質の向上を促すとともに、限られた人材を有効に活用するための機能分化を進めることの3点である（**図表1-9**）。言い換えれば、①これまでの人材に限定しない多様な人材参入を進めることを前提として、②労働環境や処遇改善をはかりながら、③専門性を高める資質向上と、限られた人材を有効活用するための機能分化を進めるという考え方である。

（2）構造転換をはかるための「機能分化」とチーム活動

　介護人材の構造転換をはかるうえでは、多様な人材参入という言葉に表れるように、介護人材確保に関する施策としてのマンパワーの量的確保が重要である。この推進にあたっては、介護実践のなかで専門性を必要とする業務と、必ずしも専門性を必要としない業務に切り分けながら、それぞれの専門性に応じて役割をふり分けるという「機能分化」の考えが注目されている。2017（平成29）年10月に公表された「介護人材に求められる機能の明確化とキャリアパスの実現に向けて」と題した報告書では、限られた人材をより有効に活用する観点として、多職種のほか、介護未経験者をふまえたチーム構造による多様な人材層の類型化と機能分化を進めることの必要性が示された。加えて、このようなグループによるチーム実践に対する指導や助言、サービスが適切に提供されているかの管理など、人材およびサービスの質のマネジメントをになう者が必要であることが指摘された。現在進められている介護人材の構造転換は、このように、マンパワーの拡大としての構造転換の具体的な活動として、①機能分化によりマンパワーの役割を切り分ける体制整備や業務改革、そして、②機能分化されたなかで、多様な人材がそれぞれの果たすべき役割を自覚し、発揮できるチームマネジメントの2点が実現の鍵をにぎっているのである。

（3）機能分化とチームマネジメントをになう
　　中核的介護人材の育成

　『令和4年版厚生労働白書』のテーマは「社会保障を支える人材の確保」であった。このなかで、国民が安心できる持続可能な医療・介護の実現に向けて必要な「介護現場革新」について述べられているが、ここでは、「介護現場の生産性向上」「介護ロボット」「介護事業所のICT化」「介護分野の文書負担軽減」という4点が介護現場の改革のポイントなることが取り上げられた。いずれも限られた介護人材による介護サービス提供体制や質の確保、介護職員の負担に配慮しつつ、ICT等を活用した現場改革を推進する内容であるため、先にみた介護人材の構造転換の考え方がふまえられたものであろう。また、前節でふれたように近年では、科学的介護を推進するためのLIFE活用とともに、エビデンスの集積をめざしたデータサイエンスの実践も介護現場で加速している。これらの改革を介護現場でチーム活動として牽引（けんいん）するためには、どのような機能分化とチームマネジメントが必要であろうか。筆者自身はこの実践を牽引（けんいん）する実践者として「一定のキャリアを積んだ介護福祉士」に期待している。しかし、介護福祉士という資格が、機能分化やチームマネジメントに必要な知識や技術を能力として担保するものかというと、それのみでは「担保しない」はずである。近年の介護福祉士養成の指定科目ではチームマネジメントが新たな学習内容に追加されたものの、これらの実践には資格取得後に一定のキャリアを積むことが必要不可欠である。

　この点で介護福祉士資格取得後のキャリア開発に目を転じると、介護福祉士のキャリア開発の姿は、日本介護福祉士会が行う生涯研修体系等のプログラムに明確に表れている。これらの研修プログラムでは、介護サービス提供体制の組織やチームのマネジメントに関する基礎的、専門的知識、技術教育にかかわる内容が重視され、チームリーダー育成が生涯研修体系の方針となっている。公的・集団的なチーム活動を政策的な動きとして推

進していくうえでは、本節で着目した認知症介護実践など、サービス種別の縦割りによる研修体系も数多く存在するが、他方で、機能分化やチームマネジメントという包括的な支援体制をフィールドにする場合、認知症ケアなど専門性に特化するだけではなく、あらゆるチーム活動の実践に対応できる人材の育成も必要である。

　以上から、これからの介護への対応として、機能分化とチームマネジメントをになう者のキャリア開発がきわめて重要であることを指摘する。一定のキャリアを積んだ介護福祉士を育成していくためには、介護サービスに関する実務経験だけでなく、介護福祉士資格取得後の研修活用によるチームマネジメント実践力の獲得・担保が必要不可欠である。このような介護福祉士のキャリア開発と研修活用の観点は、2020（令和2）年度より厚生労働省が所管する調査研究事業でも複数年にわたって調査・分析が進められている。加えてこれらの事業の一環として、介護サービス関係団体や職能団体、学識者により構成された検討委員体制による「介護福祉士のキャリアモデル検討」についても進められている[6]。中核的介護人材としての一定のキャリアを積んだ介護福祉士の役割は、本節で取り上げた機能分化やチームマネジメントに必要な知識や技術を能力として、課題解決に向けて公的・集団的なチーム活動を行う実践者である。公的・集団的なチーム活動の具体は、本節でみてきたように、介護サービス全般に共通するかたちではなく、認知症ケアとしての地域における専門職と非専門職の協働によるチーム実践や、医療ニーズを前提に、チーム医療としての特性をもつ実践など、介護サービスの事業種別における役割に限定されるものでもなく、時代とともに高度化・多様化する介護ニーズに対応していくために創出された多様なチーム活動の実践事例として蓄積されている。この

---

6) 日本能率協会総合研究所「介護福祉士のキャリアモデルとリーダーとしての役割に応じた研修活用の在り方に関する調査研究事業報告書」（令和4年度老人保健事業推進費等補助金老人保健健康増進等事業）2023年

ような多様なチーム活動としての実践事例を広く集積し、一定のキャリアを積んだ介護福祉士の役割をひも解きながら、社会全体で認知されることができれば、本節でみたマンパワー拡大の法則にみられるように、今後「中核的介護人材」の必要性や活用についての新しい考え方の議論も加速していくのではないだろうか。

　他方、中核的介護人材が牽引する公的・集団的なチーム活動が、介護チームにおける機能分化を前提にすることで成り立つかという点もふれておきたい。介護実践のチーム活動は、機能を分化するという考え方以外に、医療・福祉現場の「タスク・シフト／シェア」という考え方もあり、この考え方も、介護チームの変化や介護福祉士の役割の拡大に大きく影響する。タスク・シフト／シェアは、専門性の高い業務の一部を他の資格を有する人材にもになうこととする方法や、有資格者がその専門的業務に集中して取り組めるよう、補助的業務を一定の研修等を受けた資格を有さない人材に移行する方法である。介護サービスにおいては、近年一定の研修を修了した介護職員の医療的ケア（医師の指示の下に喀痰吸引等を行う）等があるが、このような医療との関係における新たな介護サービスのチーム活動や、専門職の機能拡大もまた、機能分化とは異なる、介護人材の構造転換にかかわる重要な観点である。

参考文献

・社会保障審議会福祉部会福祉人材確保専門委員会「2025年に向けた介護人材の確保〜量と質の好循環の確立に向けて〜」2015年

・社会保障審議会福祉部会福祉人材確保専門委員会「介護人材に求められる機能の明確化とキャリアパスの実現に向けて」2017年

・NTTデータ経営研究所「介護職の機能分化の推進に関する調査研究事業報告書」（令和元年度老人保健事業推進費等補助金老人保健健康増進等事業）2020年

・NTTデータ経営研究所「チームケア実践力向上の推進に関する調査研究事業報告書」（令和2年度老人保健事業推進費等補助金老人保健健康増進等事業）2021年

・日本能率協会総合研究所「介護福祉士のキャリアアップ等の在り方に関する調査研究事業報

　告書」（令和２年度老人保健事業推進費等補助金老人保健健康増進等事業）2021 年

・日本能率協会総合研究所「介護福祉士のキャリアモデルとリーダーとしての役割に応じた研修活用の在り方に関する調査研究事業報告書」（令和４年度老人保健事業推進費等補助金老人保健健康増進等事業）2023 年

・鈴木俊文「介護人材確保・育成をめぐる現状と今後の展望」『介護福祉教育』第 26 巻第 1・2 号、pp.80-84、2022 年

・厚生労働省編『令和４年版 厚生労働白書 —— 社会保障を支える人材の確保』2022 年

第 **2** 章

介護従事者の
基本的理解と
介護福祉士誕生の背景

第 2 章

1

介護に従事する者とは

一般社団法人熊本県介護福祉士会　会長
公益社団法人日本介護福祉士会　相談役・三代目会長
社会福祉法人リデルライトホーム　リデルライトホーム施設長

石本淳也

1　はじめに

　わが国の介護・福祉サービスを支える業種として広く認識されている「介護従事者」は、介護保険制度の創設などの社会的環境の変化に応じ、さまざまな養成課程で輩出されてきた。その働き方、働く場は多様で幅広く、約 700 万人ともいわれる要介護（支援）認定者などを支える貴重な社会インフラとして存在している。従事者数は 2019（令和元）年時点で約 211 万人であり、85 歳以上人口が 1000 万人を超えると見込まれる2040（令和 22）年には約 280 万人の介護従事者が必要となる推計値を国が示している。介護従事者不足は慢性化しており、超高齢社会がますます進むわが国において、介護サービス基盤の維持・存続のためにも介護人材確保は社会全体の課題である。

　一方で、200 万人を超えて存在する介護従事者については一般的に広く認知されているが、国家資格である介護福祉士も無資格者等も混在し、「介護従事者」または「介護職」としてひとくくりに理解されている。さらに、訪問介護員をさす「ヘルパー」という呼称がとりわけ一般化してお

り、施設職員も含めて「ヘルパーさん」と表現されることもある。本稿では、資格取得方法も呼称も資格の有無も混在している介護従事者について三層に分けて概念整理をするとともに、生活支援の専門職としての介護福祉士の立ち位置や展望について述べる。

2 一層目 無資格者

　1992（平成4）年に介護職として働きはじめた私もそうであったが、経験も資格もなく介護従事者になった者は少なくない。入り口として無資格で従事しながら3年の実務経験を経て、国家試験の受験資格を得て、一次は筆記試験、二次は実技試験を受験し合格することにより介護福祉士のライセンスが付与されていた。いわゆる実務経験ルートである。しかし、現在の実務経験ルートは後述する介護福祉士実務者研修（450時間）が義務化されており、実務経験のみでは国家試験の受験資格を得ることができない。しかし、無資格者のすべてがその後に有資格者をめざすわけではない。「介護保険法」などの関連法における介護の「職員」には資格要件がなく、訪問介護サービスを除く介護サービスでは無資格でも基本的には従事可能である。ただし近年は、介護福祉士を多く配置することによって得られる加算の創設や、処遇改善加算の要件として求められることにより、介護サービス事業所は有資格者を雇用したほうがメリットを得られるしくみとなっており、介護従事者に占める無資格者の割合は以前よりは減っている感覚である。

　一方で、従前の人手不足を解消する考え方として、介護業界へ参入する人材のすそ野を広げ、アクティブシニアや子育て世代など多様な人材を受け入れる方向性が示されている。これは、介護業務そのものを「専門性を要す」業務と、「専門性を要さない」業務に整理し、無資格や未経験者などの多様な人材に専門性を要さない周辺業務等になってもらうことにより、有資格者は専門性を要する業務により専念できる環境を整え、業務の

効率化をはかる取り組みである。そして、そのために受け入れる多様な人材を「介護助手」「介護アシスタント」といった呼称を用いる流れとなっており、国も介護現場を革新する1つの方法として推進している。これはおもに入所系を中心に進められている取り組みではあるが、従来から無資格者を雇用している事業所は多く存在しているし、地域のボランティアを活用し周辺業務をになってもらっている事業所も存在している。しかし、「生産性の向上」をキーワードとして、ロボット等のテクノロジー導入促進とともに、あらためて非専門人材を利活用することをモデル化し、人手不足解消の一助となることに期待が寄せられている。

　また、前述したとおり、訪問介護については無資格では従事できず、介護職員初任者研修修了者（旧ホームヘルパー2級相当）が最低要件であったが、ほかの介護現場以上に深刻な人材不足と訪問介護員の高齢化が進んでいる現状にあり、その打開策の1つとして「家事援助」のみを業務とする生活援助従事者研修が2018（平成30）年度から導入された。介護職員初任者研修130時間の半分を下回る59時間の研修時間が設けられ、受講のしやすさからアクティブシニアや子育て世代などに参入してもらう流れとされた。身体介護などはできないが、リネン交換・洗濯や掃除といった家事援助をにない、介護予防・日常生活支援総合事業（総合事業）や障害福祉サービスの家事代行を支える人材として期待されている。しかし、実際は期待されるほどの養成は進んでいない現状がある。一層目の無資格者の項において紹介する理由も、そのような現状からと理解いただきたい。

　無資格者や平易な研修受講で従事できる介護の仕事において、有資格者も無資格者もひとくくりにした「介護従事者」として社会的評価を高めることは簡単ではない。しかし、有資格者のみで超高齢社会の介護ニーズに応えることは物理的に不可能であり、無資格者などの多様な人材参入促進はますます求められる（**図表2-1**）。一方で、介護施設などによる虐待や

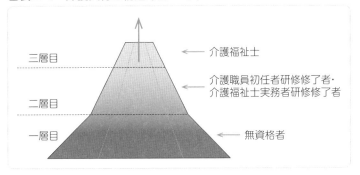

図表 2-1　介護人材の構造 (イメージ)

三層目　← 介護福祉士

← 介護職員初任者研修修了者・
介護福祉士実務者研修修了者

二層目

一層目　← 無資格者

不適切ケアに関する事案が後を絶たず、ケアクオリティーを一定水準に担保するうえでもさまざまな課題が存在する。無資格者が従事していることが必ずしも虐待などの不適切事案発生の直接的要因とはいえないが、発生要因の 1 つとして「学習不足」があげられており、2021 (令和 3) 年度の第 8 期介護報酬改定においては無資格の介護従事者に認知症介護基礎研修の受講が義務化された。認知症の特性理解や介護者としての基本的な倫理観などを学ぶことにより、対応力向上と質の底上げをはかり、不適切事案の防止に資することとされている。

　一層目として無資格者について述べたが、介護福祉現場は一定数の無資格者によって支えられている事実があり、これからも貴重な人的資源として必要とされる。大切なのは、この資源をどのように受け入れ、効果的に利活用しながら質の高い介護サービスを維持することができるかということであろう。

3　二層目　介護職員初任者研修修了者・介護福祉士実務者研修修了者

　介護保険サービスを中心とした事業所において介護従事者として就労するにあたり、実践者として身につけるべき一定の基礎的な学びを修了した

者として位置づけられている。前項で説明したとおり、訪問介護を除く介護現場においては無資格者でも従事することは可能であるが、雇用する側からすればせめて初任者研修(旧ホームヘルパー2級相当：研修130時間)か実務者研修（旧ホームヘルパー1級相当：研修450時間）のどちらかを修了してくれていればありがたいという感じである。

（1）介護職員初任者研修

　訪問介護の現場においては、入門的な位置づけの初任者研修修了者が比較的多く従事しており、在宅支援を支える貴重な存在となっている。高齢化の進展にともない介護需要が高まるなか、1989（平成元）年に国の「高齢者保健福祉推進十か年戦略（ゴールドプラン）」において、「ホームヘルパー」という名称が明示された。家事支援や、食事・入浴・排泄などの身体介護を行うホームヘルプサービスをになう職種として位置づけられた。当時、ホームヘルパーの養成は1～3級と段階的に体系化され、2000（平成12）年にスタートした介護保険制度とともに、訪問介護員養成研修（ホームヘルパー養成研修）修了者（おもに2級）を爆発的に増やしてきた。ちなみに、介護タクシーも訪問介護のサービス内に位置づけられる「通院等乗降介助」であり、たずさわるドライバーもホームヘルパー2級以上でなければならない。私の認識では、ホームヘルパー養成研修修了者は400万人超とされており、比較的取得しやすい資格として介護保険制度創設の後押しで勢いよく広がった。しかし実際の介護現場への参入・定着は1割程度ともいわれている。介護保険制度においては、サービス名称がホームヘルプサービスから訪問介護に改められ、その後、養成研修の名称も介護職員初任者研修（ホームヘルパー2級相当）、介護福祉士実務者研修（ホームヘルパー1級相当）に改められてきた（3級相当はなし）。

（2）介護福祉士実務者研修

　介護サービスの質の向上をはかるうえで、介護職員の専門性を高めることが必要であることから、施設、在宅を問わず、介護職員として介護サービスに従事する職員の共通の研修として、2006（平成18）年度に「介護職員基礎研修」が創設された。前述したホームヘルパー養成研修の上位に位置づけられ、500時間の研修が課せられていた。しかし、関連の制度改正などの流れからホームヘルパー1級が介護職員基礎研修に統合され、さらに介護福祉士取得方法の一元化にともなう整理によって、現在の介護福祉士実務者研修に改められた。介護福祉士は実務経験3年のみで国家試験の受験資格を得ることができ、多くの有資格者を増やしてきたが、実務経験に加えて研修受講を義務づけることで養成施設（養成学校）ルートから取得する者との「学びのギャップ」をうめ、介護福祉士の質の向上と社会的評価の引き上げを狙ったといえる。一方で、介護現場で働きながら受講しやすい研修にすることが求められ、時間数は450時間と少なくなり、通信も活用することが可能となった。また、労働政策の一環として、失業者などが雇用保険を受け取りながら旧基礎研修や実務者研修を受講することができ、私見ではあるがリーマンショック後には受講者が大変多かったと記憶している。しかし、世の中の経済動向がしだいに落ち着くことにより、実務者研修を受講する者も減り、研修実施機関も減っている。

　前述したとおり、実務者研修は実務経験ルートから介護福祉士をめざす者が、国家試験の受験資格を得るために必須の研修である。無資格で介護に従事しながら研修を受講し、あわせて3年の実務経験を満たすことが必要である。しかし、前述の失業者施策のルートから受講する者は、研修を先に修了し、それから介護職として働き出し3年の経験を満たさなければならない。職能団体の立場からいえば、実務者研修修了者は必ず介護福祉士国家試験にチャレンジし、有資格者をめざしてほしいと思うところであるが、失業者施策から受講した者については必ずしも介護への就労に

つながるとはいえない。介護や福祉とは縁遠いキャリアから受講する者もおり、実習や見学などを通じ、実際の介護現場を目の当たりにしてミスマッチになる例は少なからずある。また、実際の就労にいたったとしても対人サービスになじめず短期間で離職するケースもある。

　後述するが、国家資格の取得ルートが養成施設ルートや実務経験ルートと複数存在しているが、筆者自身も実務経験ルートで資格を取得したからこそ、資格そのものの価値を上げるうえでは養成施設ルートに一元化されるべきと考える。しかし、現場の深刻な人材不足を考えれば、実務経験ルートをなくすという判断は容易ではなく、大変悩ましい思いである。

4　三層目　介護福祉士

　筆者は介護福祉士として高齢者介護の現場に身をおき、2004（平成16）年度から職能団体である日本介護福祉士会の活動を熊本県で行ってきた。2014（平成26）年からは、全国組織の日本介護福祉士会の執行部として活動する機会を得て、介護福祉士を取り巻く制度や教育についての議論に直接かかわる経験は大変貴重であった。その経験を通じ、各団体の主張や理念の違い、政治的なロジック、歴史的な背景、資格制度にからむ利害関係など、いち介護福祉士の目線では到底みえることのないさまざまな事実を目の当たりにした。現場の介護福祉士が抱く鬱屈した感情やジレンマは、複雑にからみ合ったさまざまな事情のもとに存在し、表面的で感情的な議論でクリアできるものではないことを痛感した。しかし、資格取得方法の一元化や資格そのものの価値づけが十分に備わっていない状態をこのまま放置していては、介護福祉士という国家資格はいつか埋没するのではないかという危機感をあらためて抱くことにもなった。

　国家資格として30年を超えて輩出されてきた介護福祉士は、登録者数も1989（平成元）年の2631人の合格者からスタートし、2023（令和5）年8月末時点で193万人を超えており、国民の介護福祉ニーズを支える

生活支援の専門職として、その数を確実に増やしてきた。無資格の介護従事者が初任者研修・実務者研修を経て取得する実務経験ルート、福祉系高校ルートや専門学校・大学の教育機関を経る養成施設ルート、フィリピンなどとの二国間経済連携協定によるEPAルートと、複数の資格取得ルートが存在しており、ほかの国家資格と違う非常に特徴的な部分である。一方で、介護福祉士の資格を保有しながらも、介護従事者として実務をになっている実働者は登録者数に対して5〜6割程度というデータもある。つまり、何らかの理由で介護業界を離れている、またはほかのライセンスを取得して従事している者が多いといえる。介護福祉士の登録事務は「社会福祉振興・試験センター」がになっているが、医師や看護師などのように国家資格登録以降の定期的な現況調査などは基本的にはなく、婚姻などによる名字の変更や死亡による登録抹消なども本人や家族からセンターに届け出がない限りは把握ができない現状である。つまり、登録者数193万人超中、現在実働している者の把握がそもそも不可能である。人材確保を議論するうえで、潜在的有資格者へのアプローチは大変重要ではあるが、その基礎データとなる実働者・潜在者の双方の実態を把握する術がないことは問題と考える。ただ闇雲にだれでもいいから介護従事者を増やしたいのか、有資格者を増やす必要性を議論するのかでは、検討の方向性も方法論も違うはずである。そういった議論をするためにも、実働者・潜在者の実態把握は不可欠であり、国の責任において把握を可能とするシステム構築をするべきと考える。

　「介護福祉士」という国家資格にどのような価値を付与するのか？　ということは、介護福祉士に関するさまざまな課題を解決するために重要である。介護実践の現場において、介護福祉士とそれ以外の者とのスキルがどのように違うかといったことが明確化される必要があり、そのになう役割や責任に対して適切な評価が担保されるべきである。しかし、前述したとおり、介護福祉士を養成するルートの整理がいまだに十分なされておらず、

介護保険制度などの関連法のなかにおける介護福祉士の役割の明確化や位置づけも十分ではない。介護福祉士を養成するルートが整理されていなければ「だれでもとれる資格」ということであり、関連制度上において介護福祉士でなければならない役割・責任が明確に位置づけられていなければ、「介護の仕事はだれでも可能」ということになる。資格取得方法の一元化がたびたび先送りされるなど、未整理の状態が 30 年以上続いている介護福祉士という資格に「魅力や価値」を付与することは容易ではない。

2017（平成 29）年 10 月 4 日付けで、厚生労働省社会保障審議会福祉部会福祉人材確保専門委員会による報告書「介護人材に求められる機能の明確化とキャリアパスの実現に向けて」が示され、次世代型の介護福祉士と介護人材のあり方が明示された。筆者も当時この報告書のとりまとめに委員としてかかわったが、介護従事者の入り口としてのすそ野は広く多様化しつつ、中核人材として介護福祉士を富士山型介護人材構造の中腹にすえ、そのマネジメントのもとにチームケアを実践するために、介護福祉士が介護職チームの「リーダー」であると報告書において明文化された。無資格〜有資格が混在するチームにおいて国家資格である介護福祉士が現場を束ねるのは至極あたりまえのことである。しかし、実際は無資格者や他職種が介護職チームを束ねている場合も少なからずある。このようないびつな構造になっている現場の課題を改善するためには、前述の報告書が出され、介護職チームのリーダーは介護福祉士と明文化されたことは大変重要なことととらえなければならない。

社会の変容とともに複雑に多様化する介護・福祉ニーズを支える介護職チームのリーダーが、「だれでもできる・なれる」では困る。まずもって学校に行かなくても取得が可能な国家資格というしくみが、他職種との賃金をはじめとする評価の格差を生み出している根源と考える。資格取得までに必要なコスト、つまり「時間と費用（学費）の差」が、資格取得後の待遇や社会的評価のギャップといえる。この差を縮めるためには、前述し

たとおり、介護福祉士資格の取得はせめて専門学校などの養成施設ルートへ一本化がはかられるべきであると考える。現場の人材不足を理由に実務経験ルートが残されているが、体系化された教育プロセスを経なければ、資格そのものに根本的な価値は得られない。一定のハードルをクリアして資格を取得し、さらにそのなかから高みをめざす認定介護福祉士の養成も加速化する必要性がある。資格取得方法の歴史的背景をふまえれば、介護福祉士の質のバラつきが大きいという事実は否めない。であるならば、資格取得後の学びにおいてバラつきを是正する取り組みは不可欠であり、高度な専門性を身につける認定介護福祉士を富士山型介護人材構造の頂上にすえて、段階的にステップアップをはかることができる環境整備を推し進め、全体の質の底上げをはかることが必須であろう。

　また、報告書とともに改められた「求められる介護福祉士像」を、「理解できる」ではなく、「実践・行動できる」介護福祉士を養成することが不可欠である。また、ICT やロボットをはじめとするテクノロジーを活用できる基本的なスキルや、外国人材とコミュニケーションをはかることができる語学力も時代の変容とともに求められる次世代型のスキルである。社会からの期待に応えるためには、介護福祉士が高度な実践者であるとともに、マネジメントスキルを備えた総合力の高い自律した専門職として養成されなければならない。

　最後に、これまでの養成の背景や直面している課題を、職能団体の立場と現場の介護福祉士の立場をふまえて述べたが、制度が十分ではない、評価が十分ではないといった他責的に批判することが主旨ではない。介護福祉士を取り巻く課題や、今後のあり方について、介護福祉士自身がまずはremind（再確認）し、それについてしっかり向き合い、自律した専門職としての未来を介護福祉士みずからが切り開くことの重要性をお伝えしたい旨とご理解いただければ幸甚である。

第2章

2 国家資格「介護福祉士」
誕生の背景・経過と
未来への期待

東京大学高齢社会総合研究機構　客員研究員
一般財団法人医療経済研究・社会保険福祉協会　理事長
辻　哲夫

1　はじめに

　1987（昭和62）年5月に「社会福祉士及び介護福祉士法」が制定され、国家資格である介護福祉士が誕生してから35年余りが経過した。この制度が導入されたときの担当者の1人であった者としては、感慨もひとしおである。

　介護福祉士制度の導入にともない、テキストの作成、養成施設協議会の設置など、いくつかの局面にかかわってきたが、介護福祉士の職能団体の創設という重要な局面に関しては、田中雅子初代会長のもとでの日本介護福祉士会第1回総会が1994（平成6）年2月、大雪が降った日に開催され、そこに雪を踏みしめながら出席したことは今でも忘れられない。

　この35年をふり返り、介護福祉士制度がどのような思いのもとに、どのようにしてできたか、そして未来に向けてどう期待しているかについて、当時の行政担当者であった立場からまとめてみる。

2 介護福祉士制度導入の背景

(1) 民間事業者による在宅介護サービスの健全な振興

　介護福祉士制度がどのようにして導入されたかについては、創設当時の厚生省社会局（当時）におけるシルバーサービス振興策の仕事とのかかわりにさかのぼる。

　法律による福祉職の専門職化・資格化については、かねてより全国社会福祉協議会や社会福祉関係の学術関係者などから要求されていたが、それは困難であるというのが、当時の厚生省の評価であった。

　その理由は、当時、福祉職はすべて公的に根拠のあるサービスに属していたことによる。たとえば、福祉事務所のケースワーカーはもとより、福祉施設の指導員、ケアワーカー等はすべて措置制度のもと、民間であっても公の委託による事業所の所属となっていた。つまり、それらの職種はすべて法律に根拠があり、政令、省令、通知において、その職種の基準が規定されていた。したがって、それ以上に国家資格制度をつくる必要性がないということが厚生省の見解だったのである。

　筆者は 1986（昭和 61）年当時、厚生省社会局のなかでシルバーサービス振興指導室長を務めていた。当時シルバーサービスとは、高齢者を対象とする民間事業者による多様なサービスのこととされていたが、当時の社会局では、高齢化が進行するなかで活躍が大きく期待される在宅サービスの分野では、創意工夫や経営マインドが求められるため、シルバーサービスの健全な振興によることが不可欠であると考えられていた。

　このような認識のもとにシルバーサービス振興会の創設など、さまざまな事業に取り組まれたが、なかでも民間福祉サービスにおける質の確保は絶対的な要請であって、従事者の質を確保しなければ民間在宅サービスの発展は難しいと考えられていた。このように、従事者の質の確保がシルバーサービス振興の土台になるという考えのもとで、筆者ら当時の担当者

は、技能審査制度というしくみを利用して、民間在宅介護サービスにたずさわる介護職に関し一定の資格制度をつくる準備を進めるにいたった。当時は、各省が省令を根拠に、この技能審査制度により、「〇〇士」という資格をつくることができたからである。

（2）厚生大臣の方針による法律にもとづいた資格化への発展

国家資格としての介護福祉士制度導入についてはきわめて重要な経過がある。前述のような検討を社会局で行っているさなかに、斎藤十朗議員が厚生大臣（当時）に就任された。斎藤大臣は福祉分野に造詣が深く、大臣就任時に「厚生省所管の専門職問題の解決」を抱負の１つとして掲げられた。

社会局内で介護に関する一定の資格をつくる準備を進めていた筆者らにとっては、まさに誠に有難い話であり、それからは一瀉千里に事が進みはじめた。

（3）社会福祉士とのパッケージ

福祉専門職の国家資格化にあたっては、介護福祉士だけでなく社会福祉士も同時につくるという話が持ち上がった。当時、全国社会福祉協議会など福祉分野の資格制度導入の必要性を訴えていた福祉関係者のなかでは、ケアワーカーよりもソーシャルワーカーの資格のほうが強く求められていたのである。

そこで、社会局として、当時社会福祉専門官をされていた京極高宣氏（後に日本社会事業大学学長）が福祉関係者とのあいだに立ち、社会福祉士制度の国家資格化の検討に着手した[1]。その法制化をはかるうえでの大きな

---

1) 京極高宣『改訂 日本の福祉士制度——日本ソーシャルワーク史序説』中央法規出版、1996 年

課題は、既定方針であった介護福祉士の資格の導入に社会福祉士の資格を
どう束ねて説明するかであったが、アメリカのホームヘルスケアビジネス
を参考にした日本のヘルシーライフサービスという会社の存在が重要な役
割を果たした。アメリカのホームヘルスケアビジネスは、退院後の患者を
念頭において、医療系の看護職がいて、福祉系のソーシャルワーカー、ケ
アワーカー、ホームメーカー（主婦の仕事に相当する仕事を担当）が協
働することにより在宅ケア全体をシステムとして動かすというものであっ
た。ヘルシーライフサービスは、アメリカのホームヘルスケアビジネスの
モデルのうちの福祉系のシステムを参考にして、日本での在宅介護サービ
スを事業化したのであった。

　筆者らは、ヘルシーライフサービスの業務マニュアルを参考にして、介
護をになうケアワーカーとともに、社会福祉士の概念に相当するソーシャ
ルワーカーの、2つの職種がパッケージで動いているという実態を明らか
にして、各方面に説明をした。

　公的なサービス以外の分野で、厳然とした社会実態がなければ、法律に
することは難しい。ケアワーカーとソーシャルワーカーの組み合わせが民
間企業という社会実態のなかに存在するという説明を経て、社会福祉士及
び介護福祉士法というパッケージの法律になった。民間在宅サービスが成
り立つためには、両者の資格が必要であることは必然であった。

（4）政府提案による法制化

　法制化に向けてのもう1つの問題は、社会福祉士及び介護福祉士法を
政府提出法案（閣法）にする根拠であった。介護福祉士は業務独占ではな
いので、名称独占の資格と位置づけたのである。業務独占の制度とは医師
や看護師のように、資格がないと業として一定の行為を行えないというも
のであるが、介護は、法律的には誰でも行うことができるので、名称独占
の資格で構築するのが適切であると考えた。そうなると、業務独占をとも

なわない名称独占の国家資格というのは、議員立法で提案されるのが慣例であり、この慣例を破ることが難しかったのである。

そこで、政府提出法案とする理論構成の突破口となったのが介護福祉士の位置づけであった。要するに、これからの日本の高齢社会を支えるためには民間介護サービスの参入が不可欠となるが、民間企業が参入してもサービスの質が悪ければサービスは普及しない。また、民間介護サービスというのは医療のような許認可の対象ではなく、介護というのは過剰に規制してはいけない。民間介護サービスを普及するためには介護従事者の質を確保する公的なしくみが必要である。したがって、国の政策として資格制度をつくることは、高齢社会への適正なサービス供給政策の基盤になるので、この法律案は政府提出法案とする必要があるという説明がなされたのである。

実は、日本では、技術士という名称独占の資格制度を、1957（昭和32）年に科学技術庁ができる際に、政府提案によって可決・成立させたという唯一の例外的な前例があったが、このようにして、名称独占の国家資格法として社会福祉士及び介護福祉士法は2つ目の政府提出法案による法律となったのである。

3 介護福祉士資格制度の構築の経過

これまでみてきたようにさまざまな経過があったが、社会福祉士及び介護福祉士法の成立は、わが国の福祉分野における新しい国家資格誕生を意味する。法律制定当初の第2条第2項には、介護福祉士の定義として次のように規定された。

（定義）

第2条　略

2　この法律において「介護福祉士」とは、第42条第1項の登録を

受け、介護福祉士の名称を用いて、専門的知識及び技術をもって、身体上又は精神上の障害があることにより日常生活を営むのに支障がある者につき入浴、排せつ、食事その他の介護を行い、並びにその者及びその介護者に対して介護に関する指導を行うこと（以下「介護等」という。）を業とする者をいう。

注：下線は筆者

この規定のうち、下線部が介護福祉士制度の構成要素として特徴づけられるものといえる。

（1）特別養護老人ホームに関する規定のなかの 介護の概念を抽出

介護福祉士の定義をどうするかとなったときに参考にしたのが、特別養護老人ホームの対象者は「身体上又は精神上著しい欠陥があるために常時の介護を必要」とする者とするという趣旨の「老人福祉法」の規定であった。

これを足がかりにして当時の特別養護老人ホームの実態を念頭におきつつ「老人福祉法」に規定された「介護」という用語が介護福祉士の定義に用いることとされたが、これまで述べたような経過から、新しい資格制度により生み出される人材がになう最前線は、在宅介護サービスの分野であると想定されていた。

（2）名称独占（だれにでもできる領域における専門職）

定義規定のなかに「介護福祉士の名称を用いて」とあるように、介護福祉士は名称独占の資格である。

名称独占とは、国家資格において、その資格の名称を保護することを目的として、登録による有資格者だけがその名称を用いることができるという法的規制のことであり、有資格者以外はその業務を行ってはならないと

いう業務独占に対比して用いられる概念である。

　名称独占である前提には、介護はだれにでもできる領域ということがある。しかし、そこを専門職化するというのが介護福祉士制度の目的である。そのため、法律には「専門的知識及び技術をもって」という文言を入れることとされた。これにより、介護の専門性という概念が法的に示されたのである。

（3）介護は医療系職種の指示や指導は不要

　介護福祉士の制度化においては、「老人福祉法に現に存在する体系を制度化するのであり、医療分野との関係は従来と変わらない」という整理のもとに、当時の日本医師会や日本看護協会と折衝を重ね、制度導入をはかったという経緯がある。つまり、介護福祉士の養成課程では人体のしくみについて教育はするが、治療法については教育しないということになった。

　他方で、内閣法制局からは、介護福祉士が医療から切り離された資格とはいえ、医療系職種との関係を何らかの形で書き込んだほうがよいのではないかとの指摘を受けた。そこで、法律第47条に「連携」という見出しを立て、「社会福祉士及び介護福祉士は、その業務を行うに当たっては、医師その他の医療関係者との連携を保たなければならない」という条文が導入されたのである。

　これにより、介護福祉士は、介護の業務を行うにあたっては医師等の医療系職種の指示や指導を受ける立場にはなく、あくまでも対等な立場にあり、連携を保つということが明確になった。この条文は、のちの改正で修正はされているが、医療系職種との前述した法的な関係性については変更されておらず、介護は、1つの独自の分野であり、医療系職種とは対等であるということを示す重要な条文である。

（4）養成施設での養成期間

　介護福祉士の養成期間をどの程度に設定するかは、最大の論点の１つであった。

　筆者らは２年間の養成課程が必要という認識を強くもっていた。しかし、その当時、現実に存在していたのは老人家庭奉仕員（のちのホームヘルパー）の360時間研修だけだったため、２年の必要性を積み上げ的に検証するのは簡単ではなかった。当時、筆者らとしては、重度の要介護状態にある人を在宅で介護する、つまりボディタッチができる介護職を育てることを想定していた。それまでの老人家庭奉仕員はどちらかというと、身体的な自立度が比較的高く、社会的自立度が低い高齢者を念頭において制定された制度であり、おもに家事援助を中心に行っていた。それでは、当時の最大の懸案だった在宅の寝たきり高齢者の援助ができないのではないか、ボディタッチができないとだめなのではないか、と考えて養成課程が検討されていた。

　そのとき参考になったのが、兵庫県の取り組みだった。兵庫県では、当時の貝原知事が「福祉介護士」と称する１年コースの養成校をつくりたいと考えていた。そして、これは全国に影響があるから国に相談しておこうということで、社会局に兵庫県の森田民生部長（当時）が相談に来られたのである。

　筆者らが「実は我々も考えている。我々は２年で検討している」と言うと、「本音は２年がいい。兵庫県の検討委員会では、必要な教育内容を積み上げると、いくら検討しても１年を超えてしまうが、２年の養成制度というのはむしろ国の役割ではないかということで１年でまとめた」とのことであった。

　それで筆者らは２年を確信した。法律を作成するためには、根拠と検証が欠かせない。その意味で、兵庫県の取り組みは政策的な確信の裏打ちになったのである。

介護福祉士制度導入後、厚生省では当時、360時間の老人家庭奉仕員向け研修プログラムを土台に、2年の介護福祉士の養成課程だけでなく、階段式に、現場で介護を実践している人たちから介護福祉士という専門職に成長していく養成課程をつくりたいと考えていた。つまり、筆者らは現場での実務経験者が一定の学びを経ながら介護福祉士国家試験を受験する道をつくりたいということで、兵庫県の検討委員会の一員でもあった古瀬徹先生に、1級課程、2級課程といった介護福祉士になる手前の教育課程の検討を依頼した。要するに、現場実践をふまえて介護福祉士になるルートを整備することが必須であると考えていたのである。

4　介護福祉士に託する日本の未来

　介護福祉士は、以上みてきたような背景と経過で、当初は特別養護老人ホームに関する規定とその実態を手掛かりにして、在宅でボディタッチも行える介護を実践する人材の養成ということから始まったが、介護福祉士をめぐる環境は大きく変容し、超高齢社会である未来に向けて介護福祉士に求められる資質はより高度となり期待も大きくなってきている。そこであらためて、近年の介護福祉士を取り巻く環境の変容に応えて日本の未来をになおうとする介護福祉士に対して、その原点を再確認するとともに、よりにない手としての意識を強め、発展していただきたいという願いを述べる。

(1) 独立した存在としての「介護」

　介護の専門性の位置づけについては、たとえば介護保険法のなかに見出すことができる。介護保険法第1条の「目的」は、次のように規定されている。

> （目的）
> **第1条** この法律は、加齢に伴って生ずる心身の変化に起因する疾病等により要介護状態となり、入浴、排せつ、食事等の<u>介護、機能訓練</u>並びに<u>看護及び療養上の管理その他の医療</u>を要する者等について、これらの者が尊厳を保持し、その有する能力に応じ自立した日常生活を営むことができるよう、（中略）保険給付等に関して必要な事項を定め、もって国民の保健医療の向上及び福祉の増進を図ることを目的とする。

注：下線は筆者

　この条文では、「入浴、排せつ、食事等の介護」という文言、つまり介護福祉士制度ができた当時の定義規定がそのまま用いられている。さらに、「機能訓練並びに看護及び療養上の管理その他の医療」という文言が並列に取り扱われていることからもわかるように、「介護」というのは、医療とは独立した概念なのである。その目的はといえば、利用者がその尊厳を保持し、その有する能力に応じて自立した日常生活を営むことができるようにすることであり、このために介護を行うのである。ただし、対象者に病気がある場合で業務独占規定により医療系職種でなければ対応できないことについては医療系職種が行うので、このことは医療系職種にゆだねることとしたうえで、これと連携して介護にあたらなければならないのは当然のことである。

　近年、医療系職種でなければできない「喀痰吸引その他のその者が日常生活を営むのに必要な行為であって、医師の指示の下に行われるもの」が行えるようになっているが、これは、介護とは別の体系の医療系職種でなければできない行為を例外的に行えるようになったのであり、本来行う介護福祉士の業務については、従来どおりである。

（2）その人らしい暮らしを支援する専門職

社会福祉士及び介護福祉士法制定以降、介護保険法や障害者自立支援法が施行されたなかで、認知症をはじめとして知的障害者への対応など身体介護だけでは対応できないニーズが増大しており、2007（平成19）年に介護福祉士の定義が見直され、介護福祉士の業務内容は「入浴、排せつ、食事その他の介護」から「心身の状況に応じた介護」に改められた。また、社会福祉士及び介護福祉士法第44条の2では、介護福祉士は「その担当する者が<u>個人の尊厳</u>を保持し、<u>自立した日常生活</u>を営むことができるよう、常にその者の立場に立って」誠実に業務を行うことが求められることとされた。

下線部の「個人の尊厳」とは、障害の有無はもとより、性別、年齢、国籍などにかかわりなくすべての人に等しく存在するものである。

また、同じく下線部の「自立」というのは、心身の自立度だけでなく、生活者としてその人らしく生き切るということを意味するものと考える。これらのことをふまえ端的にいえば、介護福祉士の役割はすべての人に存在する尊厳に着目し「その人らしい暮らしの支援」を行うことであるといえる。

そこにおける専門性に関しては、時代とともに重要性を増し、医療介護を通ずる幅広い専門職種のなかでは介護福祉士が主要な役割を果たすことが期待されている。

（3）変容する環境と介護福祉士

介護福祉士制度ができて以降、大きな状況変化が生じ、未来に向けて新たな動きが生じているが、ここでは2つのことにふれたい。

1つ目は、地域包括ケアシステムが政策の大きな柱となったということである。

2014（平成26）年に施行された「地域における医療及び介護の総合

的な確保を推進するための関係法律の整備等に関する法律（医療介護総合確保推進法）」で定義された地域包括ケアシステムの理念は、高齢期にあっても、住み慣れた地域の住まいで暮らしをつづける、つまり在宅ケア（ケアの概念には医療も介護も含まれる）を基本とすることをめざしているが、このことは、施設ケアより在宅ケアのほうがコストが低いからというような着想ではなく、その人がその人の住まいの場でその人らしい生活をくり返すことが、もっとも自立につながり、幸せであるという考え方に立っている。

　このようななかで、在宅サービスの体系は24時間対応の在宅ケアへと深化しており、小規模多機能型居宅介護などの定額包括報酬制のしくみが導入されるなど、在宅介護サービスに求められる内容は総合的で高度なものとなってきている。また、在宅医療の推進が政策的に強化されるなかで、在宅医療・介護連携推進事業が導入され、医療と介護の連携が重要な政策課題となっている。

　2つ目は、高齢者の平均寿命は延び続け、人生100年時代を迎えつつあるということである。

　このこと自体は誠にめでたいことであるが、一方において、認知症のある人や治ることのない病気の慢性期症状のある人が増加することを意味している。したがって、認知症の要介護者あるいは慢性期症状の病気のある要介護者が、介護の利用者として一般的になってきているといえる。

　これらの利用者がもっとも願っていることは、生活者として人生を心豊かに全うすることであり、このための対応の目標はQOL（Quality of Life：生活の質）の確保であるということが明らかになってきている[2]。

---

2) 社会保障制度改革国民会議は、現在の国の医療介護改革の柱となる医療介護総合確保推進法のもととなる考え方を取りまとめたが、そこでは、今後の医療介護のめざす目標は、QOLの確保であるということが示されている。

以上のことは、①介護福祉士の専門性の内容が認知症への対応を含めて幅が広がり高度化するとともに、医療系職種との連携の必要性が増している、②介護福祉士は、QOL の確保という概念をよく学ぶとともに、医療系職種と連携する力量が必要である、ということを意味している。そしてこのことは、「病気を治すこと」に専門性の重きをおく医療系職種に対して、「その人らしい暮らしの支援」に専門性の重きをおく介護福祉士が、相対的にはいっそう大きな役割をになうことが期待される時代が来ているということをも意味している。

（4）QOL という目標のもとでの連携における
介護福祉士の重要性

　QOL における Life とは、「生命」「生活」「人生」という意味をもっている。すなわち、QOL の確保には、「生命の尊重（生理的健康の確保）」「生活の充実」「人生の満足」という 3 つの側面があり、個々の人の尊厳の保持という理念のもとで、それらが満たされる必要があるということである。逆にいえば、どれか 1 つだけ確保されればよいというものではない。

　「その人らしい暮らしの支援」を行う介護福祉士は、以上のような意味をもつ QOL の確保という目標に向かって、主として「生活の充実」や「人生の満足」という視点に立って多職種と連携して業務を遂行することが大切である。

　QOL の確保という目標は、介護福祉士にも医療系職種にも共通する目標である。医療法第 1 条の 2 第 1 項には、「医療は、生命の尊重と個人の尊厳の保持」を旨とすると明らかにされているように、医療においても、もちろん、個人の尊厳の保持という観点から患者の生活の充実と人生の満足も大事にしなければいけないのは当然である。しかし、医師法第 17 条で「医師でなければ、医業をなしてはならない」と規定されており、医療における専門性の原点に重点をおき、これまでは医療系職種は主として病

気を治すことを基本においた生理的健康の確保に注力してきたといってよい。

　一方、介護における専門性の原点は、その人らしい暮らし、すなわちその人の日々の生活の充実と人生の満足にある。もちろん介護福祉士は、生理的健康の確保にも意を用いることは大切であるが、具体的な行為として医療系職種でなければできないことは医療系職種にゆだねる。そして、尊厳の保持（言葉を代えていえば、その人らしい暮らしの保持）の観点から「日々の生活の充実と人生の満足」を確保するためにはどのような介護をすればよいのかを、身近にいる専門職として追求し行動するのが役割である。

　したがって、医療系職種との関係性については、医療に関することは、よく医療系職種の話を聞く一方、介護に関することは、介護福祉士としての考え方を対等な関係でよく伝え、QOLの確保のためにお互いに密接に連携することが大切である。

　以上述べたような専門性を発揮するためには、①医療系職種の業務独占行為に抵触しない限り利用者の生理的健康にも留意しつつ、②その日々の生活の充実と人生の満足とはどのようなものかを客観的に把握したうえで、③合理的かつ具体的な介護計画を樹立し、④医療系職種とも対等に連携しつつ、⑤それをチームとして遂行するという力量が必要である。

5　おわりに

　人生100年時代を迎えるにあたって、多くの日本国民の価値観は、単なる長生きだけでなく長生きの中身を大切にする方向に向かっていくものと考える。そのような状況にあって、高齢者等の尊厳の保持という理念のもとで、その人その人に応じて最期まで生活者としての幸せを具現化することをになう介護の専門性はいっそう重要になると確信する。

　一方において、介護福祉士誕生の背景と経過からわかるように、介護福

祉士の国家資格化が実現したのは、シルバーサービスの育成および振興策が時代の重要課題であったときに斎藤十朗氏が厚生大臣に着任されたという歴史的なチャンスに恵まれたからであった。正直いって介護福祉士制度導入の際には、これほど多くの介護福祉士が誕生するとは予想していなかった。

　このようにふり返ってみて、今後、85歳以上人口が急増し2040（令和22）年には1000万人に達するという将来を考えるとき、介護福祉士制度が35年前に誕生していて本当によかったと実感している。

　専門職能集団が実力をつけ、発展していくには歴史的な蓄積は不可欠である。介護福祉士およびその専門職能集団が、時代の推移とともにその専門性というものに対しいっそう大きな期待を寄せられているという自覚と誇りをもち、専門職としてのこれまでの実践をもとに、いっそうの研鑽と実践が行われることを切に願うものである。

日本介護福祉士会創設期の様子

公益社団法人日本介護福祉士会　初代会長
社会福祉法人富山県社会福祉協議会富山県福祉カレッジ　教授

田中雅子

1994（平成6）年2月12日、介護福祉士の専門職能団体「日本介護福祉士会」が発足した。1989（平成元）年にはじめての介護福祉士が誕生してから6年の歳月が経過していた。この間、全国各地で「資格をとったことが最終目的ではなく、名実ともに専門職となるためいっそうの自己研鑽（けんさん）が必要」との自覚のもと、地道で自主的な研修会やささやかではあるが介護相談や介護講習会などの地域福祉に貢献する活動を行っていた。

香川県介護福祉士会（1989（平成元）年7月29日設立）、福岡県介護福祉士会（1992（平成4）年5月30日設立）、長野県介護福祉士会（1992（平成4）年11月28日設立）、富山県介護福祉士会（1992（平成4）年12月6日設立）

1993（平成5）年7月13日、厚生省社会・援護局の栃本一三郎社会福祉専門官と丸山美知子介護技術専門官（いずれも当時）の呼びかけで、設立準備中も含めた21府県の介護福祉士会代表29人が全国社会福祉協議会の5階会議室に参集した。

各県の活動状況を報告するなかで、多くの介護福祉士会では会の運営に欠かせない事務局が個人宅にあり負担が多いこと、また、それ以上に、職能団体設立の目的を関係団体から正しく理解してもらえないなどの現状と悩みが報告された。

多くの介護福祉士は、1法人1施設のなかで働き、ほかの職場の仲間

と交流する機会は少ない。そのようななかで、ほかの職場の介護福祉士が集まり交流することは、労働条件の改善を言い出すのではないかとの施設長等の危惧もあり施設からこころよく研修会に参加させてもらえない等、運営上の悩みを抱えていた。

　各県の実情、問題点、それに関するアドバイスといったヒアリングが終了したあと、全国的な職能団体をつくることが重要との意見が出された。ヒアリングに参加した21府県以外の介護福祉士にも呼びかけ、1993（平成5）年度中に全国組織を発足することを決定し、ただちに設立準備幹事が選出され、具体的な作業を進めることとなった。

　設立準備幹事として岩手、富山、長野、滋賀、山口、香川、福岡の7県の代表が選出され、1993（平成5）年8月6日の第1回設立準備会から1994（平成6）年2月12日の設立総会まで10回の会議が開催された。

　準備会では職能団体の「設立の目的」「事業内容」「本部組織と支部組織の関係」「総会のもち方」等が検討された。

　準備幹事は、いずれも特別養護老人ホームの寮母（父）やホームヘルパーとして勤務していた。私自身も1969（昭和44）年に富山県内ではじめて設立した特別養護老人ホームに勤務する寮母の1人であり、休日や夜勤明けを利用しての準備作業であった。当時のエピソードを紹介する。

　1993（平成5）年9月3日、台風13号が九州に上陸し、そのまま日本全土を縦断した。だれもが、翌日の第2回設立準備会開催は不可能と思い、中止の連絡を待っていたにもかかわらず、私の職場に入った連絡は、「福岡や香川の幹事はすでに飛行機で地元を出発した。明日の会議には必ず出席するように」という非情な（？）専門官の声。テレビの画面からはJRの列車が次々と運休となった光景が映し出されていた。あわてて夜行列車に乗り込み早朝の東京駅に着いた、翌日4日の第2回設立準備会には、記録破りの台風のなか、全員が出席し、職能団体の性格を表す重

要な「会則」原案等を検討した。夕刻、会議を終えたころには、台風が過ぎ去り青空が見えていた。

　10月7日に開催した第3回設立準備会（代表者会議を兼ねる）では、設立総会日時の決定と会則（案）・事業計画（案）・予算（案）について協議され、順調に設立総会へ向けた常備が整ってきた。9月4日の準備幹事会が延期されていれば、順調に準備が整うことがなかったであろう。死者・行方不明者48名、負傷者396名、住家全壊336棟、住家半壊1448棟、床上浸水3770棟という記録破りの被害をもたらした台風の日にも集まったのだから、という思いがその後の困難な作業を乗り越えさせたのであった。

　その後、設立総会の日を迎えるまで、厚生省や全国社会福祉協議会、日本医師会、日本看護協会、高齢・障害等の福祉関係職域団体へのあいさつなどの準備は、介護の現場で働く介護福祉士にとって慣れぬ作業であったが、これらの困難は、全国規模の職能団体の設立を、と願う全国の仲間の熱意と期待のなかで払拭されたのであった。

　設立準備中も含めた24府県の介護福祉士会が中心となって日本介護福祉士会設立総会が開催された1994（平成6）年2月12日、関東地方は25年ぶりという記録的な大雪になり、東京での最深積雪は23cm、横浜22cmなどで、首都圏の交通は大混乱となった。大雪にもかかわらず、会場となった東京海上本社ビル新館11階ホールは全国各地から集まった介護福祉士の熱気にあふれていた。大分県の仲間は設立総会には間に合わなかったが、夜行列車を乗り継ぎ25時間かけて、祝賀会会場にかけつけた。

　設立後初めて発行した日本介護福祉士会ニュース創刊号には、当時の来賓や記念シンポジウム「介護福祉士の創設と未来への展望」に参加された

方々や職能団体創設に尽力された2人の専門官の声が寄せられている。

　とりわけ、雪のため新幹線が大幅に遅れたにもかかわらず会場に到着された、江草安彦先生（日本介護福祉士養成施設協会会長：当時）の記念講演での言葉には、その後の介護福祉士会が歩む道を教えられた。

　「今、介護福祉士は3万5000人、2000年には10万人を超えるだろう。それだけのパワーは新しい時代の医療福祉の道筋を決めるパワーであるから心していってほしい。そのために10万人の人が経験したことを集約していくことができたら、知的財産の共有ともなる。皆さんで苦しんで築き上げたものを財産として国民に提供していただきたい。老人・障害者の側に立っていわばキーパーソンとなること、専門のことは専門家に依頼し、そのパートナーシップを発揮していただきたい。自分が専門性をもたないのに、いろいろなことを言うと、ただ交通整理をしているだけになるので、対等な立場で発言できるものをもっていただきたい。それが職能団体と言ってよいと思う。いつか職能団体に学術団体を加えていただきたい。実力を体系化し、いっそう強く、高く大いなる発展を期待したい」

　創設時に寄せられた、江草先生からの期待の言葉はその後、徐々に現実のものとなり、職能団体の規範となる倫理綱領は、1995（平成7）年11月に開催した第2回全国研修会の場で公表した。また、職能団体であるとともに学術団体へ、の期待は2004（平成16）年3月日本介護学会設立へとつながっている。

　介護福祉士制度が創設され35年余り。日本介護福祉士会を創設して29年。181万人を超える専門職集団となった。地域包括ケアを進めるうえで、多職種連携・協働は欠かせない。連携・協働の前提は対等である。真に対等な専門職の歩みは終わらない。後戻りはできない。

第 **3** 章

介護従事者の
現在にいたる歴史的変遷

第 3 章

介護保険制度開始
以前の介護従事者

ケアソーシャルワーク研究所　所長

金山峰之

1 現代に続く 2 種類の介護従事者

　総務省の日本標準職業分類（2009（平成 21）年 12 月統計基準設定）
では介護従事者には主に 2 種類の職業があるとされている。その 2 つと
は「介護サービス職業従事者」というカテゴリのなかにある「訪問介護従
事者」と「介護職員（医療・福祉施設等）」である。つまり、在宅を訪問す
る介護従事者とそれ以外の福祉施設や医療機関に勤務する介護職員全部と
いうくくりである。この 2 つは現在のところ同一カテゴリにおける別の
職業という位置づけである。たとえば看護師で考えてみると、訪問看護に
従事していても病棟勤務であっても、看護師という職業であることに変わ
りはない。しかし、介護は訪問とそれ以外に分かれているのだ。これも今
日に続く介護従事者の養成制度の複雑さの一端を表しているものである。

　さらにいうならば、日本標準職業分類ではこの介護の 2 つの職業は、
医師や看護師などの医療専門職が名を連ねる「専門的・技術的職業従事者」
ではなく、「サービス職業従事者」に分類されているということも注目す
べきポイントである。介護の仕事は専門職だといわれる一方で、誰にでも
できる仕事といわれてしまう要因が顕在化していることの 1 つといえる

かもしれない。

　では、こうした現代に続く介護従事者の職業的位置づけはどのようにして形づくられてきたかをみていこう。

2　家庭奉仕員と寮母・寮父

　訪問介護従事者の起源とされるのは1956（昭和31）年に長野県上田市社会福祉協議会において開始された「家庭養護婦派遣事業」に見出す研究が多い。これはわが国ではじめてのホームヘルプ事業として実施されたものとされる。きっかけはあるクリスチャンの婦人らが子どもをもつ母親や、孤独な高齢者を支援するために始めた奉仕活動といわれ、家庭を支援するボランティア活動が制度化されていったものといわれている。その後、老齢世帯や病人宅への訪問事業を行う独自の取り組みが、全国の各自治体において展開されていった。

　1950年代半ば、当時の日本には要介護高齢者の在宅生活支援を行う公的サービスは普及しておらず、在宅福祉サービスの必要性に注目が集まっていた。こうしたなか、1962（昭和37）年には老人家庭奉仕員派遣事業が「国庫補助事業化」されることになり、翌年の1963（昭和38）年に成立した老人福祉法においてホームヘルプ事業は「老人家庭奉仕員派遣事業」として正式に国の制度としてスタートした。これが今でいう訪問介護事業の本格的なスタートである。さらに、1967（昭和42）年には「身体障害者家庭奉仕員派遣事業」が、1970（昭和45）年には「心身障害児家庭奉仕員派遣事業」が開始され、障害者・児へのホームヘルプ事業も開始されることになり、今の訪問介護の対象者像に近いものとなっていった。こうした事業は一部民間委託もあったが基本的に行政によって行われる公的福祉「措置」サービスであった。これらの制度における当時の訪問介護従事者は「家庭奉仕員」と呼ばれていた。2000年代初期には、筆者が現場で出会う訪問介護員のなかにも「私は家庭奉仕員時代からヘルパー

をやっていました」と言うベテランの従事者がいたことが思い出される。

　その後、1960 年代後半には 70 歳以上の寝たきり老人の増加に注目が集まり、1969（昭和 44）年以降、家庭奉仕員の増員がはかられ、在宅福祉施策が本格化されていった。

　一方、「介護職員（医療・福祉施設等）」は戦前から続く養老院事業に起源を見いだせる。養老院は、身寄りがいないなど、さまざまな理由で生活が困窮した高齢者を収容して保護する施設である。日本で最初の養老院は 1895（明治 28）年に設立された聖ヒルダ養老院といわれる。その後民間の篤志家や宗教家によって養老院は各地で設立された。そして 1932（昭和 7）年施行の救護法によって養老院は公的制度として位置づけられることになった。

　養老院では「寮母」と呼ばれる従事者が被保護老人たちの世話をしていた。この寮母が現在の「介護職員（医療・福祉施設等）」の始まりである。「寮母」は職業としては母子寮（現・母子生活支援施設）などの福祉施設の職員や、いわゆる学生寮の管理人としての名称とも同様であり、身のまわりの世話などのケア労働全般に就く従事者（当時はおもに女性）には「寮母」の名称が当てられていたと思われる。ちなみに男性職員の場合は「寮父」と呼ばれていた。

　第二次世界大戦後、1950（昭和 25）年に旧生活保護法が現行の生活保護法に改正され、それまでの養老院は養老施設と名称を変えることになり、1963（昭和 38）年の老人福祉法成立によって老人ホームの体系化が行われ（鳥羽 2009）、特別養護老人ホーム、養護老人ホーム、軽費老人ホームに分かれてそれぞれの事業形態としての歩みを進めていった（渋谷 2012）。つまり、救護法から制度化された養老院は老人福祉法を機に再編され、現代に続く特別養護老人ホームなどの従事者は寮母として高齢者の生活支援をになってきたということである。ちなみに、2000 年代には特別養護老人ホームのスタッフ控え室などのドアには「寮母室」と記載

されている施設がまだかろうじて残っていたと筆者は記憶している。

　このように、訪問介護従事者と介護職員という2種類の介護従事者は、ボランタリーな取り組みから始まった家庭養護婦派遣事業と、篤志家などによる養老院が老人福祉法によりあらためて制度化され、家庭奉仕員と寮母・寮父としてそれぞれの道を歩むようになった。

3　自立と権利をかかげる世界の流れ

　さて、家庭奉仕員や寮母が制度化された前後の世界の潮流についてふれておこう。時代は第二次世界大戦後の1950年代〜1980年代である。なぜならこのころに生まれたさまざまな理念や宣言が、1980年代以降の日本の医療・福祉そして介護従事者養成にも大きな影響を及ぼしているからである。

　第二次世界大戦では数々の悲惨な蛮行が行われたことが戦後徐々に明らかになっていった。そうした人類の反省からさまざまな人権に関する宣言や条約が生まれていった。

　まず、国際連合（国連）の「世界人権宣言」（1948年）では、すべての人と国が達成すべき基本的人権が宣言された。これは1966年に採択された「国際人権規約」によってより具体的に、法的拘束力をもつ条約において、人類の達成すべき理念としてかかげられた。また、世界医師会（WMA）による「ジュネーブ宣言」（1948年採択）では医師の倫理規定が現代的に公式化され、患者の尊厳や人権に関する内容が明文化された。国際看護師協会（ICN）は1953年に「看護婦の倫理国際規律」を発行し、1973年に改正された「国際看護婦倫理綱領（当時）」では看護を必要とする人々に対する看護の第一義的な責任を明記し、人権を尊重する看護の本質が備わっていることを表した。1964年の世界医師会による「ヘルシンキ宣言」や1981年の「リスボン宣言」では、インフォームドコンセントや患者の自己決定権といった患者の権利というものが次々に認められ

るようになっていった。また、1978年の世界保健機関（WHO）による
アルマ・アタ宣言では「すべての人々に健康を」というスローガンのもと、
プライマリヘルスケアが提唱され、基本的人権である健康をあらゆる側面
から実現していくことが示された。

　一方、おもに障害者福祉の領域でも戦後新たな理念が提唱されるように
なってきた。デンマークでは「1959年法」と呼ばれる「知的障害者福祉法」
が制定され、障害がある人も一般の人と変わらないノーマルな生活を営む
権利を保障するものとして「ノーマライゼーション」の理念が世界に知ら
れるきっかけとなった。また、1970年代のアメリカでは障害がある学生
らの自立生活（Independent Living）運動が広がり、「自立生活」という
概念や「自己決定権」が注目されるようになった。1968年にはイギリス
で「シーボーム報告」が出され、地方自治体の社会サービス部局の再編を
うながし、要介護高齢者や障害者などが、住み慣れた地域社会で日常生活
を送ることができるような総合的サービス提供を行う「コミュニティケア」
が強力に推進されるようになった[1]。1975年には国連で「障害者の権利
に関する宣言」が採択され、障害者のさまざまな権利を保障し、差別など
の不当な扱いを受けないような権利擁護を行うことが宣言された。そして、
1981年の「国際障害者年」では「完全参加と平等」というテーマのもと、
1983年から1992年の10年を「国連・障害者の10年」として、各国
が障害者の権利宣言を具体化していくための要請が行われたのだった。そ
して、1982年にはデンマークで「生活の継続性、自己決定の尊重、残存
能力の活用」という「高齢者福祉の三原則」が提唱され、世界の医療や障
害者福祉領域ではぐくまれてきた理念が高齢者に対しても示されることと
なった。

---

1)　福祉士養成講座編集委員会編『新版 社会福祉士養成講座1 社会福祉原論 第4版』中央法
　　規出版、p.47、2006年

このように、第二次世界大戦以降の世界ではさまざまな領域において、「人権」「尊厳」「権利」「自己決定」「自立」「コミュニティケア」「参加」「生活」といった今日の医療・介護福祉に通底する重要な理念が多数生まれた。日本国内においても、こうした世界の流れが医療福祉領域の制度や人材養成のあり方に少なからず影響を与えたといえるだろう。

4 国家資格介護福祉士取得への2つの道

さて、1970（昭和45）年に日本の高齢化率は7％を超え、高齢化社会へと突入した。このころ、全国に広がった家庭奉仕員や寮母といった介護従事者は増大する多様なニーズに対応できるよう、質の向上が模索されはじめた。1975（昭和50）年には、厚生省社会局内に社会福祉教育問題検討委員会が、また、全国社会福祉協議会内には社会福祉研修センターが設けられ、一定の専門的資質をもった社会福祉専門職員の養成・確保が緊急かつ重要な問題であることがあらためて確認された[2]。

1979（昭和54）年には全国老人福祉施設協議会が寮母の資質向上をめざし「福祉寮母講習会」を開催したり、1985（昭和60）年には「主任家庭奉仕員」の現任者研修が創設されるなど、介護従事者らの資質の向上が模索されたころだったといえる。『福祉寮母基礎講座』のテキストを見ると、福祉の原理原則に基づく理念、老人処遇の知識や技術、老年期における医学、看護学、心理、リハビリテーション、権利の保障、地域福祉論など、今日の介護職教育の骨格を成す内容であった。また、ケースワークやグループワーク[3]といった社会福祉援助技術に関する内容も当時の

---

2) 福祉士養成講座編集委員会編『新版 社会福祉士養成講座1 社会福祉原論 第4版』中央法規出版、p.275、2006年

3) 社会福祉援助実践（技術）における、集団援助技術のこと。個々の対象者だけではなく、そこにいる集団の力学や理論、知識、技術を用いて、そのグループ（集団）に対する支援を行うもの。

カリキュラムに盛り込まれており、寮母には単なる介助をするだけの労働者ではない、ソーシャルワークの専門性も求められていたことがうかがえる[4]。

　一方、高齢社会が目前に迫り、それまでの行政主体による措置サービスだけでは増大する将来の介護需要に応えることは難しくなると考えられていた。民間のシルバーサービスの活用の必要性と質の担保という点においても、従事者の公的資格制度の成立の必要性が注目されていた。もちろんほかにも多様な背景や反対意見もあったが、1987（昭和62）年に「社会福祉士及び介護福祉士法」が成立し、介護に関する統一的な国家資格が生まれた。

　介護福祉士制度の創設当初のカリキュラムは総時間数1500時間で、「新しい介護福祉を担う専門職として従来の学問分野の『社会福祉』『家政学』『看護学』の三つの学問に依拠しつつ」、実習時間を510時間（実習＋演習）と定め、「実習を重視し、家政学を重視した看護も視野に入れた」内容になっていた[5]。

　この法律のなかで、介護福祉士になれるルートは大きく2つ定められた。介護福祉士養成施設を卒業した者と、現場での実務経験3年を経たうえで国家試験に合格した者の2つである。これが今に続く「養成施設ルート」と「実務経験ルート」と呼ばれる介護福祉士国家資格取得ルートの始まりである。また、当時は養成施設ルートでは国家試験が義務づけられていなかったり、実務経験ルートでは体系的な学習機会がないまま実務経験のみで国家試験が受験できるという設計であり、この状況は長らく続いた。現在では経済連携協定（EPA）や技能実習生の外国人など多様な人々が介護

---

4)　老施協研修委員会編『福祉寮母基礎講座3』全社協老人福祉施設協議会、1981年

5)　日本介護福祉士養成施設協会・近畿ブロック会編『介護福祉士のグランドデザイン』中央法規出版、p.174、2014年

福祉士をめざす状況になっている。ちなみに2018（平成30）年3月末時点における介護福祉士登録者のうち、養成施設ルートは約34万2000人、実務経験ルートは約121万7000人となっており、その差は3.5倍以上となっている[6]。体系的な専門教育を受けずに国家資格を保有している者が多いという現状である。こうしたことは介護福祉士の専門性を考えるうえでの課題の1つといえるのではないだろうか。

5 介護保険制度成立を視野に入れた介護人材養成

　介護福祉士誕生の一方で、日本国内では先の世界的潮流や国内の社会構造の変化を受け、国民のさらなる医療・介護福祉ニーズの増大に対し、さまざまな取り組みが行われはじめていた。

　1986（昭和61）年には社会的関心が高まっていた痴呆性（認知症）高齢者への対応として「痴呆性老人対策推進本部」が厚生省内に設置され、翌年その報告が提出されたことで、認知症の人に対するさまざまな施策の推進の必要性が認識されることとなった。ほかにも1973（昭和48）年の老人医療費無料化政策などの要因もあり、寝たきり老人や社会的入院の問題など医療福祉全体にかかわる高齢者への課題が山積していた。

　1989（平成元）年には「高齢者保健福祉推進十か年戦略（ゴールドプラン）」が策定され、増大する高齢者の介護ニーズに対して、特別養護老人ホームや老人保健施設などの施設サービスの数値目標や、家庭奉仕員から改称されたホームヘルパーを10万人養成することなどがかかげられた。そして、1991（平成3）年にはゴールドプランにもとづき、訪問介護員（ホームヘルパー）1〜3級課程の養成研修（現在の介護職員初任

---

6)　厚生労働省社会保障審議会福祉部会第23回資料「介護福祉士養成施設卒業生に対する国家試験の義務付けについて」2019年

者研修、介護福祉士実務者研修の前身（後述））が開始された。この養成研修は基本的には訪問介護従事者向けの研修ではあったが、実際には施設従事者の受講を阻むものではなかったため、広く介護従事者が受講できるものであった。そのため、訪問介護に従事したい者はもちろん、専門性の向上に関心のある介護職員など、介護福祉士をめざす手前の登竜門的研修としてその後も受講する人材が増えることとなった。

　ちなみに、現在の介護保険制度では、訪問介護に従事するためには介護職員初任者研修または介護福祉士実務者研修の修了、または介護福祉士資格が必須要件となっており、ある意味業務独占となっている。一方で特別養護老人ホームや通所介護などでは資格保有等の義務はなく、無資格未経験でも雇用されるならば働けるのが介護職員なのである。極端な例えになるが、訪問診療や訪問看護に従事する場合は資格がいるが、病院やクリニックで働く場合は無資格未経験で働けるというイメージになるかもしれない。こうしたことは、「自分もできるかも」というイメージを広げて介護人材確保に資する反面、介護従事者の質の担保という点では課題だと考えられる。

　さてその後、1992（平成4）年には、いわゆる「福祉人材確保法 7)」や「介護労働者法 8)」により、介護職員やホームヘルパー確保を促進するため、福祉人材センターや介護労働安定センターがおかれるなど、従事者確保への具体的な取り組みが進んでいった。

　さらに、1993（平成5）年には「社会福祉事業に従事する者の確保を図るための措置に関する基本的な指針（旧人材確保指針）」が出され、福祉人材の処遇の充実や資質の向上、就業促進や定着などへの取り組みの必要性が示され、介護保険制度以降の2007（平成19）年の見直しまで、

---

7)　社会福祉分野における人材確保を目的とする「社会福祉事業法及び社会福祉施設職員退職手当共済法の一部を改正する法律」のこと。
8)　「介護労働者の雇用管理の改善等に関する法律」のこと。

福祉人材確保における基本的なあり方を示すものとなった。

　ゴールドプランの策定以降、各市町村に策定が義務づけられた市町村老人福祉計画の集計により、介護事業等の整備目標数値が当初の計画を上回ることが明らかになったため、「新・高齢者保健福祉推進十か年戦略（新ゴールドプラン）」が策定され、新たな数値目標がかかげられた。また、介護保険制度の創設を視野に入れた「利用者本位・自立支援」などの現在に続く基本理念もかかげられた。

　こうした一連の改革の背景には、先に述べた世界的な潮流などが大きく影響している。行政による救貧的な性格が長らく続いた社会福祉は、人権や尊厳、ノーマライゼーションやコミュニティケアなどの思想を受けて構造的な転換期にあったのだ。そして1990（平成2）年の「福祉関係八法改正 9)」を皮切りに社会福祉の基礎構造改革に関する本格的な検討が始まった。社会福祉基礎構造改革と呼ばれるこの改革では、①サービスの利用者と提供者の対等な関係の確立、②地域での総合的な支援、③多様なサービスの提供主体の参入促進、④サービスの質の効率性の向上、⑤情報公開による事業運営の透明性の確保、⑥公平・公正な受益者負担、⑦住民参加による福祉文化の創造が基本的視点とされている。

　こうした福祉施策の転換のなかで、1997（平成9）年には介護保険法が成立し、公布された。2000（平成12）年の施行までにさらなる高齢者福祉施策の充実をはかるため、1999（平成11）年に「今後5か年間の高齢者保健福祉施策の方向（ゴールドプラン21）」が策定された。このなかで、さらなるサービス事業やホームヘルパーの養成数といった数値目標がかかげられた。また、具体的に取り組むべきこととして、①人材の質の強化等の介護サービスの基盤整備、②痴呆性（現：認知症）高齢者支

---

9)　老人福祉法、身体障害者福祉法、精神薄弱者福祉法、児童福祉法、母子及び寡婦福祉法、社会福祉事業法、老人保健法、社会福祉・医療事業団法の8つの福祉関係法の一部が改正されたこと。

図表 3-1　介護福祉士養成施設 2 年課程　改正カリキュラム

専門分野				
社会福祉概論（講義）	60	精神保健（講義）		30
老人福祉論（講義）	60	介護概論（講義）		60
障害者福祉論（講義）	30	介護技術（演習）		150
リハビリテーション論（講義）	30	形態別介護技術（演習）		150
社会福祉援助技術（講義）	30	実習		
社会福祉援助技術演習（演習）	30	介護実習（実習）		450
レクリエーション活動援助法（演習）	60	実習指導（演習）		90
老人・障害者の心理（講義）	60	基礎分野		
家政学概論（講義）	60	人間とその生活の理解		120
家政学実習（実習）	90	合計　1650 時間		
医学一般（講義）	90			

出典：日本介護福祉士養成施設協会・近畿ブロック会編『介護福祉士のグランドデザイン──明日の介護福祉士資格と、人材の確保・育成』中央法規出版、p.180、2014 年より筆者まとめ

援対策の推進、③介護予防や生きがい、リハビリテーションや社会参加を通じた元気高齢者（ヤング・オールド）づくり、④地域生活支援体制の整備、⑤措置制度から契約制度[10]になることにともなう、利用者保護と信頼できる介護サービスの育成、⑥高齢者の保健福祉を支える社会的基礎の確立などがかかげられた。

　そして、1999（平成 11）年には介護保険制度を見すえた介護福祉士の養成カリキュラムの改定が行われた（**図表 3-1**）。総時間数は 1650 時間に増加し、介護保険制度における措置から契約への移行や、選択と権利の保障、ケアマネジメントや医療との連携、人権尊重等を念頭においた改定であった。また、介護概論等の科目に取り入れるという形ではあったが、

10)　公費を財源にした行政措置として福祉サービスが提供されていたそれまでの措置制度から、介護保険制度をもとに、利用者が契約と選択にもとづいてサービス利用の主体者となる契約制度へ変わるというコペルニクス的転回のこと。

介護過程[11] が初めてカリキュラムに導入されたことは特筆すべき点といえる。介護過程は現在の国の方針等からも、介護福祉士に求められる専門性の柱の1つとして位置づけられているからだ。こうして人材養成を含め、来たるべき介護保険制度開始への基盤整備が行われていった。

6 小括

第二次世界大戦後の世界は、その反省から人権や尊厳、自立やノーマライゼーション、コミュニティケアなどの思想を生み出してきた。国内では家庭奉仕員や寮母といった現在の訪問介護員や介護職員の前身たる介護従事者が福祉サービスとして制度化され、各地のニーズにもとづき養成されていった。

図表 3-2　介護従事者養成に関する主要な歩み1

年		出来事	概要
1956	昭和31年	長野県内　家庭養護婦派遣制度開始	現訪問介護事業の先駆け。
1963	昭和38年	老人福祉法成立	特別養護老人ホーム等新設。老人家庭奉仕員派遣事業制度化。
1969	昭和44年	厚生省、大阪市家庭奉仕員制度開始	
1977	昭和52年	福祉寮母研修の体系化	1987（昭和62）年まで継続する老人福祉施設協議会の老人ホーム職員に対する研修制度。
1987	昭和62年	社会福祉士及び介護福祉士法（士士法）成立	介護に関する国家資格の誕生。介護福祉士が行う介護業務が定義。
1989	平成元年	高齢者保健福祉推進十か年戦略（ゴールドプラン）	施設の緊急整備。在宅福祉対策の推進、家庭奉仕員からホームヘルパーへ。

11)　介護職（介護福祉士）が利用者に対して、得られた諸処の情報や本人のニーズにもとづき、根拠をもった科学的思考で実践を行っていく援助過程やその思考プロセスのこと。

	年	出来事	概要
1991	平成3年	訪問介護員（ホームヘルパー）1～3級養成研修開始	ゴールドプランにもとづく訪問介護員の養成への具体的着手。
1992	平成4年	福祉人材確保法（社会福祉事業法及び社会福祉施設職員退職手当共済法の一部を改正する法律）	社会福祉施設職員、ホームヘルパーの確保等の促進。福祉人材センター等の指定。
1992	平成4年	介護労働者法（介護労働者の雇用管理の改善等に関する法律）	介護労働安定センターの設置。「介護関係業務」を定義（士士法同様）。
1993	平成5年	福祉人材確保のための基本指針（社会福祉事業に従事する者の確保を図るための措置に関する基本的な指針）	処遇の充実、資質の向上、就業促進・定着、地域の理解と交流、経営基盤の強化等を通じての福祉ニーズへの対応。
1994	平成6年	新ゴールドプラン（新・高齢者保健福祉推進十か年戦略）（日本21世紀福祉ビジョンの提言）	介護保険制度開始に備えたヘルパーの確保等。
1999	平成11年	ゴールドプラン21（今後5か年間の高齢者保健福祉施策の方向）	介護保険法が着実に実施されるための各種計画。ヘルパーの確保や介護事業所の数値目標等。
1999	平成11年	介護福祉士養成課程の見直し	総時間数の増加、介護保険等の関連項目の追加や科目の名称変更等。

　経済成長が続く一方で、高齢化社会の進展や先の思想の潮流を受けて福祉施策の改革や介護従事者のさらなる質の向上から国家資格化が求められるようになってきた。2000（平成12）年を目前にひかえた日本は、求められる思想を具現化していくうえでも、計画的かつ効率的に医療・介護福祉サービスの質と量を確保し、来たるべき新時代への準備を重ねていた時代であった（**図表3-2**）。

参考文献

・厚生労働省社会保障審議会福祉部会第 23 回資料「介護福祉士養成施設卒業生に対する国家試験の義務付けについて」2019 年

・渋谷光美「介護の源流としての寮母と家庭奉仕員に関する、養老事業関係者の動向を通じた検討」『コア・エシックス』第 8 巻、pp.195-206、2012 年

・老施協研修委員会編『福祉寮母基礎講座』全社協老人福祉施設協議会、1981 年

・痴呆性老人対策推進本部「痴呆性老人対策推進本部報告」1987 年

・鳥羽美香「戦前の養老院における入所者処遇〜救護法施行下の実践を中心に〜」『文京学院大学人間学部研究紀要』第 11 巻第 1 号、pp.131-146、2009 年

・中嶌洋『日本における在宅介護福祉職形成史研究』みらい、p.214、2013 年

・日本看護歴史学会編『日本の看護のあゆみ —— 歴史をつくるあなたへ』日本看護協会出版会、2014 年

・福祉士養成講座編集委員会編『新版 社会福祉士養成講座 1 社会福祉原論 第 4 版』中央法規出版、p.47、p.275、2006 年

・社会福祉士養成講座編集委員会編『新・社会福祉士養成講座 14 障害者に対する支援と障害者自立支援制度 第 6 版』中央法規出版、2019 年

・日本介護福祉士養成施設協会・近畿ブロック会編『介護福祉士のグランドデザイン』中央法規出版、2014 年

・横山孝子「生活支援専門職としての介護福祉士養成カリキュラムの検証」『社会関係研究』第 12 巻第 1 号、2007 年

第3章

2 介護保険制度開始からの10年
なぜ介護の仕事は3Kになったのか

ケアソーシャルワーク研究所　所長
金山峰之

1 介護保険制度の開始以降の介護

（1）介護サービス供給量の増大

　介護保険制度の開始にあたり、さまざまな懸念があったが、その1つに「需要の増大に対する供給量の不足」があった。措置時代のサービスはある意味で生活に支障がある一部の人が対象であったが、介護保険制度による契約時代になると、条件さえ満たせばだれもが全国どこでもサービスを受けられることになる。しかし、介護サービス拠点と人材の養成が全国津々浦々に広がっていなければ国民にとっては保険料だけ取られる制度となりかねない。したがって、「高齢者保健福祉推進十か年戦略」（ゴールドプラン）から始まる量的確保施策が行われたのだ。結果として、それまで行政や社会福祉法人などだけがになっていた介護サービスに株式会社や特定非営利活動法人など多様な法人格が参入したことでサービス供給が増大し、まずは介護ニーズに対応できたと介護給付費分科会（2005（平成

---

12)　厚生労働省社会保障審議会介護給付費分科会第22回資料「介護保険制度改革―参考資料―」2005年

17）年3月18日）で報告されている[12]。一方、分科会資料のなかでは
サービスの質の問題が顕在化していることにもふれている。

（2）認知症の人への対応

　1989（平成元）年に策定された「今後5か年間の高齢者保健福祉施策
の方向」（ゴールドプラン21）では、「痴呆（認知症）高齢者支援対策の
推進」が柱の1つとかかげられたように、医学的研究の推進やグループホー
ムの整備、認知症の人に対する介護の質の向上（身体拘束禁止など含む）、
早期相談・診断体制の充実、権利擁護体制（成年後見制度等）など具体的
に取り組むべきことが明記され、その後も認知症の人への支援は重要課題
として進化しながら取り組まれ続けている。

　当時の現場職からは認知症の人へのケアでは身体拘束が一部常態化して
いたことがよく聞かれる。2005（平成17）年の高齢者虐待の防止、高
齢者の養護者に対する支援等に関する法律（高齢者虐待防止法）成立以前
は、現場にもそのような教育は十分浸透していなかった。筆者自身もそう
した現場で不適切なケアをしていなかったとはいえない。認知症自体への
理解不足やケアの確立も現在ほど進んでいなかった当時としては、認知症
の人の尊厳と自立を尊重できる専門職養成が求められていたのだ。

　そのようななか、2004（平成16）年には京都市で国際アルツハイマー
病協会国際会議が開催され、各国から認知症の当事者や支援者が集った。
そのなかで日本国内の認知症当事者の発信などがあり、それまでの認知症
の人への認識が大きく転換する契機となった。その年には「痴呆」から
「認知症」へと改称されたり、翌2005（平成17）年には「認知症」を単
なる改称で終わらせないために「認知症を知り地域をつくる10ヵ年」の
構想がスタートし、オレンジリングでおなじみの「認知症サポーター養成
講座」のほか、「認知症サポート医養成研修」などの専門職養成が進み出
した。認知症の人への支援については、医療・介護福祉、地域・社会を横

断する課題であったこともあり、介護従事者の養成という軸と並行してある意味独自の施策としての性格ももちながら、その後も取り組まれていくことになる。

(3)「2015年の高齢者介護」が示した方向性

2003（平成15）年にポスト「ゴールドプラン21」の方向性を検討していた厚生労働省高齢者介護研究会から「2015年の高齢者介護〜高齢者の尊厳を支えるケアの確立に向けて〜」が報告された。このなかで注目されるのは「認知症ケア」、暮らしの個別性を尊重した「ユニットケア」や「介護予防」、可能な限り住み慣れた自宅で365日24時間の安心を得られる「小規模・多機能サービス拠点」「新しい住まい」「地域包括ケアシステムの確立」「在宅生活におけるターミナルケア」などである。また、劣悪な事業者を排除するしくみや介護人材の資質の確保・向上などの必要性が報告されている。

尊厳と自立、国民相互の支え合いのもと始まった介護保険制度だが、その理念を具現化しようとしていたグループホームや宅老所など国内の実践者らによる取り組みや先進的な海外の事例がこうしたキーワードに影響していたと考えられる。そのほかにも、地域医療の拡充にともなう医療機関の機能分担が進められていた医療制度改革など、さまざまなことが影響していたであろう。介護業界は新たな制度の始まりに「将来有望な成長産業」と華やかな印象が一般には広がっていたかもしれない。しかしその一方で、将来を見すえた制度の持続可能性と、国民のQOL（Quality of Life）を保障するための具体的な方向性が固まりつつあったころといえる。

2 準市場を意識させられた2005（平成17）年介護保険法改正

2005（平成17）年介護保険法改正では、新たに「予防重視型システ

ムへの転換」「地域包括支援センター・地域密着型サービスの創設」のほか、給付や負担の見直し、サービスの質の向上などがかかげられた。そして、そのときの介護報酬改定は、介護保険制度開始から初めてのマイナス改定であった。

　介護保険制度の利用は広がったものの、介護報酬や要介護認定者数は予想以上に増加した。たとえば、要介護者宅で訪問介護員（ホームヘルパー）が何時間も座って利用者とお茶をしていたり、要介護者が安価な家政婦代わりとして家事全般を任せてしまうなどの不適切な事例があったことは現場界隈ではよく聞かれた。尊厳と自立という理念は一部歪曲されてしまい、高齢者の心身機能がかえって低下してしまうといった矛盾が生じることもあった。制度開始にあわせて短期間で量産化した介護事業者と従事者による負の側面だったともいえる。制度の持続可能性の観点からも、本来めざされるべき介護保険の理念を実現するサービスのあり方という観点からも必要な改正だったと考えられる。

　介護事業者にとってみれば、参入促進施策によって飛び込んだ介護業界で、一夜にしてルールが変わるという体験は当時衝撃的なものであり、介護保険制度が民間活力導入とはいえ公的財源を用いる準市場であるという認識が広がった。

　一方で、地域包括ケアシステムを視野に入れて、新たに創設された地域包括支援センターや、住民に身近な市区町村が整備する小規模多機能型居宅介護や夜間対応型訪問介護などは、住み慣れた地域のなかで、その人らしく最期まで暮らしていくという理念を実現していくための基礎としてスタートしたといってよいだろう。

3　介護従事者養成の変化と課題

（1）介護福祉士養成の変化

　介護保険制度が開始された初期の動きをみてきたが、これらを受けて介

護従事者の養成や質の向上に関する取り組みも順次進められていった。

　まず、2006（平成18）年には介護福祉士候補者の受け入れが盛り込まれた日・フィリピン経済連携協定（EPA）が署名され、現在に続く外国人介護職の門戸が開かれる出来事があった。当時は介護人材を確保するための本格的な施策というよりは経済連携の一環としての意味合いが強かった。しかし、これを機に外国人を介護福祉士として育て、介護現場でいっしょに働いていくという将来像が意識されはじめることとなった。

　そして、2007（平成19）年には「社会福祉士及び介護福祉士法」が改正された。改正のポイントは大きく3つある。1つ目の改正のポイントは法における介護福祉士がになう業務の定義が見直されたことである。創設当初は「入浴、排せつ、食事その他の介護」というものであったが、これが「心身の状況に応じた介護」へと改められた。「特定の三大介護等を行うことが介護である」という従来の認識から、「変化をともなう利用者本人の心身の状況に応じながら、複雑多様な介護ニーズに適宜柔軟に対応していく総合的な専門性を発揮すること」というものに変わったということを表している。同時に「求められる介護福祉士像」が示され、介護福祉士取得後にめざすべき理想を示すことで、生涯学習していく専門職であることを意識づけるものとなった（**図表3-3**）。

　2つ目の改正のポイントは介護福祉士養成カリキュラムの改正である。養成の総時間数は1800時間と大幅に増えた。教育体系はその基盤となる教養や倫理的態度、制度などを結びつける「人間と社会」と、対人援助や他職種連携に必要な基礎的知識である「こころとからだのしくみ」に加え、大半の時間を割く「介護」の3つの領域で構成された（**図表3-4**）。旧カリキュラムでは隣接する他学問を集めて学んでいるような印象を受けるものであったが、新カリキュラムでは「介護」の枠組みのなかで統合再編し、介護実践力を身につけられる教育内容として体系化されるような構成であった。

図表 3-3　養成の目標

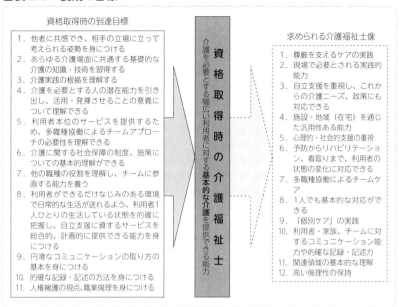

資格取得時の到達目標

1. 他者に共感でき、相手の立場に立って考えられる姿勢を身につける
2. あらゆる介護場面に共通する基礎的な介護の知識・技術を習得する
3. 介護実践の根拠を理解する
4. 介護を必要とする人の潜在能力を引き出し、活用・発揮させることの意義について理解できる
5. 利用者本位のサービスを提供するため、多職種協働によるチームアプローチの必要性を理解できる
6. 介護に関する社会保障の制度、施策についての基本的理解ができる
7. 他の職種の役割を理解し、チームに参画する能力を養う
8. 利用者ができるだけなじみのある環境で日常的な生活が送れるよう、利用者1人ひとりの生活している状態を的確に把握し、自立支援に資するサービスを総合的、計画的に提供できる能力を身につける
9. 円滑なコミュニケーションの取り方の基本を身につける
10. 的確な記録・記述の方法を身につける
11. 人権擁護の視点、職業倫理を身につける

資格取得時の介護福祉士

介護を必要とする幅広い利用者に対する基本的な介護を提供できる能力

求められる介護福祉士像

1. 尊厳を支えるケアの実践
2. 現場で必要とされる実践的能力
3. 自立支援を重視し、これからの介護ニーズ、政策にも対応できる
4. 施設・地域(在宅)を通じた汎用性ある能力
5. 心理的・社会的支援の重視
6. 予防からリハビリテーション、看取りまで、利用者の状態の変化に対応できる
7. 多職種協働によるチームケア
8. 1人でも基本的な対応ができる
9. 「個別ケア」の実践
10. 利用者・家族、チームに対するコミュニケーション能力や的確な記録・記述力
11. 関連領域の基本的な理解
12. 高い倫理性の保持

出典：厚生労働省「平成19年度介護福祉士養成課程における教育内容等の見直しについて」

図表 3-4　介護福祉士教育体系の再編

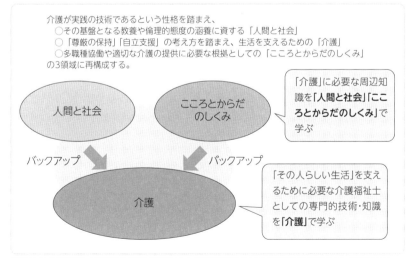

介護が実践の技術であるという性格を踏まえ、
　○その基盤となる教養や倫理的態度の涵養に資する「人間と社会」
　○「尊厳の保持」「自立支援」の考え方を踏まえ、生活を支えるための「介護」
　○多職種協働や適切な介護の提供に必要な根拠としての「こころとからだのしくみ」
の3領域に再構成する。

人間と社会

こころとからだのしくみ

「介護」に必要な周辺知識を「人間と社会」「こころとからだのしくみ」で学ぶ

バックアップ　　　　　　　バックアップ

介護

「その人らしい生活」を支えるために必要な介護福祉士としての専門的技術・知識を「介護」で学ぶ

出典：厚生労働省「平成19年度介護福祉士養成課程における教育内容等の見直しについて」

図表 3-5　2007 (平成 19) 年度介護福祉士養成カリキュラム

人間と社会		介護		こころとからだのしくみ	
必修		介護の基本	180	発達と老化の理解	60
人間の尊厳と自立	30以上	コミュニケーション技術	60	認知症の理解	60
人間関係とコミュニケーション	30以上	生活支援技術	300	障害の理解	60
社会の理解	60以上	介護過程	150	こころとからだのしくみ	120
選択		介護総合演習	120		
上記必修科目のほか、選択科目		介護実習	450	合計	1800

　また、領域「介護」のなかでは「介護過程」が 1 つの科目として位置づけられることになった。これは先の法的位置づけが「心身の状況に応じた介護」に変わったことからも、利用者の変化するニーズを的確にとらえ、根拠ある介護福祉実践を行える専門性を身につけるうえでも重要な意味があったと考えられる。また「認知症の理解」が 1 つの科目名として位置づけられたことも重要な点としてあげられる（**図表 3-5**）。

　領域「介護」では、2001 年に世界保健機関（WHO）で採択された国際生活機能分類（ICF）にもとづいた介護過程を軸としている。それは、従来の医学モデルだけでは対応できない慢性期疾患がある人や認知症の人などが暮らす生活の場において、生活モデルを中心とした実践のあり方を養成するねらいがあった。新カリキュラムは介護過程が実践できるために、介護福祉に関する知識や技術が 収 斂するように設計されており、根拠にもとづいた個別介護計画の立案と、その計画にもとづいた介護実践力を養成しようとしたことがうかがえる [13]。

---

13)　日本介護福祉士養成施設協会・近畿ブロック会編『介護福祉士のグランドデザイン』中央法規出版、p.183-188、2014 年

そして3つ目の改正のポイントはこうした養成内容をふまえ、複雑だった介護福祉士資格取得方法の一元化について方向性が示されたことである。

（2）介護従事者の質と量

　2007（平成19）年は、前節でふれた「旧人材確保指針」（1993（平成5）年）の見直しが行われ、「社会福祉事業に従事する者の確保を図るための措置に関する基本的な指針」いわゆる「新人材確保指針」がかかげられた。このなかで、人材確保に関する以下の5つの方策が示された。

①労働環境の整備の推進等

②キャリアアップのしくみの構築

③福祉・介護サービスの周知・理解

④潜在的有資格者等の参入の促進等

⑤多様な人材の参入・参画の促進

　また、このほかにも、経営者や地方公共団体や国民の役割などについても言及されている。量産化されたケア労働、措置時代から続く福祉への印象等に対する社会的イメージの転換や、介護職が将来を描きながら働き続けられる職業としての素地づくりをめざしたものといえる。

　これらの方策がかかげられる要因はいくつかある。たとえば「②キャリアアップのしくみの構築」で考えてみよう。当時介護従事者のキャリアアップといえば、訪問介護員（ホームヘルパー）2級を入門的に取得して、3年間現場で働いて介護福祉士を取得、そして5年の実務経験を経て介護支援専門員（ケアマネジャー）に転職するというのが一般的とされていた。介護保険制度開始当初は看護師などの医療資格保有者も受験していたが、年々その数は減少し、代わりに介護福祉士資格保有者の受験が増えていった（**図表3-6**）。この現象は現在も変わっていない。

　待遇面はもちろんだが、ケアマネジャーと介護従事者は仕事の発注元と

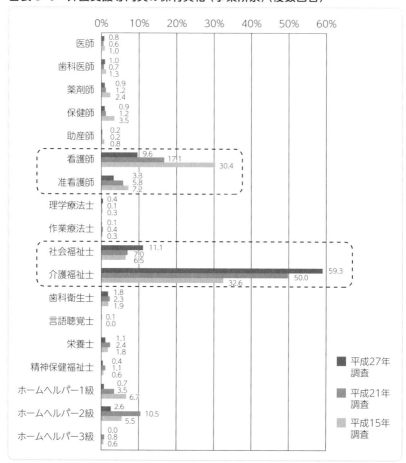

出典：厚生労働省社会保障審議会介護給付費分科会―介護報酬改定検証・研究委員会第 11 回資料「居宅介護支援事業所及び介護支援専門員の業務等の実態に関する調査研究事業（結果概要）」2016 年

発注先というイメージが少なからずあり、キャリアアップしたい上の立場という印象があると考えられる。熟練した介護従事者が介護に従事せず、別の職業へ転職していってしまうことが常態化すると介護従事者全体の質が下がることはもちろん、介護の育成者の空洞化にもつながってしまうだ

ろう。こうしたキャリア構造が現在の介護従事者の教育、育成システムの
脆弱性に少なからず影響を与えている可能性があるのではないかと考え
る。

　また、先の「⑤多様な人材の参入・参画の促進」にあるように、すでに
現場は介護人材の不足が深刻化しており、新たな人材の確保は大きな課
題となっていた。長く続く不況や2008年のリーマンショックなどもあ
り、介護は雇用の受け皿としての側面もになうようになっていった。京須
（2007）は2006（平成18）年に行われた「介護福祉士のあり方及びそ
の養成プロセスの見直し等に関する検討会」（厚生労働省社会・援護局）
審議録では、介護人材の「量的確保が保証される中での質的向上といった
枠組みが前提となっている」と分析している[14]。つまり、介護人材確保
や育成の課題は量的確保が前提条件となっていたと考えられるのだ。専門
性の確立や質の担保が重要であることにふれつつも、同時に「量」の問題
がそれらに優先せざるを得ない現場事情、社会構造の変化や労働人口の減
少など多様な課題が影響していたであろうことが示唆される。筆者の現場
経験からも、人手が不足しているなかで、後進の育成に十分取り組めてい
なかった歯がゆい記憶が思い出される。

（3）介護従事者養成の変化

　続いて2008（平成20）年には介護従事者養成の新たな制度である「介
護職員基礎研修」がスタートした。それまで介護人材の入門的養成研修を
になうのは訪問介護員（ホームヘルパー）2級が主であった。しかし在
宅、施設を問わず介護の専門性向上をはかるための共通研修にするという
目的で創設されたものだ。時間数は500時間であり、これまで実務経験

---

14) 京須希実子「介護福祉士養成の質をめぐる政策分析—『検討会』における議論に着目して
　　—」『東北大学大学院教育学研究科研究年報』第56巻第1号、pp.89-108、2007年

で国家試験を受験していた者にとっては体系的に専門性を学ぶ機会にもなった。すでに訪問介護員資格をもつ者などは、時間数の免除規定もあり、介護職員の資格を介護福祉士へと一本化して専門性の向上とキャリアを描けるようにするための段階的移行の1つだったといえる。また、2009（平成21）年度介護保険法改正では介護職員基礎研修修了者が特定事業所加算などの算定要件に入れられるなど、報酬と質の向上を連動させようとするねらいがうかがえる。一方で、求職者が介護職員基礎研修を受講しながら介護現場で働けるようにする「介護雇用プログラム」といったしくみを設け、雇用の受け皿としてこの研修に介護人材確保の一翼を期待していた面もあり、質と量の確保のどちらも進めようとされていた様子がうかがえる。筆者も当時介護職員基礎研修の講師を務めていたが、今では考えられないほど受講者が多くいて毎回おおむね満員だったと記憶している。不況によって失業したあと、働きながら資格を取ることができる同

図表 3-7　介護従事者の前職歴と介護以外の前職歴の推移

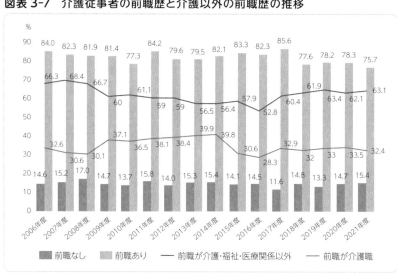

出典：介護労働安定センター「介護労働実態調査」より筆者作成

プログラムは求職者にとっては「とても助かる」という声をよく聞いた。現在、介護業界は他業界からの転職者が半数以上となっており、介護人材不足を補う大きな力となっている（**図表3-7**）。人材確保の裾野を広げた成果ともいえるが、介護福祉士取得ルートや修了した研修の違い、ベテランの空洞化など、さまざまな課題は少しずつ積み上がってきたといえるのではないだろうか。

4 世間に伝わった介護の仕事の3K

　先にも述べたように、介護保険制度の開始にともない多様な実施主体が参入し、開始時における量的確保は間に合った。しかし、急増する事業所数を背景に劣悪な事業者の排除をどうするかも課題になっていた。そのようななか、2007（平成19）年に全国展開をする訪問介護事業大手の企業（コムスン）が介護報酬の不正請求を行っていたことが明らかになり、厚生労働省は同社に介護サービス事業の新規申請、更新指定を不許可とする、実質的な介護業界からの退場処分を下した。この一連の出来事をメディアは（コムスンショックと）こぞって報道し、「企業が高齢者を食い物にしている」など介護業界における経営課題や介護労働実態の問題に世間の注目が集まるようになった。過熱した報道から介護現場は低賃金で大変な労働環境であるとセンセーショナルに伝わり、成長産業と期待されていた介護の仕事には3Kというイメージが定着していったのではないかと考える。

　こうした業界内外の動揺もあり、同年には介護サービス事業の実態把握のためのワーキングチームが厚生労働省社会保障審議会に設置され、介護サービス事業の経営方針や介護労働者の定着をはかる措置が取りまとめられた。翌2008（平成20）年には「介護従事者等の人材確保のための介護従事者等の処遇改善に関する法律」により、他産業と比べて処遇が厳しく、離職率も高い介護職の処遇改善に対する検討が行われた。

翌2009（平成21）年には介護保険制度も第4期を迎え、先の不正実態（コムスンショック）の教訓から法令遵守の強化や、介護職員の待遇向上を意図した介護職員処遇改善交付金事業が開始された。このようにコンプライアンスの重要性にめざめさせられた改正までの一連の出来事は、よくも悪くも「介護保険制度は公的財源を用いる社会保険制度である」という認識を経営者と現場に痛感させるものとなった。そして、法令遵守の優先順位が高まり、また国が示す方針や法改正の動きをそれまで以上に注視することが業界人に意識づけられるようになった。

5　介護従事者に求められる役割の変化

　2008（平成20）年度に地域包括ケア研究会から報告された「地域包括ケア研究会報告書〜今後の検討のための論点整理〜」は国の方針に大きな影響を与えた。2012（平成24）年度から始まる第5期介護保険制度以降と、団塊の世代が75歳以上の年齢に達する2025（令和7）年を想定して地域包括ケアの実現に向けて諸処の検討を重ねて提示したのだ。

　このなかでは地域包括ケア推進のために「医療介護の連携強化」「在宅医療、介護サービスの充実」「自助・互助・共助・公助の役割分担の確立」「地域における居住環境の確保」などのほか、「介護職の確保と専門性の向上」「キャリアラダーの構築」「多様な人材の確保や定着」「ロボットの活用」など、現在に通じるさまざまな提言がなされた。

　このころ、地域包括ケアシステムの構築をめざすなかで介護従事者養成において大きな論点になったのは「介護従事者の医療的ケアの是非」についてである。この素地としては2008（平成20）年に厚生労働省から示された「安心と希望の介護ビジョン」や2009（平成21）年に閣議決定された「新成長戦略（基本方針）〜輝きのある日本へ〜」などでふれられてきている。地域包括ケアシステム構想のなかでは在宅・施設問わず医療依存度の高い利用者が生活の場に増えてくることが想定されており、医療

機関においても入院日数の抑制など、地固めは年月をかけて着々と取り組まれてきた。

　こうした流れのなかで、厚生労働省は2010（平成22）年に「介護職員等によるたんの吸引等の実施のための制度の在り方に関する検討会」を立ち上げ、介護従事者による医療的ケアの方向性を本格的に検討することとなった。

6　小括

　介護保険制度開始に向け1990年代から養成された介護従事者は、民間活力導入などさまざまな人材養成・確保施策によって順調に増加した。制度開始時にはその介護従事者たちが国民の介護需要に応じることができた一方、制度の持続可能性とさらなる介護需要の高まり、ニーズの複雑多様化への対応が大きな課題となっていた。

　2005（平成17）年度の介護保険法改正を機に予防重視型と地域包括ケアシステム構想へのあゆみが重要な柱として示された。しかし、新規参入事業者のなかには悪質なものもあり、介護報酬のマイナス改定などを受け業界を揺るがす大きな不正事件が発覚した。介護経営や現場労働の実態がセンセーショナルに報道されるなか、介護従事者の負のイメージが多様な形で世間に広がっていった。

　一方、社会の要請を受けて、国民のニーズに対応できるよう介護福祉士の定義や養成カリキュラムの改正が行われ、さらなる質の向上がはかられた。また医療的ケアの解禁に向けて介護福祉士の機能や役割の拡大も検討されはじめ、それまで以上に介護福祉士に対する社会の期待は大きくなっていった（**図表3-8**）。しかし、同時に多くの介護人材の確保も課題であり、多様な雇用の受け皿としての役割も求められることになった。働き続けられる職場環境整備やキャリアアップの道筋など、必要な施策の成果と実際の現場には少なからずタイムラグがあり、その間も年間数万人規模で

増加する新人介護従事者らによって介護現場は支えられていた。さまざまな課題をかかえるなか、2010年代を迎えることになった。

図表3-8　介護従事者養成に関する主要なあゆみ2

年		出来事	概要
2000	平成12年	介護保険法施行（第1期）	
2003	平成15年	高齢者介護研究会報告「2015年の高齢者介護～高齢者の尊厳を支えるケアの確立に向けて～」	ユニットケアの普及、優秀な人材確保と育成のための教育研修の体系化等提言
2004	平成16年	社会保障審議会介護保険部会報告「介護保険制度の見直しに関する意見」	サービスの質の確保・向上のために介護人材の資質向上が不可欠。専門性の確立等を提言
2006	平成18年	介護保険法（第3期）	介護予防重視、地域包括支援センターの設置
		フィリピンとの経済連携協定に介護福祉士候補者の受け入れが盛り込まれる	外国人介護労働者の門戸が国家的に開かれる
		介護職員基礎研修　創設	施設、在宅を問わない専門性向上をはかる共通研修
2007	平成19年	社会福祉士及び介護福祉士法改正	介護福祉士養成課程総時間数の増加、教育課程の再編成。国際生活機能分類（ICF）にもとづく介護過程の展開力育成
			養成施設卒業者への国家試験受験の義務化。実務経験者の国家試験受験資格要件に講習の受講を義務化
			社会福祉学、家政学に関する分野の大幅削除
		新人材確保指針（旧人材確保指針の見直し）	労働環境整備、キャリアアップのしくみ構築、多様な人材の参入促進等

年		出来事	概要
2007	平成19年	コムスンショック	介護職の労働状況や経営実態に社会的注目が集まる
		介護サービス事業の実態把握のためのワーキングチーム設置	介護事業の経営や労働者の処遇要因の実態に注目が集まる
2008	平成20年	介護従事者等の人材確保のための介護従事者等の処遇改善に関する法律	介護人材の処遇改善への検討、処遇改善への取り組み開始
2009	平成21年	介護保険法（第4期）	法令遵守。介護職員処遇改善交付金
		地域包括ケア研究会報告書	介護職員の確保・専門性向上、教育、地域包括ケアのマネジメント、キャリアラダーの開発等提言

参考文献

・池上直己『日本の医療と介護 —— 歴史と構造、そして改革の方向性』日本経済新聞出版社、2017年

・介護保険制度史研究会編著・大森彌・山崎史郎・香取照幸・稲川武宣・菅原弘子『新装版 介護保険制度史 —— 基本構想から法施行まで』東洋経済新報社、2019年

・厚生労働省老健局「介護職員基礎研修について」2008年

・厚生労働省「平成19年度介護福祉士養成課程における教育内容等の見直しについて」

・厚生省高齢者介護対策本部事務局監『新たな高齢者介護システムの構築を目指して —— 高齢者介護・自立支援システム研究会報告書』ぎょうせい、1995年

・増田雅暢編著『世界の介護保障 第2版』法律文化社、2014年

第3章

3

介護従事者の社会的機能・求められる役割の変化の理想と現実

ケアソーシャルワーク研究所　所長
金山峰之

　本節では、介護保険制度開始 10 年を受けた次の 10 年としての歴史をみていく。持続可能な制度設計と国民の介護ニーズに応えるべく地域包括ケアシステムの構築を軸に検討されてきたことが本格的に加速していく様子を年ごとのトピックスにしぼってみていく。そして、なぜ今、介護福祉士のあり方を問い、伝えるのかについて考えてみたい。

1 介護従事者の質と量の確保とキャリアの一本化へ向けて

(1) 2011（平成 23）年

　介護従事者による医療的ケアは「介護サービスの基盤強化のための介護保険法等の一部を改正する法律」により「社会福祉士及び介護福祉士法」が改正されることで決着がついた。

　これにより、一定の条件のもとで、介護職員等による「医療的ケア」が可能になった。法改正では、介護福祉士の業務の範囲に「喀痰吸引その他のその者が日常生活を営むのに必要な行為であって、医師の指示の下に行われるもの（厚生労働省令で定めるものに限る。以下「喀痰吸引等」という。）を含む」

という一文が加えられた。業務に「喀痰吸引等」が記載され、介護福祉士は業務として喀痰吸引や経管栄養などの一部の医療的ケアを行うことが可能となり、以降養成機関等でも医療的ケアのカリキュラムが導入されることとなった。介護福祉士養成課程ではこうした医療的ケアの基本研修50時間が加えられ、総時間数は1850時間に改定された。一方、この改正以前に介護福祉士を取得した者は、あらためて別途医療的ケアの研修を受講しなくてはならなくなったため、同じ介護福祉士でも医療的ケアに従事できる者とできない者が混在している状態となっている。

(2) 2012（平成24）年

　介護保険制度第5期を迎えた。包括報酬方式の定期巡回・随時対応型訪問介護看護[15]の新設は24時間対応による在宅生活の安心を担保するための事業の1つと位置づけられ、地域包括ケアシステムをよりいっそう推進していくことがめざされた。また、可視化しにくかった介護職の質について、介護業界において横断的な評価をするしくみとして設立されたのが「介護プロフェッショナルキャリア段位制度」である。現場における一定のプロセスを経て介護従事者個々人の段位認定をするという取り組みである。介護従事者の客観的な質と評価報酬を結びつけることをめざしたものだったといえる。しかしながら、今現在段位認定者の数は伸び悩んでおり、介護従事者の質を客観的に評価する指標として十分に機能しているとはいえない。

(3) 2013（平成25）年

　それまで介護従事者の入門的資格として位置づけられていた訪問介護員

15）　在宅において重度の要介護者や医療ニーズが高い者等を24時間支えるための訪問サービスで、介護と看護が一体（もしくは連携）となって支援する体制を整えている事業。

（ホームヘルパー）2級が「介護職員初任者研修」へと移行され、下位資格であった訪問介護員（ホームヘルパー）3級が廃止された。また、訪問介護員（ホームヘルパー）1級と介護職員基礎研修は「介護福祉士実務者研修」へ一元化され、国家資格である介護福祉士へと続く介護関連資格のステップアップが一本化し整理された（**図表3-9**）。実務者研修はいわゆる実務経験ルートの人材が、体系的な学びを経ずに国家試験が受験できるというそれまでの構造を見直したものである。2017（平成29）年1月の介護福祉士国家試験以降、実務経験ルートでは受験に実務者研修修了が必須となった。ただ、当初予定していた受講時間数も、少ない人員でやりくりしている現場職が受講することは困難であるとの声もあり、一部のカリキュラムは通信でも可能になるなど、ここでも養成システムが質と量の葛藤の末に構築されたことがうかがえる。

図表3-9　2013（平成25）年度時点の介護に関する資格制度

（4）2014（平成 26）年

　厚生労働省社会・援護局長の諮問機関として「福祉人材確保対策検討会」が開催された。介護人材の量と質の好循環を生み出すために、「参入促進」「資質の向上」「労働環境・処遇の改善」の視点から総合的な対策を講じる必要性を提言している。具体的には介護の魅力の発信や、多様な働き方やキャリアアップの実現、介護福祉士の専門性と社会的評価の向上、マネジメント能力や人材育成能力の向上などを通じて介護人材の確保をめざすものであった。この取りまとめは翌年に社会保障審議会福祉部会福祉人材確保専門委員会によって「2025 年に向けた介護人材の確保」へと続き、いわゆる「まんじゅう型から富士山型へ」と称される方針へと発展した（第1章**図表 1-9** 参照）。これにより介護人材の機能分化が打ち出され、中核人材としての介護福祉士や裾野の拡大の一環である介護助手など今日の政策方針へと続いている。

（5）2015（平成 27）年

　介護保険制度第 6 期がスタートし、軽度な要支援者へのサービスが一部地域支援事業へ移行されるなど、制度の持続可能性を模索するものとなっている。医療介護の連携を強化する方針もあり、そうした連携を含めたより専門性の高い人材育成の一環として、国家資格である介護福祉士の上位に位置づけられる認定介護福祉士のしくみが動き出した。認定介護福祉士は民間認定のしくみであり、一定条件を満たす者が一定の研修を修めることで認定される。

（6）2016（平成 28）年

　業務生産性の向上や業務負担の軽減によって魅力ある職場づくりを模索する「介護のシゴト魅力向上懇談会」が厚生労働省老健局により開催された。かねてより注目されていた情報通信技術（ICT）や介護ロボットなど

テクノロジーの活用があらためて提言された。

　一方、政府がかかげた「新3本の矢」政策を受けて提示された「ニッポン一億総活躍プラン」では、親などの介護を理由に仕事を辞めざるを得ない現役世代の介護離職をゼロにすることをめざす「介護離職ゼロ」が目標としてかかげられた。これを達成するために必要な介護サービスを確保することを念頭に、介護人材の処遇改善やICTや介護ロボットを活用し、介護の生産性を向上させる方向性が色濃く打ち出された。

（7）2017（平成29）年

　外国人技能実習制度に介護職種が追加され、人材不足が続く介護現場へ、より多くの外国人介護職を受け入れていく方向性が決まった。この決定にともない、先行する技能実習制度についての悪評 16) を払拭すべく、介護現場では外国人介護職を受け入れるための体制づくりや研修が始まることとなった。また、介護福祉士養成施設の入学者数も外国人留学生が一定数を占めるようになるなど、外国人介護職の養成と現場での受け入れ、育成がますます注目されていくこととなった。

（8）2018（平成30）年

　介護保険制度第7期では要介護者の重度化防止や介護予防に資するような自立支援介護、ICT導入への取り組みに注目する改正となり、制度の持続可能性を模索する内容となっている。

　同年には介護人材の機能の明確化やキャリアパスの実現に向けて厚生労働省より「介護福祉士養成課程における教育内容の見直し」が出され、介護福祉士に求められる役割を以下の5つの観点から見直すこととなった。

---

16)　厚生労働省「外国人技能実習制度の現状、課題等について」（2018年）によると、技能実習生に対する悪質な労働基準関係法令違反が認められるなど、制度理念を遂行するための支援や保護体制の課題が報告されている。

①チームマネジメント能力を養うための教育内容の拡充

②対象者の生活を地域で支えるための実践力の向上

③介護過程の実践力の向上

④認知症ケアの実践力の向上

⑤介護と医療の連携を踏まえた実践力の向上

　ここからみえるのは、介護福祉士に対して流入する多様な介護人材をまとめあげ、利用者が地域で健やかに生活できるよう、根拠にもとづき他職種連携の要として動ける介護チームのリーダーとしての役割が期待されていることである。同時に示された、新しい「求められる介護福祉士像」では、従前よりも、介護チームリーダーとしての役割を介護福祉士に求める内容となっている（第 5 章**図表 5-1** 参照）。

　こうした介護福祉士の役割と並行するように、多様な介護従事者の参入をさらに促進するものとして、同年には訪問介護における生活援助[17]のみをになうことができる生活援助従事者研修が創設された。加えて、介護人材の裾野をさらに広げるべく、アクティブシニアなどの参入を想定した「介護に関する入門的研修」という資格も設けられた。21 時間のカリキュラムで行われる本研修修了者は介護現場における簡易な周辺業務をになうことが期待されている。そして、より専門性が求められる業務を介護福祉士などがになうことで、限りある人材で効率的に介護実践をめざすタスクシフト／シェアのねらいがある。かつて下位資格である訪問介護員（ホームヘルパー）3 級を廃止した経緯があったが、今ではそのときよりも階層が増えた養成構造となっている（**図表 3-10**）。養成制度は質と量を確保できる方向性を常に模索しつづけている現状だといえる。

17） おもに、掃除や洗濯、買い物などの家事を中心とした支援のこと。

図表 3-10　介護従事者の養成階層の概要

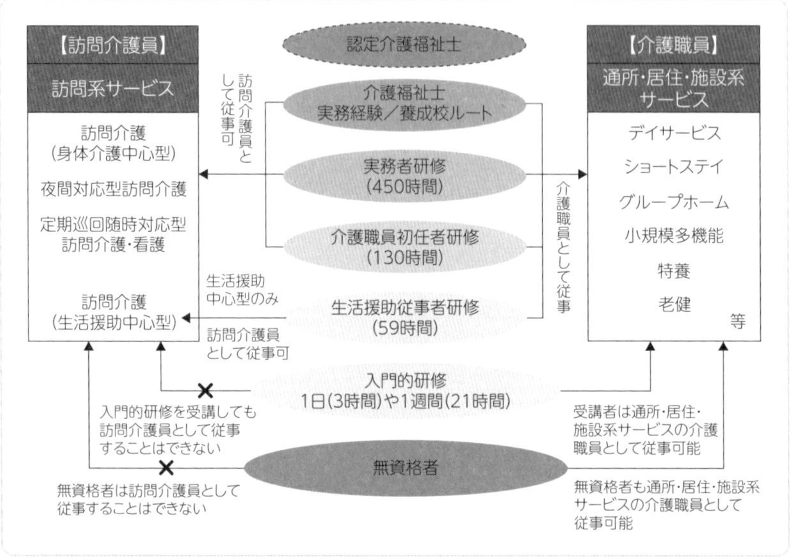

出典：厚生労働省「介護に関する入門的研修について」より筆者作成

（9）2019（令和元）年

　社会的にも年々関心が高まっていた認知症施策において「認知症施策推進大綱」が認知症施策推進関係閣僚会議によって取りまとめられた。キーワードは「共生」と「予防」である。介護従事者にとっても多様な人々がともに暮らしつづけられる地域共生社会をめざしていくことが1つのあり方として強く認識される機会となった。

　一方で介護離職ゼロ政策を進めるために、消費税増税にともないその予算を投じて介護職員のリーダーをになう人材の賃金を全産業平均年収に引き上げるべく「介護職員等特定処遇改善加算」が創設された。当初勤続10年以上のキャリアをもつ介護福祉士を対象に想定されたものの、それ以外の従事者との技能、経験、事業所における貢献は一律に規定できないことから、ある程度事業所に配分の裁量が認められる内容となった。こうした点から、介護従事者個々の質の評価は難しかったことがうかがえる。

（10）2020（令和2）年

　介護福祉士養成施設卒業生に対して国家試験が義務化される方向性は2007（平成19）年には示されていた。しかし実施は繰り返し延期され、現在時点では2027（令和9）年度に完全実施の予定である。延期の大きな要因の1つは外国人留学生の存在といわれている。介護福祉士養成施設で一定数を占めるまでに増えた外国人留学生は、国家試験の合否によって日本での就労が大きく左右されてしまうという事情があった。義務化が進むことにより、入学希望者や外国人介護職の確保が困難になるという観点から、国家試験の義務化を再度緩和するべきという意見と、これ以上の延期は資格そのものの価値を失わせることになるという反対意見があったのだった。介護従事者養成における質と量の確保は令和の時代に入っても大きな課題として継続している。

（11）2021（令和3）年

　介護保険制度第8期では、科学的介護情報システム（LIFE）の運用が開始となった。全国の介護事業所が利用者に関する情報や計画等を入力し蓄積したデータから各事業所へフィードバックが送られ、それをもとにケアのPDCAを回していくことでエビデンスにもとづいた質の高い介護実践をめざすものとされている。運用が開始されたばかりであり、今後のシステムの効果が待たれるところではあるが、介護従事者にはデータにもとづいた介護実践を行う力や、そうした実践を行うための組織を構築していくマネジメント力が求められてくるだろう。

2　混迷の時代に求められる介護福祉士

　ここまで介護従事者の起源から今日にいたる養成のあゆみ、その時々における社会時代背景と現在にいたる課題などを概観してきた。依然多くの課題が山積してはいるが、今後迎える日本の高齢化・介護需要のピークに

向けて社会はどのような方向を向いているのかを考えていきたい。そのなかで医療・介護福祉に期待される機能、介護従事者に求められることについて考える。

（1）私たちがこれからの時代にめざす方向性

　今現在、私たちはどのような社会をめざしているのだろうか。この問いはどの立場でそれを述べるかによって変わってくるかもしれない。しかし、現在世界規模で一定のコンセンサスを得ているものを「持続可能な開発目標（SDGs）」と仮にするならば、私はその方向性のなかに、日本の医療・介護福祉がめざすことも含まれていると考えたい。

　ご存知のとおり、SDGs は 2015 年に国連で採択された、2030 年を目標とした 17 の国際目標である。その先に描く社会は「『誰一人取り残さない』持続可能で多様性と包摂性のある社会の実現」である。先の「認知症施策推進大綱」においても「共生」が 1 つの柱としてかかげられたように、現代の世界は多様な異なるパーソナリティをもつ人々が、ともに生きる社会の一員として包摂される社会をめざしているのではないだろうか。近年は「社会的包摂（ソーシャル・インクルージョン）」や社会とのつながりや信頼を表す「ソーシャル・キャピタル（社会関係資本）」、「社会的処方」といった、人の健康や幸福において多様性を認め合い、社会的につながり合うことの重要性を訴えるキーワードを聞く機会が増えている。しかし、こうした潮流は 1980 年代から注目されて現代につながっているものである。

（2）社会的排除から社会的包摂へ

　1980 年代ごろのフランスではそれまでの生活物資の欠乏という絶対的貧困に対して、新しい貧困という概念が注目されていた。これは社会における不平等や格差構造などによって、生物学的には生存できても、人間と

しての無力感や存在価値の欠乏をもたらす貧困という概念であった。失業保険や健康保険など基本的な福祉施策からもれ落ちたことで、不利な条件が重なって生活の基礎的なニーズが欠如すると同時に、社会的な参加やつながりが絶たれる状態である[18]。つまり、新しい貧困は一部の特殊な層の問題ではなく、社会的には一見安定しているような人々にも起こり得る社会のしくみや関係から脱落し孤立していく問題とされた。こうした新しい貧困対策のなかで「社会的排除」という言葉が注目されていった。社会的排除はやがて欧州へ広がり、1992年欧州委員会「連帯のヨーロッパに向けて：社会的排除に対する闘いを強化して統合を進める」のなかで定義されることとなった。こうした流れから、ヨーロッパの社会政策では社会のなかで差別されたり、社会的に排除されることで孤立しやすい立場にある人々を社会連帯のなかへ積極的に包み込んでいこうとする社会的包摂が重視されるようになっていった。

　2000年に国際ソーシャルワーカー連盟総会において採択された「ソーシャルワークの定義」では、社会的包摂の推進が明記されたり、日本でも2000（平成12）年12月に「社会的な援護を要する人々に対する社会福祉のあり方に関する検討会」報告書が厚生省社会・援護局から発表され、人々の"つながり"が弱くなってきたことをふまえて「全ての人々を孤独や孤立、排除や摩擦から援護し、健康で文化的な生活の実現につなげるよう、社会の構成員として包み支え合う（ソーシャル・インクルージョン）ための社会福祉を模索する必要がある」と述べている。

　日本では2011（平成23）年1月に内閣府において「一人ひとりを包摂する社会」特命チームが設置され、必要な社会的包摂政策について検討が行われることになった。「社会的孤立」「無縁社会」などの言葉に対して、

---

18) 「一人ひとりを包摂する社会」特命チーム「社会的包摂政策を進めるための基本的考え方」2011年

社会では「役割」「つながり」「居場所」などのキーワードが注目されるようになっていった。

（3）地域共生社会の実現に向けて

　その後、日本では地域共生社会の実現に向けて多様な施策が取り組まれていくことになった。2015（平成27）年には厚生労働省が設置した「新たな福祉サービスのシステム等のあり方検討プロジェクトチーム」による「誰もが支え合う地域の構築に向けた福祉サービスの実現―新たな時代に対応した福祉の提供ビジョン―」のなかで「新しい地域包括支援体制（全世代・全対象型地域包括支援）」が唱えられた。2016（平成28）年に閣議決定された「ニッポン一億総活躍プラン」のなかに地域共生社会の実現が盛り込まれ、同年厚生労働省に「我が事・丸ごと」地域共生社会実現本部が設置された。翌2017（平成29）年には「地域包括ケアシステムの強化のための介護保険法等の一部を改正する法律案」が国会に提出された。このなかでは地域包括ケアシステムの深化・推進が掲げられ、社会福祉法の改正により、市町村による地域住民と行政等の協働による包括的支援体制づくりなどを記載した地域福祉計画の策定が努力義務化されたり、高齢者と障害児者が同一事業所でサービスを受けやすくするために共生型サービスが位置づけられるなどした。そして、2018（平成30）年に改正社会福祉法が施行されたことを受け、2021（令和3）年4月から重層的支援体制整備事業がスタートすることになった。これは、社会的孤立や虐待、8050問題やダブルケアなど、生きづらさをかかえる生活上の複合的な課題をもつケースに対して「属性を問わない相談支援」「参加支援」「地域づくりに向けた支援」の3つの支援を一体的に実施するものである。このように日本における「誰一人取り残さない」社会の実現は少しずつ前進してきている。

（4）今なぜ介護福祉士のあり方を問うのか

　ここまでみてきた地域共生社会の実現に向けて、医療・介護福祉は重要な役割をになっている。なぜなら私たちが立っている現場は生きづらさをかかえ、社会的排除の渦中にある人たちが多くいる場だからだ。私たちは「誰一人取り残さない」社会の実現に向けた最前線に立っている。

　前節では、今日にいたる介護従事者の養成や人材確保に関する制度的な変遷と課題をみてきた。一方本節では一段視野を広げ、私たちの社会は今どこをめざしているのかについて SDGs にひもづく「地域共生社会」という切り口からこれまでのあゆみを概観してきた。両者を比較してみると、課題が多い介護従事者の養成のあり方も、この社会がめざす目標に向けての役割を背負いつつ変化してきていることがみえてくるのではないだろうか。ただし、それは過去の役割からの変化ではなく、過去の役割もになったうえでの役割の追加である点を忘れてはならない。「食事、入浴、排泄などの身のまわりの世話」から「尊厳と自立支援」へと変わり「医療的ケア」を含めての「地域生活支援」へ、そして「持続可能な地域共生社会」へと役割は追加されつづけている。責任が重なるなかで私たちは今一度、自分たちの存在意義と役割について本書を通じて見つめ直す必要があると感じている。介護従事者の課題にばかり目がいってしまう今の時代だからこそである。

　そしてこの目標の実現には他職種、他機関、地域住民との協働が欠かせない。介護従事者はすでに独立したただの職種ではなく、地域共生社会を実現するための最前線のチームの一員なのである。医療・介護福祉関連の従事者ではもっとも数が多い介護従事者は全国の最前線でその役割をになっている。医療従事者との連携機能としてはたとえば、多様な情報をストックしていることがあげられる。利用者本人の生活状況や、日常生活動作（ADL）の変化、こころの機微、ニーズにつながる主訴、薬の効果、疾患の発見につながるような違和感や家族関係などがあげられる。これら

は医療従事者のかかわりのアセスメント情報源にもなっている。とくに本人や家族ともっとも長い時間接している身近な専門職として、深い信頼関係を構築している介護従事者は、認知症状態の人の支援や終末期における本人や家族の深層ニーズの把握などで重要な役割を果たすこともある。

　一方で、ここまでみてきたように介護従事者の養成過程には複雑な課題も山積しているため、ストックしていることは定性的な情報が多く、言語化や見立てについては連携側の理解とあゆみよりも必要だと感じている。本書では全体を通じて、そのために必要な介護従事者（他者・他職種）理解につながる課題と強みが掲載されている。

　世界ではすでにパラダイムの変化が起きている。それぞれ課題をかかえつつも、多職種多機関、そして地域住民が協働して地域共生社会を実現していくことがめざされている。国民のウェルビーイングや QOL の向上に資するために介護従事者や介護福祉士は自分たちが専門職として求められていることを自覚する必要がある。とくに私たち介護福祉士は介護チームをまとめる存在として期待されていることは大きい。介護を通じて人々の福祉を実現する介護福祉士の役割をもう一度自覚していただきたいと考える。そして、連携する人たちは私たちと共有する価値と目標は同じであることを知っていただき、目標の実現に向けて本書を役立てていただけたらと考える。

3　小括

　介護保険制度開始後 10 年が経ち、そして令和時代に向けて経済・社会の構造や人々の価値観は大きく変化してきた。この間、限りあるヘルスケア資源で国民のニーズに応えるため制度の持続可能性や人材養成のあり方が模索されている。介護従事者養成は、介護福祉士を軸として専門性を高めて働きつづけられる職業としてのあり方と、裾野を広げて多様な人材を呼び込む質と量の確保を同時に進めなければならない時期である（**図表**

3-11）。介護福祉士においては多様な人材のマネジメントやテクノロジーの活用など求められる役割がさらに複雑多様化している。

　課題が山積するなか、世界がどのような社会に向かっているかを考えてみると、SDGsに代表される多様性を包摂する地域共生社会であることがみえてきた。この実現には生きづらさをかかえる人と日々向き合う医療・介護福祉従事者の役割が必須となってきている。その一員である介護従事者の歴史をひも解き、介護従事者にとってはみずからの課題と責任を、連携する職種や機関においてはその介護従事者と協働する意義と共有する価値について本書を通じて理解を深めていただきたい。

図表 3-11　介護従事者養成に関する主要なあゆみ 3

年		出来事	概要
2011	平成23年	介護サービスの基盤強化のための介護保険法等の一部を改正する法律	介護職員等による医療的ケアの一部解禁
2012	平成24年	介護保険法（第5期）	定期巡回・随時対応型訪問介護看護の新設。地域包括ケアの推進
		介護プロフェッショナルキャリア段位制度開始	介護人材の評価の見える化への取り組み
2013	平成25年	介護保険法施行規則の一部改正施行	訪問介護員（ホームヘルパー）2級養成研修が介護職員初任者研修へ移行
			訪問介護員（ホームヘルパー）3級の廃止
			訪問介護員（ホームヘルパー）1級・介護職員基礎研修が介護福祉士実務者研修へ一元化
2014	平成26年	福祉人材確保対策検討会	介護の魅力の発信、多様な働き方キャリアアップの実現、量と質の好循環、マネジメント・人材育成能力等提言

年		出来事	概要
2015	平成27年	介護保険法（第6期）	医療介護の連携、予防給付の地域支援事業移行等
2016	平成28年	介護のシゴト魅力向上懇談会	魅力ある職場、業務生産性の向上、キャリアアップと専門性の確保等
		「介護離職ゼロ」目標	介護離職ゼロに向けた介護人材確保、潜在介護職の呼び戻し、処遇改善、定着促進等
2017	平成29年	外国人技能実習制度への介護職種の追加	外国人介護職へのさらなる門戸の開放
2018	平成30年	介護保険法（第7期）	ICT活用、自立支援介護、生産性の向上、適正化と重点化。共生型サービス
		「介護福祉士養成課程における教育内容の見直し」	介護福祉士を現場の中核的機能としてチームマネジメント能力、他職種連携、地域生活支援等の観点からカリキュラム見直し
		生活援助従事者研修創設	訪問介護における生活援助中心の従事者養成研修
2019	令和元年	介護職員等特定処遇改善加算	消費増税にともなう予算を投じた介護職員等のさらなる処遇改善
		介護福祉士国家試験義務化の見直し論議	外国人等介護人材確保の観点から国家試験の義務化の見直し論議が起きる

参考文献

・石井トク・野口恭子編著『看護の倫理資料集 第2版』丸善出版、2007年

・厚生労働省「地域共生社会のポータルサイト」

・社会的排除リスク調査チーム「社会的排除にいたるプロセス～若年ケース・スタディから見る排除の過程～」2012年

・内閣府「一人ひとりを包摂する社会」特任チーム「社会的包摂政策を進めるための基本的考え方（社会的包摂戦略（仮称）策定に向けた基本方針）」2011年

・宮島俊彦『地域包括ケアの展望』社会保険研究所、2013年

・地域共生社会に向けた包括的支援と多様な参加・協働の推進に関する検討会「地域共生社会推進検討会中間とりまとめ（概要）」2019年

・都留民子「社会的排除 ―― 概念と政策」『社会福祉学』第47巻第2号、2006年

・一般社団法人人とまちづくり研究所「地域共生社会の実現に向けた政策のあり方及び事業展

開に関する国際比較調査研究事業報告書」2020 年

・茂野香おる著者代表『基礎看護学 1　看護学概論 第 17 版』医学書院、2020 年

・中村健吾「社会理論から見た「排除」──フランスにおける議論を中心に──」『CREI Discussion Paper Series』No.2、2006 年

・厚生労働省社会保障審議会福祉部会第 23 回資料「介護福祉士養成施設卒業生に対する国家試験の義務付けについて」2019 年

4 介護福祉士が「介護福祉実践」で創り上げてきたもの

長野大学大学院総合福祉学研究科　教授
公益社団法人日本介護福祉士会認定介護福祉士認証・認定機構　副機構長
太田貞司

1 介護福祉士の定着と「介護」という言葉

（1）介護福祉士が行う「介護」

① だれでも知っている言葉になった「介護福祉士」と「介護」

　今では介護福祉士を知らない人はいないのではないかと思うくらいに、日本社会でその職業は一般化し、「介護」の言葉も一般化した。しかし、「介護」の意味は多義的で、用いる人によって同じではない。心身に障害がある要介護者等へ「日常生活の営み」を支援するということは、医行為ではない。医療的ケアは行うが、医療職と協働しながら、要介護者等に身近で継続的に行う「介護」が介護福祉士の役割である。この「介護」という支援の行為をどう表現したらよいのか。医療やリハビリが行われても、なおかつ要介護状態にある人への「日常生活の営み」支援という行為をどう表現したらよいのか。要介護状態にあっても家族や地域の人と社会的関係を再現・創造し地域生活を可能にする「介護」をどう表現したらよいのか。「介護」と看護師、社会福祉士、介護支援専門員の行う支援との違いをどう説明したらよいのか。これが意外に難しい。そのため、「介護福祉士は

何を行うのか」を説明するとき、その「介護」は何を示すのか、あらためて説明が必要になる。

　1987（昭和62）年創設の国家資格介護福祉士は、社会福祉士及び介護福祉士法制定当初は、「身体上又は精神上の障害」があり「日常生活を営むのに支障がある」人に「入浴、排泄、食事その他の介護等を行う」とされていたが、2007（平成19）年改正で現在の「心身の状況に応じた介護」を行うことに見直され、直接的な介助行為だけが介護福祉士の役割ではないことが明記された。さらに2011（平成23）年改正で「喀痰吸引等」の厚生労働省令で定めた医師の指示の下に行われる「医療的ケア」が加わった（法第2条第2項）。

② 言葉「介護」の約40年の変化

　まず、言葉「介護」から考えてみたい。日本社会では少し前までは、この言葉は制度上の特殊な言葉で、一般に用いられる言葉ではなかった。1972（昭和47）年のベストセラー小説・有吉佐和子『恍惚の人』と、それから約40年後の2015（平成27）年芥川賞受賞の羽田圭介『スクラップ・アンド・ビルド』は、どちらも介護問題がテーマである。両者の「介護」の表現を読み比べてみると、少し前までは言葉「介護」が一般的でなかったことがよくわかるだろう。

　『恍惚の人』は、特別養護老人ホームが生まれた老人福祉法施行（1963（昭和38年））から9年目、「高齢化社会」に入った直後の刊行である。1970年代初頭は、人々の介護問題への関心が徐々に高まってきたころで、老人クラブでは、奈良県生駒郡にある浄土宗の寺院吉田寺への「ぽっくり寺」参りが盛んになり、認知症（当時は耄碌と表現された）になる前に亡くなるのを願っていた時期でもある。

　徘徊が絶えない舅を、東京・新橋の法律事務所で働きながら、自宅で半年「介護」（「世話」「みる」「面倒」と表現）する、「家族介護者」（世話する「家族」と表現）の主人公の昭子の"介護（「世話」と表現）体験"を

描いている。当時の人たちのこころをつかみ、ベストセラーとなった。主人公昭子は、「今日は誰が見ているんだね」、「自分の親だというのに、世話はみんな妻に押しつけてしまう気かと昭子は腹が立った」、「私も面倒見きれませんよ」と「介護」とは言っていない。舅の「世話」に限界を感じた昭子は施設利用を考えはじめ、地域の福祉事務所に電話をした。自宅に訪問した女性の老人福祉指導主事も、施設の説明には「介護」の言葉を使っていなかった。

　一方、『スクラップ・アンド・ビルド』は、若さと未来への希望あふれる青年・健斗が、要介護者で介護サービスを利用する祖父の家族介護者である。老化とともに生きる希望をなくしたとくり返す祖父とのやり取りと、そこで起こる心境の変化を描いている。「介護者」、「介護生活」、「介護関係」、「介護施設」、「介護職」、「要介護」など「介護」の言葉を使い、現代の人々の生活感を淡々と描きながら進むストーリーだ。そして、健斗の友人は、グループホームで働く介護福祉士として登場する。

　言葉「介護」が行政など一部だけで用いられていた 1970 年代とは違い、2010 年代には言葉「介護」はだれもが使う言葉になっていることを物語っているといえよう。

(2)「介護」の多義的な意味

① 1980（昭和 55）年前後に一般に

　では、いつごろから一般に用いられるようになったのだろうか。国語辞典『広辞苑』を手掛かりに考えてみよう。『広辞苑』に「介護」が独立項目としてはじめて載ったのは第 3 版（1983 年）である。「介護」を「病人などを介抱し看護すること」と説明した。第 5 版（1998 年）以後は「高齢者・病人などを介抱し、日常生活を助けること」とし、現在の「介護」に近い表現となる。

　『広辞苑』に新たな言葉を載せる基準について詳細は説明されていない

が、『広辞苑 第七版』（2018年）と同時に出版された三浦しをん『広辞苑をつくるひと』によると、編集部がその言葉が一般的に使われるようになったと判断した言葉だといわれている（三浦2018）。このことから、1980（昭和55）年前後にはすでに一般的に使われるようになったといえるだろう。

② 意味が異なる「介護」

　このように言葉「介護」が一般に使われるようになって約40年になる。しかし、「介護」を用いる人で意味が違う。たとえば、「介護保険制度」、「介護福祉士」、「家族介護」の「介護」を考えてみよう。これらはみな要介護者への支援という意味では同じだが、その「介護」の内容は異なる。

　介護保険制度の「介護」は長期ケア（long-term care：慢性期医療）の意味で、医療も含む幅広い支援である。研究者のなかでも、「介護」＝長期ケアと主張する研究者は少なくない。日本の医療政策の代表的な研究者池上直己は、「介護」＝長期ケアとする（池上2017）。一方、介護福祉士が行う「介護」には、2011（平成23）年改正で「医療的ケア」が含まれることになったが、医行為そのものは含まれない。家族介護の「介護」は、医療の専門的なことは医療職に任せるとしても、介護福祉士のように、医行為にふれても、とがめられることはない。このように、言葉「介護」は使う人でその意味が異なる。こうした事情があるので、介護福祉士の仕事を説明するときに、あらためて「介護」を説明することが求められることになる。

2　長期ケアと介護福祉士 ——医療改革と世界のケアワーカー

（1）医療改革と介護福祉士

① 高齢施設系の変化

　「介護職」は一般に、英語でケアワーカー（care worker）と表記される。世界の高齢化社会を迎えた国・地域では、たとえば、フィンランド、日本、

韓国、アメリカなど、職業的なケアワーカーが育成されるようになる。しかし、ケアワーカーがになう制度上の職域は、とくに医療との関係で、国や地域でそれぞれ特色ある形で育成されてきた。このような高齢化社会に直面した国・地域では、さまざまな課題をかかえながらも、ケアワーカーの成長がいちじるしい。アメリカでは、この 10 年で 100 万人増え、労働環境は劣悪であるが、医療・福祉最大の職能集団に成長し、全米で 460 万人のケアワーカー（direct care worker）が働いている（PHI 2021）。日本も、現在介護現場の介護福祉士等の就労介護職は 220 万人（登録介護福祉士は 190 万人）で、15 年で 100 万人増え、医療・福祉分野のなかで大きな職能集団に成長してきた。

　日本の場合、ケアワーカーの国家資格介護福祉士の「介護」は、長期ケアの地域ケアへの転換という病院機能の改革という動きのなかで大きな影響を受けながら、職能集団として成長してきた。

　介護福祉士のルーツは大別して、①在宅のホームヘルパー、②特別養護老人ホームの寮母にはじまる高齢者の施設系介護職、③障害者の施設系介護職である。特に②はこの間に起きた医療改革の影響で、看取りなど、介護福祉士の役割が重視されるようになってきた。さらに、介護保険施設だけではなく、回復期リハ病院など医療施設でも介護福祉士の役割が広がってきた。

②「転換」とケアワーカー

　このような「転換」は、高齢化した経済協力開発機構（OECD）諸国でその形や時期は異なっても、20 世紀後半以後、共通して起きた。同時にまた、その「転換」を支えるケアワーカー（介護職）の育成・確保も共通した課題になった。

　日本では、1985（昭和 60）年に医療計画作成が始まり、1987（昭和 62）年の国家資格介護福祉士創設、1989（平成元）年の「高齢者保健福祉推進十か年戦略（ゴールドプラン）・1994（平成 6）年の「新・高齢者

保健福祉推進十か年戦略（新ゴールドプラン）策定を経て、2000（平成12）年の介護保険制度創設、2013（平成 25）年の「病院完結型医療から地域完結型医療」（『社会保障制度改革国民会議報告書』（2013 年））へ転換、地域包括ケアシステムを明示した 2014（平成 26）年の「地域における医療及び介護の総合的な確保を推進するための関係法律の整備に関する法律（医療介護総合確保推進法）」施行という流れになる。フィンランドは、1992 年にオープンケア（地域ケア）へと「転換」し、同時に従来たくさんあったケアワーカー職を再編し、社会・保健医療基礎資格「ラヒホイタヤ（身近で「世話」する人の意味）」を 1993 年に創設した（太田 2012；笹谷 2013）。韓国は、2008 年の長期ケア保険（介護保険）制度創設時、ケアワーカー療養保護士の制度を立ち上げた。

③ 平均在院日数の短縮と介護福祉士

このように、医療改革と同時にケアワーカーの創設（再編）が、OECD 諸国で進む。医療改革が急速に進む国と、そうでない国があるが、2000 ～ 2017 年の「平均在院日数」[19] の変化をみると、韓国を例外に、すべての国で減少した（OECD 2020）。減少幅が大きいのは日本、フィンランド、スイス、イギリス、イスラエル、オランダで、とくに日本は約 25 日から 16.2 日と、減少幅がもっとも大きい。日本では、「転換」が急速に進むなかで、医療の場ではなく、生活の場が必要になり、介護福祉士への期待が大いに高まったといえる。

④ 医療と社会的ケア

また、ケアワーカーにとって大事な点だが、1990 年代の OECD では高齢者や障害者が病気や障害があっても、地域生活を継続することが重要だと議論され、虚弱高齢者の施設入所をどう遅らせるかが政策課題となり、

19）「平均在院日数」は、患者が病院で過ごす平均日数をさす。一般に、1 年間にすべての患者が在院した合計日数を、入院または退院の回数で割ることにより測定される。日帰りの場合は除外される。

施設と在宅のバランスを徐々に変えて在宅にシフトするという高齢者ケアの「構造的変容」が議論された（OECD 1996）。その政策課題の中心的で理念的な考え方となったのが aging in place で、「日常生活の営み」に支障があっても地域の暮らしを継続することを意味した。

　そして 1990 年代の OECD の理解では、「転換」には地域の新たな資源が必要ということだった。第一に、医師の管理下におかれた「医療（医療、看護、リハビリ等）」、第二に、「社会的ケア（social care）」が必要だとされた（**図表 3-12**）。「社会的ケア」は、第一に「身体介護」、第二に「生活援助（家事援助）」、第三に「社会参加」の支援、援助からなるととらえ

図表 3-12　地域ケアの推進と社会的ケアの創出

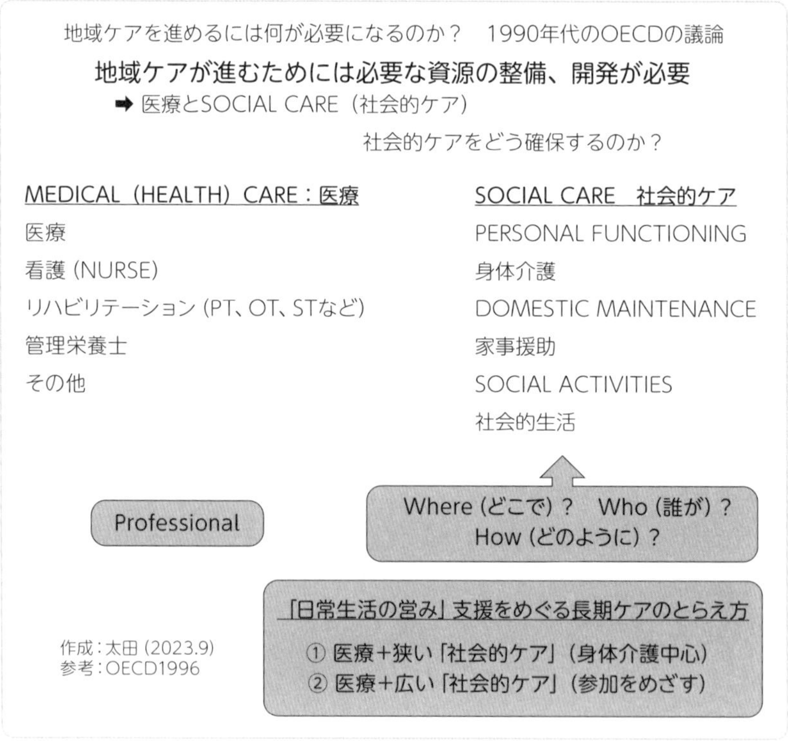

地域ケアを進めるには何が必要になるのか？　1990年代のOECDの議論
地域ケアが進むためには必要な資源の整備、開発が必要
➡ 医療とSOCIAL CARE（社会的ケア）

社会的ケアをどう確保するのか？

MEDICAL（HEALTH）CARE：医療
医療
看護（NURSE）
リハビリテーション（PT、OT、STなど）
管理栄養士
その他

SOCIAL CARE　社会的ケア
PERSONAL FUNCTIONING
身体介護
DOMESTIC MAINTENANCE
家事援助
SOCIAL ACTIVITIES
社会的生活

Professional

Where（どこで）？　Who（誰が）？
How（どのように）？

「日常生活の営み」支援をめぐる長期ケアのとらえ方
① 医療＋狭い「社会的ケア」（身体介護中心）
② 医療＋広い「社会的ケア」（参加をめざす）

作成：太田（2023.9）
参考：OECD1996

るようになる（OECD 1996）。この「医療」と「社会的ケア」をになう職種の確保が、OECD 諸国で課題になっていく。

　この「転換」は、従来の専門職の職域の拡大・再編と新たな職種を生み出すことになる。ある業務を他者・他職種と共同で行う「タスク・シェア」、ある業務を、他者・他職種に業務そのものを移管・移譲する「タスク・シフト」が広範に起きる。日本の「タスク・シェア」の例は、訪問看護ステーション創設（1991（平成 3）年）だ。看護師の職域が拡大し在宅訪問するしくみができた。さらに歯科医師、薬剤師、理学療法士、管理栄養士も同様に在宅訪問するしくみができて、在宅訪問が広がった。「タスク・シフト」の例は、介護保険制度の介護支援専門員（ケアマネジャー）である。それまで、保健師やソーシャルワーカーが何らかの形でサービスコーディネートをしていたのが、新職種がになうようになった。

⑤ ケアワーカーの職域と育成

　同時に議論になったのは、「社会的ケア」をになう職種（ケアワーカー等）をどこでどう育成するかであった。准看護師ベース型で育成をはかろうとする国が少なくなかった。一方、フィンランドの場合は、前述のように、准看護師と従来のさまざまな福祉系職種を統合し、新たにケアワーカー制度で「身近な支援者」の意味のラヒホイタヤ（医療・福祉の専門職になるための社会・保健医療基礎資格）を 1993 年に創設した。

　日本の介護福祉士は准看護師ベース型でも、フィンランドの社会・保健医療基礎資格の福祉医療横断型でもない「医療的ケア」を行うが、医行為そのものは行わない介護福祉士として発展させてきたところに特徴がある。医行為そのものは行わないために、医療との協働が強く求められてきた。医行為に踏み込まない「日常生活の営み」支援は 2000 年代後半には「生活支援」といわれるようになった。30 年ほどのあいだに介護福祉士の多様な実践が広がったのである。その実践をふまえて、介護福祉士が行う「生活支援」、「介護」とは何かということを、多くの人にわかりやすく

説明することが求められるようになってきた。たとえば、2020（令和2）年の全国高齢者ケア研究会オンラインセミナー報告でみられたように、先進的な介護職場では、いすに座るのがむずかしい円背の要介護高齢者の食事支援において、生活リズムを観察し、覚醒にあわせる工夫やポジショニングの工夫、また下剤服用の要介護者では、食事の工夫や動作の活性化でなるべく下剤を使用しないで排便をうながす工夫など、身近で継続的な「日常生活の営み」支援を行う介護福祉士の「気づき」から生まれた介護福祉実践がみられるようになった。こうした実践をわかりやすく説明することが求められている。

3 日本の「介護福祉実践」の蓄積

（1）日本のケアワーカーがたどった道

① 問われてきた「専門性」

　「日常生活の営み」の支援は、もちろん、介護福祉士だけが行うものではない。介護現場にかかわるさまざまな職種が行うものである。しかし、そのなかで、介護福祉士の役割として要介護者の「日常生活の営み」の拡大に、何を、どう行ってきたのかが問われてきた。また、介護現場で介護福祉士が介護職チームをリードするようになると、介護福祉士が多職種からなるケアチーム、またさまざまな介護職からなる介護チームのなかでどのような役割を果たしてきたのかが問われてきた。また、介護福祉士がどのような専門的な判断を示しながら、介護の技術を開発してきたのか、他職種へどのようなはたらきかけをしてきたのか、経験の浅い介護職もいる介護職チームにどのようにはたらきかけをしてきたのか。つまり、「介護福祉実践」がどう行われてきたのかということが問われてきたといえよう。

　日本では医療職ではない福祉職としてケアワーカーが位置づけられたことから、医行為に踏み込めないことのマイナス面が強調されることがしばしばあった。しかしその一方で、こうした、医行為に踏み込まない「支援」

で、医療職との協働で「日常生活の営み」の拡大に取り組んできたところに特徴がある。そのため、そこにどのような特徴、役割をもってきたのか、どこに独自の判断、技術の「専門性」を求めるのかが問われてきた。

②介護福祉士の理念

1995（平成 7）年の日本介護福祉士会倫理綱領等によると、これまで介護福祉士は、「尊厳の保持」、「自立支援」を支援の理念、基本としてきた。

「尊厳の保持」は、「だれしもの命は尊い」ということを意味し、第二次世界大戦の反省から戦後の国際社会の共通理念となったものである（1945年国際連合憲章、1948 年世界人権宣言、1946（昭和 21）年日本国憲法等）。この理念にもとづき、認知症などで要介護状態になっても、「人としての価値は尊い」ということを介護福祉士の「介護福祉実践」の基本理念としてきた。

そして「自立支援」は、高齢者介護の理念とされた 1994（平成 6）年の高齢者介護・自立支援システム研究会報告書『新たな高齢者介護システムの構築を目指して』で、高齢領域で広がった。当時、「寝かせきり」（大熊 1990）の要介護者の「日常生活の営み」から、移動支援を広げベッドから離床し、食事・排泄・入浴などの基礎介護の向上で「日常生活の営み」の拡大をめざすものであった。介護福祉士は、移乗等の移動支援が重要な業務として確立してきた。2000（平成 12）年の介護保険制度では「自立支援」が支援の目標となる。介護福祉士の紹介パンフレットに、介護福祉士が車いすを押す姿が示されることが多くなったが、日常的、継続的に移動支援を支えることが介護福祉士の業務として定着するようになった。

この「自立支援」は、同時に、ベッドから離床した「日常生活の営み」というだけの意味ではないのかという疑問も出るようになる。「日常生活」の定義は難しいが、介護現場では、「日常生活の営み」支援とは、どういうことなのか深く問われるようになり、「自立」を「自律」と表現する場合も少なくなくなった。

その一方で、2000年代からは、移動支援というよりも、生活リズムを整えることが求められる認知症の人たちへの「介護福祉実践」が広がる。社会福祉施設「よりあい」の村瀬孝生によれば、認知症の「思いどおりにならない」からスタートして「日常生活の営み」を拡大するのには、時間がかかり、"専門性"が求められ、要介護者の「生活時間」と支援者側の介護職の「生活時間」を「シンクロ」（同期）することによって「介護」という支援が成り立つという（村瀬2022）。小規模多機能型居宅介護「ひなた」の介護福祉士石崎まなみの「介護福祉実践」では、地域全体の高齢者の生活をみながら、医療職と連携して、退院から地域生活の実現、そして看取りまで、サービス事業所という空間を飛び出して、認知症の人の一人暮らしのケースも地域で支える「介護福祉実践」（伊藤・石崎2015）もみられるようになる。そこでの役割、判断（気づき）、要介護者一人ひとりにあわせた技術開発が問われるようになった。

　制度上のさまざまな制限はあっても、地域生活を支える「日常生活の営み」支援とはどういうものかが問われるようになる。介護保険制度による支援の対象は「日常生活」と規定されているが（介護保険法第1条）、障害者総合支援制度の対象は「日常生活又は社会生活」とされており（障害者総合支援法第1条）、「日常生活の営み」をせまくとらえない考え方が広がるようになる。特別養護老人ホームの目的は、運営基準では「日常生活上の世話」だが、2003（平成15）年に創設されたユニットケアは「入居者が相互に社会的関係を築き、自律的な日常生活を営む」ことを基本方針にかかげており、2006（平成18）年に創設された小規模多機能型居宅介護は「家庭的な環境と地域住民との交流の下で（中略）日常生活を営む」ものとされた。介護福祉士も、「施設内介護福祉士」から、予防や介護職人材の育成など地域での役割をもつ「地域型介護福祉士」へと変化がみられるようになる。認知症の人が地域社会で役割をもつための「介護福祉実践」、また生活の場での看取りの「介護福祉実践」（ACP：人生会議）

も広がるようになる。

③「日常生活の営み」の拡大

　もちろん、「日常生活の営み」の拡大のための支援は、介護福祉士だけで行うものではない。介護福祉士の役割機能を考える場合、介護現場で他職種と協働しながら、また介護職チームのリーダーとして、「日常生活の営み」の拡大をどのように行ってきたのかが問われるようになる。

　介護福祉士は、要介護者の「日常生活の営み」の基底（身体介護や生活のリズム・整え）に責任をもちながら、「介護福祉実践」で何を実現してきたのか、何を実現しようとしているのかが問われてきたと思う。さまざまな制度上の制限があるなかで、その基底部分にとどまるのか、「日常生活の営み」自体（当事者の生き方・暮らし方を理解し、それを支える支援＝精神的援助等）も含むのか、またさらに、社会生活の参加をうながすこと＝地域生活の実現を含めた支援を広げてとらえるのかが課題となったといえよう。

（2）介護福祉実践の蓄積と介護福祉士の役割

① 移動支援から生活リズムの整え、そして地域生活実現へ

　たとえば、脳卒中の後遺症による半身麻痺のため、自分でトイレに行けなくなるなど、病気やケガで心身に障害をもち「日常生活の営み」に支障がある人たちの場合で考えてみたい。このような人たちは、今では、施設利用者となるよりも、自宅の一人暮らしでも在宅の介護サービスで十分暮らせるようになった。そしてさらに看取りまで支援する例もみられるようになってきた。

　動くこと（移動）を前提にしない「日常生活の営み」から、居室・施設内を前提にした「日常生活の営み」へ、そしてさらに地域社会での社会生活を前提にした「日常生活の営み」へと拡大してきたといえよう。

　また、「身体介護」の「食事」「入浴」「排泄」のそれぞれの場面でも「介

護福祉実践」が進んだ。「食事」場面では、離床にとどまらず、食堂で皆と共同で食事をとる支援（施設利用者間の社会的関係を創る支援ともいえる）が広がった。

　要介護者にとって、基礎介護をしっかり行いながら「移動」の維持、生活リズムの整え、生きる意欲を引き出すことが、つまり「日常生活の営み」の基底部分の支援が、「社会生活」（「地域社会の暮らし」）の実現の出発点になることが明らかになってきた。

　しかも、「地域包括ケアシステムの構築」や「地域共生社会の実現」が地域社会に求められる時代になったが、「地域包括ケアシステムの構築」は、第一に、政策的には医療改革で「地域完結型医療」の実現、第二に、介護保険制度の持続可能性の実現、第三に、社会福祉法の「日常生活の営み」の拡大・地域生活実現の３つが含まれるようになる。介護現場には、この３つの「力」が大きな力となって、いっぺんにのしかかるようになった「日常生活の営み」拡大の支援が求められるという困難にぶつかるようになる（太田 2020：2022）。この意味で「介護福祉実践」は、「日常生活の営み」を拡大することによって、「尊厳の保持」、そして権利保障の実現を最前線で試みてきたともいえる。そして、今後もこうした試みが求められるだろう。

② 介護福祉実践の課題

　ケアチームのなかで、そしてまた介護職チームのなかで「日常生活の営み」の拡大に、介護福祉士として、どのような役割をしてきたのかを示すことが重要だ。そこに、どのような判断（気づき）があり、どのような技術の開発があったのかという点である。また、どのような介護職チームを創りあげてきたのかという点である。

　「介護福祉実践」は他職種との協働ではあるが、介護福祉士として、独自の役割、「専門性」といえる判断、多種多様な工夫、技術開発（提案も含め）が行われてきたはずである。これらの点を「介護福祉実践」として

もっと明確にしてよいと思う。

　これまで、「介護福祉実践」のあゆみを描いたものは、介護現場に影響を与えた研究者に焦点をあてた「理論史」、介護現場に影響を与えた「制度政策史」、さらに他職種のケアチームの「実践史」（介護福祉士の役割があまりはっきりしない）にとどまることが少なくなかったと思う。しかし、介護現場で「介護福祉実践」をになった介護福祉士の視点の記録が重要ではないか。そのことが介護福祉士の役割機能を明確にし、その「専門的」役割を明確に示すことになるだろう。

③ 介護職チームとリーダー

　「介護福祉実践」をまとめる場合、課題となることが多くある。たとえば、介護福祉士としての役割を介護職のチームのなかでみるのか、リーダーとしての介護福祉士個人に焦点をあててみるのかである。「介護福祉実践」は多職種のケアチームの実践であり、介護職チームの実践で、そこで介護職チームのリーダーをどのように描くかという課題がある。

　2014（平成26）年、介護人材「総合的な確保方策」のめざす姿として"「まんじゅう型」から「富士山型」へ"を示した福祉人材確保対策検討会の「福祉人材確保対策検討会における議論の取りまとめ」報告書以後、「介護福祉士は、介護現場での中核的な機能をになう」という認識が広がり、継続的な質の向上と、サービス種別等に応じて多様な役割とそれに応じた能力が求められるようになった。中核的な機能をになうリーダーとしての中堅の介護福祉士の役割と能力についても議論されるようになった。高度な知識・技術をもつ介護の実践者としての役割と能力、介護技術の指導者としての役割と能力、サービスマネジメントの役割と能力が求められるようになる。

　こうした動きのなかで2015（平成27）年には認定介護福祉士の養成制度が生まれ、その養成が各地で行われるようになった。認定介護福祉士である池淵美香は、特養で、職場分析をもとにケアの目標を選定し、介護

職メンバー一人ひとりの役割を重視しながらも、多職種と協働しケアチームをつくり、メンバー一人ひとりの成長に目配りし、要介護者の自立支援、「日常生活の営み」の拡大にどのようにつなげた介護福祉実践の報告をしている（池淵 2018）。

　認定介護福祉士などの中核となる介護福祉士が、多職種とのケアチームの一翼をにない、介護職チームを育て、要介護者の日常生活の営みの広がりを実現し、家族との関係づくり、地域社会での社会的関係づくり、社会参加という視点をもって、介護職場、地域社会において介護福祉士の役割を明確にした「介護福祉実践」を広げ、それを記録し、多くの人に伝えることが重要になった。

参考文献

・有吉佐和子『恍惚の人』新潮文庫、1982 年
・池上直己『日本の医療と介護 ── 歴史と構造、そして改革の方向性』日本経済新聞出版社、2017 年
・池淵美香「人財育成のための仕組みづくり～5 年間の歩み～」認定介護福祉士認証・認定機構『認定介護福祉士養成研修 研修テキスト 認定介護福祉士概論』pp.56-58、2018 年
・伊藤秀之・石崎真美「家族の理解や地域の理解をどう広めるかが重要」上之園佳子他編著『生活支援の基礎理論 I』光生館、2015 年
・OECD 編著、鐘ヶ江葉子監訳、村澤秀樹訳『図表でみる世界の保健医療 ── OECD インディケータ（2019 年版）』明石書店、pp.192-193、2020 年
・OECD, *Caring for Frail Elderly People : Policies in Evolution*, OECD, p.4, 1996.
・大熊由紀子『「寝たきり老人」のいる国いない国 ── 真の豊かさへの挑戦』ぶどう社、1990 年
・太田貞司「地域包括支援体制の基本的な考え方を知る」日本生命済生会『地域福祉研究』編集委員会監、黒田研二編著『地域包括支援体制のいま ── 保健・医療・福祉が進める地域づくり』ミネルヴァ書房、pp.123-124、2020 年
・太田貞司「地域包括ケアシステムの構築を見据えて ── 介護保険制度の"限界"をどう見るか」『月刊ケアマネジメント』第 33 巻第 3 号、pp.7-10、2022 年
・太田貞司「フィンランドのラヒホイタヤ ── ケアワーカーの再考」『神奈川県立保健福祉大学誌』第 9 巻第 1 号、pp.3-14、2012 年

・笹谷春美『フィンランドの高齢者ケア —— 介護者支援・人材養成の理念とスキル』明石書店、
　2013 年
・羽田圭介『スクラップ・アンド・ビルド』文藝春秋、2015 年
・PHI, *Direct Care Workers in the United States : Key Facts*, PHI, 2021.
・三浦しをん『広辞苑をつくるひと』岩波書店、2018 年
・村瀬孝生『シンクロと自由』医学書院、2022 年

第4章

医療・介護連携における
介護福祉士への期待

第4章
1

多職種チームケアで 介護福祉士がになうべき 役割

医療法人アスムス　理事長
日本在宅ケアアライアンス　事務局長
太田秀樹

1 30年前に始めた在宅医療

　筆者は1979（昭和54）年に医師免許を手にした。医師になったときには、亡くなりそうな人を救命できなければ医師ではないとの思いを強くもち、麻酔科医を志し、麻酔科で研修を行い、そこで蘇生学を学び集中治療室（ICU）を経験した。

　1982（昭和57）年から整形外科医に転向し、その後しばらく自治医科大学の教員を務めたが、大学院で論文をまとめる時期に国立療養所足利病院（現・あしかがの森足利病院）勤務となった。そこには重症心身障害児の施設が併設されており、彼らに対する医療体験が筆者の人生を大きく変えた要因の1つになったと考えている。

　というのも、1991（平成3）年の6月、筆者は、車いすに乗った身体障害者とともに海外旅行（アメリカとカナダ）に出かけた。海外という非日常の場で、障害のある人たちと呑んだり騒いだりしているうちに本音が聞こえてきた。それは、本当に医療が必要な人に医療が届いていないとい

う現実と彼らが期待している医療が実際には提供されていないということであった。

　それからもう１つ障害者医療から学んだ課題は、重症心身障害児施設にいる子どもたちはお盆や正月には帰省するのだが、自宅に帰ると専門的な介護がないために、数日自宅で過ごすだけでいろいろな問題が起こることだった。たとえば、水分摂取量が不十分で脱水による発熱により病院に救急搬送されたり、褥瘡ができたりなどである。つまり、家族が愛情をもってていねいに世話をしても、子どもたちの健康管理には専門性が求められると感じた。

　これらの体験を通じて、筆者は「医療施設で患者を待っているだけの医者ではいけない」との思いを強くし、1992（平成４）年、機動力ある地域医療、すなわち今でいう在宅医療を始めた。今からちょうど 32 年前のことである。このときから 24 時間の訪問診療と訪問看護を実践している。

　当時は、介護保険制度などない時代である。在宅介護という概念も現在ほど確立していなかったのではないだろうか。福祉のサービスはあっても、生活保護のような経済的困窮者対策を含めて、在宅サービスの資源はとぼしい時代であったといえる。

　また、当時は「高齢者は入院して最期を迎える」というのが当たり前で、身体が弱ることにもとづく生活課題も病院に入院して解決するという、本来福祉行政がかかわるべき問題までも医療に解決が求められていた。この現実に対して社会的にもあまり疑問が聞かれることはなかった。しかし、「おばあちゃんも歳だし、病院に行って濃厚な治療や高度な検査をして長生きさせるよりも、家にいてもらっておばあちゃんらしく暮らしてもらったほうがいい」と考える家族もまれではなかった。筆者らはむしろ、そうした家族のためにも医療や看護サービスを提供していたのである。

　エピソードを１つ紹介したい。脊髄空洞症という病気がある。この病気は 1990 年代初頭、なかなか診断することがむずかしかった。MRI な

どの補助診断機器が普及しておらず、レントゲンや CT など従来の検査機器では診断が困難だった。

　したがって、原因不明の四肢麻痺との診断で、寝たきりの 40 代女性のお宅に訪問診療していたのだが、そのお宅では、ご主人が朝出勤すると、帰宅するまで寝たきりの女性が 1 人になる。そこで、訪問看護師（当時訪問看護婦）は、訪問するとまず米をといで炊飯器のスイッチを入れることから始めた。そして、ケアが終わったらおにぎりをにぎり、枕元に置いてくるという、限られた時間のなかで食事の面倒もみるという綱渡りのような在宅ケアも実際にあった。

　生活がきちんと構築されなければ、どんなにすぐれた医療サービスを提供しても意味がないということは、そうした体験からも感じていた。1992（平成 4）年当時は在宅福祉や在宅介護をめぐる資源が充実しはじめた時期といわれている。しかし、介護保険制度のない時代は生活を整えるところ、つまり療養環境整備も訪問看護になっていたのである。

2 社会の価値観の変化
──在宅医療の黎明期から充実期へ

　四半世紀の時の流れで社会の価値観も変化する。1992（平成 4）年当時、家で死ぬということははずかしいととらえる風潮がまだまだ存在していた。医者にもかかることができず、家で死を迎えることは経済的事情だとみなされ世間体も悪かった。つまり、在宅で療養する人の意向を尊重するのではなく、世話をしている家族の面子やプライドなどから入院医療が選択されたという事実も否めない。

　そうした時代はしばらく続いていた。本人からは「病院には行きたくない」と言われて家で療養を続けていても、いよいよというときになると、ふだん介護にかかわらない遠方に住む長男などが現れて「病院でやれる治療はしっかりやってもらいたい」と望むことは多かった。本人が「ここで

最期」と願っても、家で死なれたら困ると、病院に救急搬送されたおじいさんの悲しげな表情を今でも忘れることができない。多くの高齢者自身が在宅での最期を望むことは、当時から変わらない。「畳の上で死にたい」というのは高齢者の願いだったといえる。

　そうした本人の願いがあるにもかかわらず世間体というものがはびこっていた時代から、社会の価値観が変わってきたなと感じたのは、介護保険制度が始まり、「利用者が主体である」という理念が社会に浸透してきたことによる。行政のお仕着せのサービスから、自分が選択するオーダーメイドのケアサービスが権利として享受できる社会への転換のなかで、国民の側の意識は、徐々にではあるが変化してきた。それは、筆者が在宅医療を始めた 1992（平成 4）年から介護保険制度が施行された 2000（平成 12）年までの数年間にも感じとることができた。

　1990 年代は在宅医療にとっては黎明期といえる。それまで医療というのは、原則として医療施設でしか提供してはいけなかった。ある意味で往診は緊急対応としての診療でもあり、入院の適応を判断する位置づけだった。

　このような時代がずっと続いたが、第二次医療法改正で、1992（平成 4）年に居宅が医療の場として制度に位置づけられ、医療施設でなくとも訪問して診療することが認められた。まさしくそのときに、筆者は在宅医療を始めたのである。

　介護保険制度が行きわたるにつれ、2000 年代は、在宅医療の発展期といってもよい。在宅で最期までお世話したいと在宅医療を希望する人が増えてきた。それまでは、何かあったら病院に、最期は病院で、との要望が多かったが、最期まで在宅で面倒をみてほしいと意識の変化を感じとることができた。

　そのなかで、看護師らをはじめ、医療専門職の意識も変わってくるようになった。最近では、人が命を閉じるとき濃厚な医療を施さないほうが安

らかであり、尊厳が保てるという考え方が主流になっている。ところが、筆者が在宅医療を始めたころには、臨終期に「先生はどうして点滴をしないのですか。見殺しにするのですか」と批判する訪問看護師もいた。しかし介護保険の普及の影響も否めないが「旅立つ準備をしている身体には、薬もそんなに必要ないし、もちろん点滴もいらない。静かに自然の経過をみてあげたほうが、苦痛がなく、むしろ命が長くなることも多いですよね」という医者の治療方針に対して、「ぜひそのようにお願いします」と、いわゆる平穏な死を希望する人が増えてきた。

　実は筆者が在宅医療を始めた当時は、終末期医療の場面でも最期まで医療の管理下で看取られることを幸せなことであるとの考えをもっていた看護師も少なくなかった。医療の基礎教育が異なる介護福祉士も、看護師と同様の思いを抱いていた。筆者の法人では介護老人保健施設(以下「老健」)を運営していて、介護職員のほとんどは介護福祉士の資格をもっていた。老健は中間施設という位置づけで、医療の場というより、在宅復帰の場だったので、入所者の状態が悪くなると病院に送らなければならなかった。筆者は「うちには医者もいるし看護師もいるのだから、必要な治療は過不足なく実施できる」という信念で取り組んでいたのだが、介護福祉士たちのなかには筆者のそうした治療方針を疑問視している者もいた。

　人生の最終段階に近いと判断された入所者の今後の方針を検討するカンファレンスでは、いろいろな意見が出る。病院に入院して、原因を明らかにして、できる限りの治療を行うほうがよいとの考えもあるが、一方で病院に入院したら、手足を抑制して点滴を行うかもしれない。本人には認知症があって、治療への協力はできそうにないからつらいだろう。老健で自然の経過を診てもらったほうがよいという意見も聞かれた。

　このような看護師や介護福祉士の価値観を変えるには、コミュニケーションを良好にして、現場での実践と教育を積み重ねるしかなかった。看護師や介護福祉士が安らかで、尊厳に満ちた最期を看取るという経験を蓄

積することによって、自然の経過を支えられた高齢者の最期は人間の尊厳が守られ、ヒトの死としてふさわしい。治療の果ての死とは違うと、職員たちの意識が変わっていった。

　老健という生活の場を医療化しないことの重要性を共有することで、看護師の意識の変化も大きく、暮らしを支える意義、そして暮らしを支える専門職としての介護福祉士への職能の理解は進んだ。そして、自分が勤める老健に自分の家族を入所させ最期までお世話してもらいたいという職員も増えていった。

3　ICF からみた介護の位置づけ

　医療が対象とするものを「疾病」ととらえると、介護の対象は「生活上の障害」であると筆者は考えている。その「障害」をとらえるときに参考になるのが国際生活機能分類（ICF）である。

　ICF でいうところの「健康状態（health condition）」とは、医療専門職がかかわる領域と考えられがちであるが、ただ生理的に健康でいられればよいわけではなく、社会活動ができるような状況にすることが大切といえる。疾病を治療して、活動できる状況にするのは医療専門職の役割であるが、活動そのものを支え、社会参加をうながす場面で介護福祉士の力が存分に発揮される。介護福祉士のほうが医療従事者よりも専門的力量をもつ場面はいたるところにあると考えられる。たとえば、外出支援。ショッピングに出かけたことをきっかけにリハビリ意欲が高まった利用者がいる。栄養障害の改善が課題となっていた利用者が、みんなで楽しく食事することで、食欲が増して、体重が増え、活気が出たということもある。このように、介護福祉士は医療専門職と協働して、利用者を幸せにすることができる。

　資格は、専門性を掘り下げた証左でもあるので、専門職間のコミュニケーションは、ハードルが高い。医師の判断に対して、看護師の立場で、意見

するのは遠慮しがちだ。しかし、医師が裁判官役をになわざるを得ない場面でも、看護師は常に患者の弁護士役である。同様に、看護師が裁判官役となる場面で、介護職は利用者の弁護士役になることができる。専門が異なるがゆえに、意見を交わしながら業務を行うことは非常に大切である。

4 令和の時代における介護の役割と専門性

　昭和の時代は、1分でも1秒でも、医療の力で長生きできることが幸せなことだった。当時の平均寿命は70歳代だったからだ。ところが今は、85歳まで生命保険を申し込める。つまり、高度な統計学上で85歳までに死亡する確率を計算し、生命保険に加入させても、保険会社の経営は健全に行えるという確証がえられているからだ。85歳を超えた人たちは、命にかかわるいろいろな病気を治療した結果、ご長寿ということだが、加齢にともなう認知機能の低下や、移動の障害と対峙（たいじ）していることが多く、果たして1分1秒長生きすることに人生の充実感を抱いているのだろうか。「私は十分に生きたから、苦しい治療や検査は御免だ。自分らしく安らかに旅立ちたい」と、1日1日が満たされた幸せに生きがいを感じている人が多いと感じる。

　令和の時代に求められる医療の役割とは、病気を治し、生きがいを支え、安らかに看取ることである。治す医療というのは、疾患別にガイドラインがあり標準化されているわけだが、治す医療の対象とならない人たちが在宅医療の対象者といってもよい。腎臓の病気になって、腎臓の機能が低下し、これ以上の改善が期待できないとなれば、人工血液透析や、腎移植が行われる。しかし、超高齢となって、認知機能が低下し、治療の意義が理解できず、また、治療に協力できない人たちに、人工血液透析の適応はない。もちろん腎臓を移植するなどの侵襲の大きな外科治療も困難となる。このような人たちには、幸せな暮らしを支えることが、より上位概念となり、介護と医療の一体化が非常に重要だと叫ばれているゆえんでもある。

介護保険法によって、介護の重要性は、社会全体で共有された。しかし、医療と介護を一体的に提供するには、さまざまな障壁があり、2014（平成26）年に「地域における医療及び介護の総合的な確保を推進するための関係法律の整備等に関する法律」（医療介護総合確保推進法）が成立したことによって、法的根拠をもって推進する環境がととのった。とくに、団塊世代が後期高齢者となる2025（令和7）年に向けて地域包括ケアシステムが構築されつつあるように、質の高い医療と介護を一体的に提供できる社会をめざしている。

　このような状況で、介護とは何か。つまり介護の概念や定義をより明確化する必要に迫られている。そこで、一般社団法人日本在宅ケアアライアンスでは、在宅ケアにおける介護の専門性について整理を試みている。その結果、少なくとも、介護の役割や意義については、専門職間であまり共有されているとはいいがたい現状がみえてきた。

　たとえば、医師の専門性や役割は非常にわかりやすいのである。医師が生命を救ったり、症状を改善させたり、病気を治したり、あるいは苦痛をとったりすることを役割とすることに疑問を呈する者はいない。一方、看護師は医師に対する診療の補助と、患者に対する療養上の世話を業務としている。

　したがって、療養上の世話とその人らしい健やかな暮らしの再構築をめざす点では、介護福祉士と業務内容が重なり合っている。このあたりのことをしっかり整理していかなければならない。

　在宅ケアにおける介護の専門性についての検討会は過去に5回行われた。そのなかで在宅の症例が示された。提示例は、外来に通院していたがやがて通院できなくなり、認知症が重度になったために在宅へ訪問するようになって、最期は在宅で看取るというケースである。この症例におけるさまざまな人生のイベントを、多職種でどのように支援しているかを検証した。

外来通院が徐々に困難となり、在宅医療へ移行し、在宅療養中に、病態が変化して入院・退院をくり返す。やがて、虚弱化が進行し、看取りにいたるまでのあいだに、看護師と介護職が、健やかな暮らしの再構築という視点で、職能を発揮するが、看護計画と介護計画では、目的が異なり、めざすゴールも違うということが明確になった。

介護職の視点というのは、みずからの生活者としての視点といえる。食事に関していえば、「おいしく食べているだろうか」「好物を食べているだろうか」「食べて幸せを感じているだろうか」という視点である。一方、看護師の視点は、「栄養素は足りているか」「摂取熱量（カロリー）はどれくらいか」「塩分はどうか」「嚥下は安全にできているか」という、あくまでも疾病を念頭においた医療職としての視点といえる。

2020（令和2）年の看護師養成課程のカリキュラム改正にともない、在宅看護論が在宅地域看護論へと科目名が変更されている。その背景には、療養の場の多様化がある。看護師が活躍するフィールドも高齢者住宅やグループホームなど拡大されつつあるからだ。テキストには、患者を病人としてとらえるのではなく、生活者としてとらえるべきであるとの趣旨が記載されている。今後ますます看護職と介護職の専門性を整理していく必要性が高くなったと考えられる。

5 在宅ケアに従事する医療職、介護福祉士 それぞれに伝えたいこと

(1) 患者・利用者を「生活者」としてとらえる視点

「病院」では、救命、延命が至上命題であり、ヒエラルキーがあるとすれば、頂点にいるのが医師である。病院では、医師の判断と責任と指示のもとに患者の病気を治し、生命を救う。その目的をチームが共有し、それぞれの専門性を発揮する。換言すれば、病気を治し、救命するためには、あらゆる手段が許される。わかりやすい例をあげると、体に侵襲を加える手術も

合法といえる。ベッド上で動きを抑制することも可能だ。

　ところが治療を終えて、退院して地域に戻ると、療養場所は、治療の場から「生活」の場に変わる。「生活」が上位概念となる。おいしいものを食べたり、風呂に入ったりすることの優先度が上がり、治療のために食事が制限されたり、入浴を禁止されたりすることがなくなってゆく。退院後に在宅医療が継続されても、入院中の病棟回診と同様の役割も求められ、患者（利用者）の全身状態を観察し、健康状態を判断することが重要となる。限られた訪問時間内に、患者の生活全般を見渡すことはむずかしい。たとえると、人生を微分して診ているようなものかもしれない。

　一方、介護職は対象者の人生を積分できる立場にある。そのため、長く対象者にかかわることにより生じる時間軸の価値の重さをあなどることはできない。人生のさまざまなイベントをつむぐことによって、家族と同様、その人の人となりを知り、人生観を知り、生きがいを知ることができる。それは介護職だからこそできることといってもよい。

　医師や看護師も、患者を病者とみなすのではなく、生活者としてとらえようとしているが、疾病治療のためには、病気そのものに関心がうつる。時に、指導する立場になり、決して、対等な立ち位置ではなくなるかもしれない。そのようなときは、しっかりと意見を交換して目標を共有して、チームとしてかかわることが必要である。

　筆者は福祉学を専門的に学んだことがないが、在宅ケアに長年たずさわっていると、地域での人の生活が100人100様で、医師や看護師の力だけでは在宅療養生活の継続が絶対できないことを確信している。福祉の力が必要である。

　在宅療養生活における命の管理責任は、極論すれば本人自身にあり、在宅では、病気を治すことが主目標でなくなり、「幸せに生きる」ということが新たな目標になる。医師の指導や治療方針を受け入れない権利もゆだねられている。在宅生活は本人が選択権をもった営みだということをしっ

かり認識しなければいけない。だから介護職がもつさまざまな生活情報が治療計画を組み立てるうえで、医療職にとっても非常に有益となる。

　地域包括ケアシステムの深化（しんか）を見すえれば、認知症などに象徴されるように、もはや積極的な治療が困難な病気と暮らす人たちを、生活者ととらえる価値転換は非常に重要になってきている。そのとき、真に対等な関係性で生活者の視点に立ち、その人のかたわらで伴走者となり支えられるのは、介護福祉士をはじめとする介護職であるということに誇りをもち、介護職の職能を医療職らに伝えてほしいと願っている。

（2）共感者としての介護福祉士

　腹痛と便秘を主訴とする高齢者の診療を行ったとしよう。便が出ていないことは、医学的に重要な課題である。なぜなら、便秘の原因は腸閉塞（イレウス）かもしれないからだ。痛みは排便によって解決するので、まず、便を出すことを考える。そして、便秘につながる病気を見つけ出したいと考える。しかし、患者にとっては、便秘の原因など、どうでもよいから、便の出る処置だけを希望しているかもしれない。医師が受け止めているQOL（Quality of Life）は客観的なQOLであり、患者からみた主観的なQOLではない。便がお腹の中にあるよりも出てしまったほうがQOLは高いに違いないと医師は信じている。この思考は、健康を管理する専門職として間違ってはいない。しかし、それが患者の価値観を共有できないところかもしれない。あるとき、便秘を繰り返す患者に検査が必要と判断し、入院検査を依頼したことがある。患者は検査など望んでいなかったのだろう。入院したその夜せん妄状態となり、検査をあきらめて退院させた。医学的最善と患者にとっての最善を常に考えて判断する必要があるが、介護職には、この顛末（てんまつ）が想定できていたようだ。

　介護福祉士をはじめとする介護職は、生理学的な健康（病気でないということ）とQOLの重要性をふまえながらも、医師のような判断を行うこ

とはなく、長い時間かけてつちかった信頼関係を基盤に、本人の主観的な訴えにもまずは共感して、医療職が考える最善との調整役を果たしてもらえると理想的である。

　時に医者は、「不治の病である」とした事実を伝えなければならない場面もある。そんなときは、だれでも生きる気力を失い、失意の底に沈むかもしれない。その悲しい気持ちに「そうですよね」とそっと寄り添ってくれる身近な人こそが介護福祉士をはじめとする介護職であり、専門職としての強みの1つといえる。

　もちろん、本人の気持ちに寄り添うことは、医療職にも求められるスキルである。しかし、本人のこれまでの暮らしぶりや人となり、人生観をもっともよく把握している介護職だからこそ、この人にとっては何が一番不安なのか、残された時間をどこでどのように過ごしたいかなど、悲しみの深い部分に寄り添うことができるのではないだろうか。

（3）介護福祉士に期待すること

　在宅医療・介護連携推進事業における検討会の場で、介護福祉士の顔があまり見えないのはとても残念に感じる。さまざまな介護サービスを利用する当事者にとって、大切な情報を豊富にもっているにもかかわらず、発信が遠慮がちでもどかしさを感じることもある。この背景には複雑な事情もあるが、介護職自身には、専門職としての誇りをもってもらいたい。また、医療とは分野が異なり、けっして上下の関係性で仕事をしているのではなく、医師にも看護師にもできないケアを実践しているのはまぎれもない事実である。堂々と他職種とも対等に意見交換ができるように自信をつけてほしい。

　在宅ケアは多職種協働といわれているが、介護福祉士の身近な連携相手は、介護支援専門員や看護師が多いように感じる。たとえば、歯科医師や薬剤師、管理栄養士などともいっしょに仕事をする機会を増やすと、視野

が広がり、より専門性を高めることができるはずだ。口腔ケアの方法で、疑問を感じたら歯科医師に、薬の扱い方で不安なら薬剤師に、栄養のことが気になったら管理栄養士に、積極的にきっかけをつくることにより連携の輪は広がる。多職種協働の極意は、「待ち」ではなく、「攻め」であり、みずから動く姿勢が大切である。筆者は、機能強化型認定栄養ケア・ステーションを運営しているが、筋萎縮性側索硬化症の患者宅で、調理と食事介助を行っている介護職から、所属する管理栄養士に嚥下しやすいレシピの相談を受けた。介護職が熱心で、嚥下の課題には歯科医師や歯科衛生士もかかわっている。介護職の相談がきっかけで、素晴らしい在宅ケアチームができている。

参考文献

・日本在宅ケアアライアンス「基本文書2」(令和元年10月版) https://www.jhhca.jp/documents/

第4章

2 認知症の本人とともに、暮らしやすい地域をつくる

慶應義塾大学大学院健康マネジメント研究科　教授

堀田聰子

1 「共生社会の実現を推進するための認知症基本法」の成立

　2023（令和5）年6月、共生社会の実現を推進するための認知症基本法（以下、認知症基本法）が成立した。

　法の目的は、「認知症の人が尊厳を保持しつつ希望を持って暮らすことができるよう」認知症施策を推進し、「認知症の人を含めた国民一人一人がその個性と能力を十分に発揮し、相互に人格と個性を尊重しつつ支え合いながら共生する活力ある社会の実現を推進することを目的とする」と記され、（基本理念）として次の事項がかかげられた（第1章　総則）。

（基本理念）

第3条　略

　一　全ての認知症の人が、基本的人権を享有する個人として、自らの意思によって日常生活及び社会生活を営むことができるようにすること。

二　国民が、共生社会の実現を推進するために必要な認知症に関する正しい知識及び認知症の人に関する正しい理解を深めることができるようにすること。

三　認知症の人にとって日常生活又は社会生活を営む上で障壁となるものを除去することにより、全ての認知症の人が、社会の対等な構成員として、地域において安全にかつ安心して自立した日常生活を営むことができるようにするとともに、自己に直接関係する事項に関して意見を表明する機会及び社会のあらゆる分野における活動に参画する機会の確保を通じてその個性と能力を十分に発揮することができるようにすること。

四　認知症の人の意向を十分に尊重しつつ、良質かつ適切な保健医療サービス及び福祉サービスが切れ目なく提供されること。

五　認知症の人に対する支援のみならず、その家族その他認知症の人と日常生活において密接な関係を有する者（以下「家族等」という。）に対する支援が適切に行われることにより、認知症の人及び家族等が地域において安心して日常生活を営むことができるようにすること。

六　認知症に関する専門的、学際的又は総合的な研究その他の共生社会の実現に資する研究等を推進するとともに、認知症及び軽度の認知機能の障害に係る予防、診断及び治療並びにリハビリテーション及び介護方法、認知症の人が尊厳を保持しつつ希望を持って暮らすための社会参加の在り方及び認知症の人が他の人々と支え合いながら共生することができる社会環境の整備その他の事項に関する科学的知見に基づく研究等の成果を広く国民が享受できる環境を整備すること。

七　教育、地域づくり、雇用、保健、医療、福祉その他の各関連分野における総合的な取組として行われること。

本節では、認知症のある方との「共創」にかかわる2つの取り組みを取り上げ、第3章第3節で述べられた地域共生社会の実現に向けて介護従事者が果たし得る役割を考えてみたい。

2　認知症のある方の想いと知恵に耳を傾ける

（1）認知症とともによりよく生きる未来に向けた 「認知症未来共創ハブ」の始動

　認知症になっても、できるだけ自分のことは自分で、家族のなかで、仲間とともに地域で、職場で役割をもって、笑顔で過ごす方々が少しずつ増え、国内外で、そうした方々の姿や声が、社会の灯りとなる力を放っている。しかし、自分や身のまわりの人が認知症になったことで、日常生活や

図表 4-1　プラットフォームのイメージ

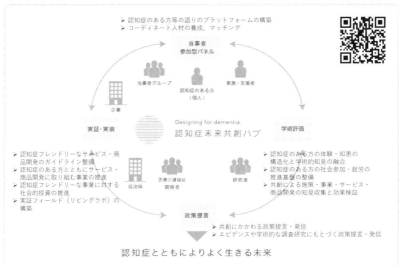

注：認知症未来共創ハブは、2018（平成30）年に慶應義塾大学ウェルビーイングリサーチセンター、日本医療政策機構、認知症フレンドシップクラブ、issue+design の4団体が運営団体となって設立された。
出典：認知症未来共創ハブ「認知症未来共創ハブとは」　https://designing-for-dementia.jp/about に一部加筆

仕事で壁にぶつかり、うずくまっている人たちも少なくない。

　そこで、筆者らは、当事者の想い・体験と知恵を中心に、認知症のある方、家族や支援者、地域住民、医療介護福祉関係者、企業、自治体、関係省庁および関係機関、研究者らが協働し、「認知症とともによりよく生きる未来」をともに創り出すことをめざすプラットフォーム「認知症未来共創ハブ」を2018（平成30）年秋に立ち上げた（**図表4-1**）。

（2）認知症のある方100人のお話を聴く

　認知症未来共創ハブでは、活動の要として、認知症のある方のインタビューを進めている。主な目的は、認知症のある方の喜びや夢、苦労や悩み、知恵を共有し、認知症とともに生きる多様な生活モデルを認知症の本人とともに探索すること、認知症の本人とともに、生活課題を解決し、生活を豊かにする施策・事業・サービス・地域を創ること、認知症とともによりよく生きる今と未来を支える政策へと活用すること、これらを通じて認知症のある方の社会参加を推進することである。

　まず、あらためて認知症のある方のお話をお聴きすることから始め、認知症の本人、パートナー、対人支援専門職でもあるインタビュアーやデザイナー等の対話にもとづいてインタビューおよびそのアウトプットの設計について検討を重ね、お一人おひとりのインタビューについては、認知症の本人およびその同意があれば家族や支援者の視点から補足してもらいながら整理・分析を行い、2020（令和2）年までにひとまず100人のインタビューを終え、ウェブサイト上で「認知症当事者ナレッジライブラリー」として公開している。

　当事者ナレッジライブラリーでは、お一人おひとりのプロフィールやこれまでのあゆみ、日々の喜びややりたいこと、時にその実現を阻害している生活上の困りごとを「生活課題」として整理し、背景として考えられるさまざまな要因のうち、心身機能のトラブルを結びつけ、困りごととつき

あう知恵とともに一覧にする形をとった。

　39歳でアルツハイマー型認知症の診断を受け、認知症未来共創ハブに評議員として参画くださっている丹野智文さんは「できないときめつけて、できることを奪わないで欲しい。僕達が求めているのは、守られることではなく、周囲の手を借りながらでも、自分で課題を乗り越え、自分がやりたいことをやり続けたいのです」と話す。

　当事者ナレッジライブラリーにおいても、喜びややりたいことを起点にすること、認知症のある方の生活のしづらさを引き起こす「症状」に関する医療や介護の専門家による知見はいったん横に置き、「経験専門家（expert by experience）」である認知症のある方が体験する世界、トラブルや誤作動とそれとつきあう知恵に光を当てること、だれもが「自分たちごと」ととらえやすいよう生活領域別に整理・分類を行うことを試みている。さらに、楽しみながら認知症を本人の視点で知ることができる「認知症世界の歩き方」プロジェクトとしても展開している（筧2021；筧他2023）。

(3)「今後やってみたいこと」の語りから

> 　今は環境がないけれど、昔やっていたバレーボールがやりたいです。（80代・女性）
> 　昔は洋裁が得意だったから物をつくったりしてみたいです。裁縫でチューリップの花とか結構細かい物もつくれるんです。（80代・女性）
> 　歌手デビュー？（80代・男性）

　昔からの趣味や得意だったことをやりたい、夢をかなえたいという声は多様で、

もし地域にダンスを教える機会があれば、高齢の方にダンスを教えられるといいなと思う。(80代・男性)

　古物商の免許を取り、仲間とコインのお店を開きたい。(60代・男性)

　養護教諭のときに自分のいる保健室に不良がよくたまった。話を聞いて、寝かせてあげた。今も子ども達に対して話をすることはしてみたい。(80代・女性)

好きなことや得意なことをいかして働きたい、だれかの役に立ちたい、仲間たちとともにこれから新たなことをやってみたい、という願いもさまざまに語られる。

　認知症の本人に対して発信しなくてはと思っており、ブログを再開したい。自分が語ることは、できるだけ、やれるまでやりたい。認知症の症状をVR(仮想現実)で提供し、それを専門職教育で活用することを進めたい。(50代・女性)

　せっかく認知症になったのだから、これをチャンスに、この経験をいかしてできることをやりたい。最近、同じ病気の人、何らかのハンディがある人と集い、話せる場は欲しいと思うようになってきた。今やっていること、楽しいこと、困っていること、工夫していることなどをもち寄り、共有できたら、いろいろなことが生みだせる!(60代・男性)

さらに、「認知症だからこそ」できることに取り組み、ほかの認知症のある方や専門職に届けたい、仲間たちと何か生み出したいという願いをもつ方々も増えてきている。

　他方、現状のまま穏やかに、ゆっくり眠りたいという想いも伝えられた。

　今後やってみたいことをお聞きすると、すぐにお話しくださる方と、し

ばらく黙って考える方がおられ、もうそんなこと考えなくなったとか、昔のことは尋ねられることが多いけれど、これからのことを聴かれることはしばらくなかったという声もあった。また、ライブラリーの内容を目にしたご家族や支援者等からは、時にこんな話は聞いたことがないというフィードバックをいただくこともあった。

　認知症のある方と生活をともにする人や介護従事者は、一人ひとりのつぶやき、あるいはこころのなかにしまわれている想いにもっとも近く耳を傾けられる存在である。過去にばかり手がかりを求めず、だれかの「やってみたい」「こうありたい」を1つひとついっしょに形にしていくことが、ほかのだれかの「やってみたい」の背中を押し、仲間を広げることにつながるのかもしれない。

(4)「経験専門家」の知恵──食事の準備を例に

　生活のなかでの喜びや今後やってみたいことは、時にいろいろな生活のしづらさによってその実現がむずかしくなる。

　認知症のある方は、いつどこでどんな状況で苦労を感じているのか。当事者ナレッジライブラリーでは、衣（着る）・食（食べる）・住（住む）・金（お金をまかなう）・買（買い物をする）・健（心身をケアする）・移（移動する）・交（交際する）・遊（遊ぶ）・学（学ぶ）・働（働く）の11の生活領域で、キーワード（生活課題）にまとめている。さらに、そのさまざまな背景として、ひとまず認知症のある方がインタビューのなかで語った心身機能のトラブルや誤作動を、認知症の本人の視点からみた心身機能障害としてひもづけるとともに、もしあれば、それぞれの具体的なシーンにおける本人の知恵や工夫も整理している。ウェブサイトでは、11の生活領域の生活課題別に、生活のしづらさを感じる実際のシーン、それを引き起こす心身機能障害、これを乗り切る知恵が一覧できるようになっている。

たとえば生活領域「食」のうち、「食事の準備」について、具体的な困りごとと関連する心身機能障害、本人の知恵を一覧にしたものを抜粋した**図表4-2**をみると、2日分つくって負荷を下げる、工程を分解するといったみずから食事の準備をになううえでの工夫のみならず、思ったようにいかなかったときのとらえ方、うまく家族や専門職の手を借りるといった多様な知恵があげられている。

本人がいろいろな生活場面で感じている苦労や不確かさについて、本人

図表4-2　生活領域別困りごとと本人の知恵（「食事の準備」の例／抜粋）

認知症当事者ナレッジライブラリー
The Designing for Dementia Knowledge Library

(トップ) (生活課題から探す) (心身機能障害から探す) (ひとから探す) (アバウト)

食事の準備

生活11分類	生活課題	DATE	心身機能障害	知恵	ひと
食	食事の準備 味・味付け 献立・レシピ 調理工程	慣れているはずだが、最近は調理の味にばらつきがある		作るのは1回に2品。前日多めに用意して、飽きないよう繰り越している。息子宅で食事時はタッパ持参！	H.K
食	食事の準備 調理家電 食卓	電子レンジの時間設定がうまくできず加熱しすぎてしまう		電子レンジを使わなくても食べられる料理を娘や訪問介護の方が用意している	高松 みき（仮名）
食	食事の準備 調理家電	新しい製品はどこをどう押したら温まるのか、ご飯が炊けるのか、家電の操作方法がわからない		今あるものを大事に使っている。わからない操作は優しい夫が手伝ってくれる	みすず（仮名）
食	食事の準備 献立・レシピ 調理工程	最初に作ろうと思って準備していた献立の手順がわからなくなり、違う料理が完成する		まあ、なんだかんだ言っても料理はできていることだし、結果オーライです！	みすず（仮名）
食	食事の準備	10人分の飲み物を用意する時、お茶・コーヒー・ジュースをそれぞれいくつ準備すれば良いのか覚えづらい		お茶を入れ終わったら、次はコーヒー、というように細かく区切ってやるようにしている	さとうさん

出典：認知症未来共創ハブ「認知症当事者ナレッジライブラリー」 https://designing-for-dementia.jp/database/ から一部抜粋

の視点と介護従事者等の第三者の視点をあわせ、ここでは含められていない外部要因を含めて検討して環境の調整をはかるとともに、「経験専門家」ならではの工夫を共有することは、生活のしづらさとつきあいながら認知症とともに生きる社会の知恵を豊かなものにしてくれるだろう。

3 「はたらく」を通じてあたりまえを取り戻す

(1) 全国のまちに認知症のある方が生きる拠点をつくる「100BLG 構想」

　認知症のある方が地域社会で仲間といっしょに役割をもって暮らすための BLG（Barrier, Life, Gathering）と称する拠点を全国に 100 か所つくろうという構想「100BLG 構想」が 2019（令和元）年から始まっている。

　原点は、東京都町田市にある「地域密着型通所介護事業所 DAYS BLG!」。「私はまだまだやれる」「地域の役に立つことがしたい」という認知症の本人の声を受けて、地域のなかで仕事を開拓していった。当初は認知症のある方が仕事をすることに地域の理解が得られないこともあったが、コミュニケーションを重ねることで、自動車販売店の展示用の車の洗車、駄菓子屋の店番、コミュニティ紙のポスティング、テーマパークのベンチ拭きなど、地域の仕事が増え、地域の信用金庫の新人研修を認知症のあるメンバーが引き受けるなど、活動の領域も広がっている。一部の仕事は有償ボランティアとして謝金が支払われており、地域に貢献して、時に謝金も得られることは、メンバーにとっての生きがいとなっている（ここでは、利用者とスタッフという線引きはせず、集う人すべてを「メンバー」と呼ぶ）。

　メンバーの声は、認知症フレンドリーなまちをつくるうえでも欠かせない。「地域密着型通所介護事業所 DAYS BLG! はちおうじ」では、地域に暮らす生活者として、そして認知症当事者としての声を行政や民間企業に届ける活動を行っている。市役所との協働も徐々に始まり、ピアサポート

の場を始めたいという本人の想いを中心に、認知症地域支援推進員（以下、推進員）と市役所とのパートナーシップで「おれんじドアはちおうじ」が実現した。図書館で本が探しにくいというメンバーの声は、推進員から関係者に届けられ、認知症フレンドリーな図書館プロジェクトが始動、大型ショッピングセンターでは、メンバーが店舗で実際に買い物をしてみて、だれにでも買い物しやすい店舗づくりにつなげている（平田 2022；人とまちづくり研究所 2023）。

　BLG は、「はたらく」を通じて地域・社会・仲間とつながる認知症共創コミュニティ（ここでは、賃金労働や有償ボランティアに限らず、だれかのために、何かのために日々することを「はたらく」ととらえる）。できること・新たなチャレンジもあたりまえに……認知症の本人の「やりたい」想いの実現、地域・社会・仲間との血の通ったつながりをつくるためには、場づくり・関係性づくりの視野と技術が求められ、100BLG は、これを学びあうプラットフォームとなっている。

図表 4-3　当たり前のコミュニケーションを取り戻すための 3 つのマインド

1　何をしたいか自分で決める 　　BLG に決められたプログラムはありません。どんな地域社会活動をするのか、お昼に何をどうやって食べるか。その日の予定を毎朝自分の意思で決定します。 2　自分の役割を見つける 　　マッサージ、コーヒー淹れ、ムードメーカー。誰かのためにあたまやからだを動かせば、それは誰かの役に立っています。BLG に来れば、きっと役割を見つけることができます。 3　仲間と感情を共有する 　　職場や学校がそうであったように、自分が決定した行動を続けていくことで、自然と周りには仲間が増えています。ともに笑い、感情を共有する当たり前の喜びを思い出すことができます。

出典：100BLG『100BLG NOW! —— 100BLG の現在地』01、2023 年

（2）社会参加・「はたらく」がもたらす変化

　社会参加は、人とのつながりから幸福感や満足を得ること、役割を果た

して目的意識や自尊心をもつことで人のウェルビーイングに寄与すること（Adams et al 2011；Phinney et al 2007 等）、こうした効用が認知症のある方にも当てはまること（Dröes et al 2017）が知られている。

　河野ら（2022）によれば、介護サービス事業所が利用者の社会参加・「はたらく」を進めていくと、「スタッフの意識やチームワーク」「利用者」「スタッフと利用者の関係性」という 3 つの領域で変化が起きる。順序はさまざまでも各領域に変化が現れ、プラスの影響を及ぼしあうことにより、事業所によい「場」が生まれ、これが地域社会へと伝播してゆく。

　はじめにポイントになるのは、管理者とスタッフが、利用者の自立と尊厳ある生活の継続の支援とそのもとでの社会参加の意義について「腹落ち」することである。利用者が介護サービス事業所を「サービスを受ける場所」と考えていたり、みずからが新たなことをできると思えなくなっていること、スタッフが勤務先事業所の認知症のある方や高齢の利用者には無理と思い込んでいること等がチャレンジとなる。

　まずスタッフの意識が変わることにより、スタッフと利用者の双方が「お世話する－される」という関係から、人として互いに関心をもち、日常の小さな願いをともに形にしていく水平な関係へと徐々に変化する。利用者の意識の変化は、これを加速する。互いに想いに耳を傾ける態度と、スタッフか利用者かにかかわらず、いっしょにかなえようとする行動が、事業所の雰囲気、スタッフ・利用者に影響を与え、スタッフと利用者、利用者同士が「仲間」（メンバー）となってゆく。

　この過程では、スタッフと利用者、スタッフ間など、事業所内でのコミュニケーションを密にすることが意識されていることに加え、市役所、近隣のさまざまな組織、学校等へのはたらきかけにより活動を実現することで、地域における認知症や高齢者に対する理解にもつなげている。

4 認知症の本人とともに、暮らしやすい地域をつくる

　認知症とは「認知機能の低下によって日常生活・社会生活に支障をきたすようになった状態」のこと。つまり社会と個人のあいだに生まれる「状態」で、今は社会が追いついていないことによって、認知症のある方々の苦労が生まれている。物理的な環境、制度やしくみ、文化や慣習、人々の考え方等が更新されていけば、認知機能の低下による困難は小さくなっていくはずだ。

　介護福祉士には、認知症のある方を支援の対象としてみるだけでなく、本人が生きる世界に関心を寄せ、経験専門家の知恵を紡ぎ、「やってみたい」「やりたい」想いを形に、そして本人とともに、暮らしやすい地域をつくっていくことをさらに期待したい。そのために求められる力やチームマネジメントのあり方を考えるうえで、利用者の社会参加・「はたらく」を可能にする観点から棚卸しされた7つの要素（①本人の想いに共感する力、②本人の状態を把握する力、③場を開拓／用意する力、④場を整える力、⑤本人と場をつなげる力、⑥地域での自立や参加につなげる力、⑦継続する力）も、参考になるかもしれない（人とまちづくり研究所 2019）。

　認知症の有無にかかわらず、だれもが基本的人権を有する「ひと」として対等な関係で、当事者の参画のもと共生社会の実現をめざすことをうたう認知症基本法は、認知症の本人の声、認知症とともに生きるまちづくりに取り組んできた営みのすべてが、世に押し出したものである。認知症基本法には、国民の責務として、「共生社会の実現を推進するために必要な認知症に関する正しい知識及び認知症の人に関する正しい理解を深めるとともに、共生社会の実現に寄与する」ことが明記された（第1章第8条）。

　本章のむすびとして、認知症とともに暮らす本人一人ひとりが、体験と

想いを言葉にし、寄せ合い、重ね合わせるなかで生まれた「認知症とともに生きる希望宣言」をかかげておきたい（**図表 4-4**）。介護福祉士も、まず 1 人の国民としてこれをいっしょに宣言するところから始めてはどうだろうか。

図表 4-4　認知症とともに生きる希望宣言

> 一足先に認知症になった私たちからすべての人たちへ
> 1. 自分自身がとらわれている常識の殻を破り、前を向いて生きていきます。
> 2. 自分の力を活かして、大切にしたい暮らしを続け、社会の一員として、楽しみながらチャレンジしていきます。
> 3. 私たち本人同士が、出会い、つながり、生きる力をわき立たせ、元気に暮らしていきます。
> 4. 自分の思いや希望を伝えながら、味方になってくれる人たちを、身近なまちで見つけ、一緒に歩んでいきます。
> 5. 認知症とともに生きている体験や工夫を活かし、暮らしやすいわがまちを、一緒につくっていきます。

出典：日本認知症本人ワーキンググループ「認知症とともに生きる希望宣言」2018

引用・参考文献等

・筧裕介、認知症未来共創ハブ・樋口直美・鬼頭史樹監『認知症世界の歩き方——認知症のある人の頭の中をのぞいてみたら ?』ライツ社、2021 年
・筧裕介・issue+design、ボーダレス・認知症未来共創ハブ・樋口直美監『認知症世界の歩き方——対話とデザインがあなたの生活を変える 実践編』issue+design、2023 年
・平田知弘ほか「100BLG 構想」『老年精神医学雑誌』第 33 巻第 8 号、pp.851-856、2022 年
・人とまちづくり研究所「今と未来のために、認知症の本人とともに、暮らしやすい地域をつくろう」2023 年
・100BLG『100BLG NOW! —— 100BLG の現在地』01、2023 年
・Adams, K.B., Leibbrandt, S., Moon, H., 'A critical review of the literature on social and leisure activity and wellbeing in later life', *Ageing and Society*, 31（4）, pp.683-712, 2011.
・Phinney, A., Chaudhury, H., O'Connor, D.L., 'Doing as much as I can do : the meaning of activity for people with dementia', *Aging Ment Health*, 11（4）, pp.384-93, 2007.

・Dröes, R.M., Chattat, R., Diaz, A., Gove, D., Graff, M., Murphy, K., et al., 'Social health and dementia : a European consensus on the operationalization of the concept and directions for research and practice', *Aging Ment Health*, 21（1）, pp.4-17, 2017.

・河野禎之・徳田雄人・後藤励・有野文香「第1章 介護サービス事業所における認知症のある方を含む利用者の社会参加・就労的活動の意義・効果の見える化」人とまちづくり研究所『認知症の人の地域における参加・交流の促進に関する調査研究事業報告書』2022 年

・人とまちづくり研究所『つながる・役割・はたらく──介護事業所から広がる「社会参加活動」の始め方』2019 年

・日本認知症本人ワーキンググループ「認知症とともに生きる希望宣言」2018 年

・厚生労働省「認知症施策関連ガイドライン（手引き等）、取組み事例──社会参加の支援」https://www.mhlw.go.jp/stf/seisakunitsuite/bunya/0000167700_00002.html

・厚生労働省「認知症施策関連ガイドライン（手引き等）、取組み事例──ご本人・家族の視点からの取組～本人の声を活かしたガイドブック、本人ミーティング、本人座談会～」https://www.mhlw.go.jp/stf/seisakunitsuite/bunya/0000167700.html

・100BLG コーポレートサイト　https://100blg.org/

・地域・社会・仲間とつながる加盟型認知症共創コミュニティ BLG ウェブサイト　https://blg.life/

第 **5** 章

多職種連携において
発揮される
介護福祉士の役割

介護福祉士の役割と機能とは

龍谷大学短期大学部社会福祉学科　教授
伊藤優子

　本章では、介護を必要とする人やその家族のニーズに応えるために介護福祉士にどのような役割や機能が求められているのか、実践における事例をもとに確認する。

　これまでにも述べてきたように、介護ニーズは複雑化・多様化・高度化している。「介護を必要とする人」といっても、加齢にともなうものや認知症によるもの、疾病や障害によるものなど、介護が必要となった原因もさまざまである。また、長寿化により対象となる人の世代は拡大しており、その人が歩んできた時代背景や環境、生活への価値観も多様化している。

　社会経済状況や世帯構造の変化にともない、高齢者夫婦のみの世帯や単身高齢者世帯も増加している。また、認知症のある人や重度の医療ニーズをかかえながら施設や在宅で生活を送る人も増えており、介護が必要な状態になってもできる限り住み慣れた地域で、自分らしい生活を最後まで続けることができるように、住まい・医療・介護・予防・生活支援が一体的に提供される地域包括ケアシステムの構築が推進されている。

　心身の状態の変化に応じて、医療や介護サービス等を利用しながら、住み慣れた地域での生活を継続する支援が地域包括ケアの考え方であり、介護福祉士は、専門職としてそれぞれの場において介護を必要とする人の生

活を支えている。在宅や施設、病院など場が変わっても、介護予防やリハビリテーション、看取り、災害時など状況が変わっても、その人の Life（生活・人生）は続いている。どのような場や状況であってもよりよい生活を送りたいという思いはすべての人に共通するものであり、QOL（生活の質）の向上は介護福祉における基本理念である。

　以下では、介護福祉士に期待される役割について確認し、社会状況や人々の意識の移り変わりに応じて見直された「求められる介護福祉士像」と介護福祉士に求められる能力について述べる。

1 介護職チームのなかで介護福祉士に期待される役割

　社会保障審議会福祉部会福祉人材確保専門委員会において、介護人材の全体像のあり方や介護福祉士がになうべき機能の在り方が検討され、2017（平成 29）年 10 月に報告書「介護人材に求められる機能の明確化とキャリアパスの実現に向けて」（以下、報告書）がまとめられた。

　報告書には、限られた人材でより質の高い介護サービスを提供するためには、介護職チームによるケアを推進していく必要があることが示されており、チームケアを実践するにあたっては、チーム内の介護職に対する指導やサービスが適切に提供されているかの管理等をになうチームリーダーが必要であること、その役割を一定のキャリアを積んだ介護福祉士がになうべきであるとされている。

　また、介護未経験者や外国人介護職員、介護の周辺業務をになう介護助手等、多様な人材による介護職チームにおいて、介護福祉士は現場のケア提供者のなかでの中核的な役割をになうことも期待されている。

（1）チームリーダーとしての役割

　先述したとおり、介護職チームには介護未経験者から介護福祉士資格取

得者まで多様な人材がいる。福祉系高校や介護福祉士養成施設を卒業した新卒者、これまでの就業経験や生活経験をいかして他業種から参入する人、外国人介護職員等、年齢や経験もさまざまである。また、周辺業務に特化した介護助手や短時間勤務者等、働き方も多様である。このように、多様な人材・多様な働き方で構成される介護職チームを束ね、質の向上を図るために、チームリーダーには、①高度な知識・技術を有する介護の実践者としての役割、②介護技術の指導者としての役割、③介護職チームにおけるサービスをマネジメントする役割が期待されている。

① 高度な知識・技術を有する介護の実践者としての役割

重度の認知症や精神障害のある人、医療やリハビリテーションの必要性が高い人への支援には、多職種と連携しながら利用者に対応することが求められる。多職種との連携においては、より専門的な知識・技術が必要となる。その知識をもとに、利用者の心身の状態等を観察する力や利用者の状態や状況に応じて適切な対応ができる判断力、そして、実際に介護を実践するための技術と業務遂行能力が求められている。チームリーダーとしての介護福祉士には、これらの高度な知識・技術を有したうえで、さまざまな職種と連携する多職種連携力が期待されている。

② 介護技術の指導者としての役割

利用者に対する質の高い介護を提供するためには、介護職チーム全体のケアの質を上げていく必要がある。多様な人材から構成される介護職チームにおいて、個々の介護職員の意欲や能力に応じた助言や指導とその意欲や能力の発揮をうながす環境をつくることがチームリーダーには求められている。

そのためには、個々の職員の意欲や能力、チームのアセスメントを行い、その課題に応じて OJT や Off-JT、スーパービジョンを行う必要がある。指導にあたっては、根拠をもって説明することが求められており、そのためにもみずからが高度な知識・技術を有する実践者であるための研鑽

が不可欠である。

③ 介護職チームにおけるサービスをマネジメントする役割

利用者の尊厳を保持し自立をチームで支援するためには、介護計画等にそった介護サービスの提供とサービスの質の把握・改善等のマネジメントが行われる必要がある。

チームリーダーには、介護過程の展開における介護実践をサービスの質とともに管理することや、チームケアを行ううえで個々の介護職員が能力を発揮できる環境をつくること、他の職種や機関等への情報収集や情報提供等、質の高いサービスを提供するためのマネジメント能力が期待される。そのためには、サービスの質を把握しその向上・改善に向けチームにはたらきかけることや、他の職種や機関とのあいだで適切に連携をはかるための調整力や発信力などのコミュニケーション能力が求められている。

2 求められる介護福祉士像の実現に向けて

介護福祉士の資格を有する人が備えるべき資質として「求められる介護福祉士像」が示されているが、社会状況や人々の意識の移り変わり、制度改正等をふまえてめざすべき姿が見直された（**図表 5-1**）。見直しの内容として、「高い倫理性の保持」がめざすべき姿を支える前提となるものとして示された。また、「専門職として自律的に介護過程の展開ができる（めざすべき像 2）」ことや、「介護職の中で中核的な役割を担う（めざすべき像 10）」ことが明示されている。

いくつかについて、事例とあわせて確認しておく。

図表 5-1　求められる介護福祉士像

〈平成19年度カリキュラム改正時〉

1. 尊厳を支えるケアの実践
2. 現場で必要とされる実践的能力
3. 自立支援を重視し、これからの介護ニーズ、政策にも対応できる
4. 施設・地域（在宅）を通じた汎用性ある能力
5. 心理的・社会的支援の重視
6. 予防からリハビリテーション、看取りまで、利用者の状態の変化に対応できる
7. 多職種協働によるチームケア
8. 一人でも基本的な対応ができる
9. 「個別ケア」の実践
10. 利用者・家族、チームに対するコミュニケーション能力や的確な記録・記述力
11. 関連領域の基本的な理解
12. 高い倫理性の保持

社会状況や人々の意識の移り変わり、制度改正等

〈平成29年の改正で示されためざすべき像〉

1. 尊厳と自立を支えるケアを実践する
2. 専門職として自律的に介護過程の展開ができる
3. 身体的な支援だけでなく、心理的・社会的支援も展開できる
4. 介護ニーズの複雑化・多様化・高度化に対応し、本人や家族等のエンパワメントを重視した支援ができる
5. QOL（生活の質）の維持・向上の視点を持って、介護予防からリハビリテーション、看取りまで、対象者の状態の変化に対応できる
6. 地域の中で、施設・在宅にかかわらず、本人が望む生活を支えることができる
7. 関連領域の基本的なことを理解し、多職種協働によるチームケアを実践する
8. 本人や家族、チームに対するコミュニケーションや、的確な記録・記述ができる
9. 制度を理解しつつ、地域や社会のニーズに対応できる
10. 介護職の中で中核的な役割を担う

＋

高い倫理性の保持

① 尊厳と自立を支えるケアの実践

　「求められる介護福祉士像」のはじめに「尊厳と自立を支えるケアを実践する（めざすべき像1）」とあるように、利用者の尊厳の保持と自立支援は介護を行ううえでの基本理念である。日本国憲法第13条に「すべて国民は、個人として尊重される」とかかげられており、その人らしくあること（個人の尊厳）が保障されている。また、社会福祉法第3条では福祉サービスの基本的理念について次のように規定している。

　福祉サービスは、個人の尊厳の保持を旨とし、その内容は、福祉サービスの利用者が心身ともに健やかに育成され、又はその有する能力に応じ自立した日常生活を営むことができるように支援するものとして、良質かつ適切なものでなければならない。

福祉サービスの利用者は、「本人が望む生活」の実現のために、みずからの意思によってサービスを利用する主体者であり、ケアの提供は、「個人の尊厳の保持」を理念とし、利用者の有する能力に応じた自立を支援するものである。介護を必要とする人のなかには、介護が必要となったことへの不安感や家族への気遣いなどから、みずからが望む生活を表明できない人もいる。そのため、介護福祉士には「本人や家族等のエンパワメントを重視した支援（めざすべき像4）」や、「身体的な支援だけでなく、心理的・社会的支援も展開できる（めざすべき像3）」ことが求められている。事例3では人生の最終段階（看取り）における意思決定支援が、事例4では本人や家族の障害受容のプロセスに寄り添う支援が展開されている。

② QOL（生活の質）の維持・向上

　介護福祉士による介護実践に求められるのは、QOL（生活の質）の維持・向上である。よりよく生きたい（well-being）という思いはすべての人に共通する理念価値であるが、何をよりよいと考えるのかは、本人の価値観や人生観に依拠するものである。

　「介護予防からリハビリテーション、看取りまで、対象者の状態の変化（めざすべき像5）」や、「施設・在宅にかかわらず（めざすべき像6）」どのような場においても、本人が望む生活を「QOL（生活の質）の維持・向上の視点を持って（めざすべき像5）」支援を行うことが介護福祉士には求められている。

　事例2では退院後、在宅での生活を送っているが、本人や家族の健康管理への意識が低く、生命の危機的状況にある人への支援が展開されている。

　看取りや医療の必要性が高い方への支援など、他の専門職種とのチームアプローチが求められる場面においても、常に、「QOL（生活の質）の維持・向上の視点」をもって、その実践が良質かつ適切なものであるかを問わなければならない。

③ 本人や家族へのエンパワメント

　介護が必要になった理由はさまざまであるが、高齢者世帯は夫婦どちらかの入院や入所、死別により、一人暮らしになるリスクが高く、喪失体験による心理的な負担もともなう。また、突然の疾病や事故などによる入院をきっかけに介護が必要になった場合や看取りなどでは、本人だけでなく家族も不安をかかえることになる。事例2や事例3では、家族を単に介護力としてとらえるのではなく、家族の不安に耳を傾け、その不安に寄り添うことや、介護福祉士の業でもある家族に対する指導を行うこと、家族への評価が行われており、これらの支援が「本人や家族等のエンパワメント（めざすべき像4)」につながっている。

3　介護福祉士に求められる実践力

　「求められる介護福祉士像」を実現するために、介護福祉士のカリキュラム改正において、①チームマネジメント能力、②対象者の生活を地域で支えるための実践力、③介護過程の実践力、④認知症ケアの実践力、⑤介護と医療の連携をふまえた実践力の強化という5つの観点での見直しが行われている。次節の事例では、これらの能力が実践の場でどのように発揮されているのかが、記されている。

① チームマネジメント能力

　事例報告者は施設長やサービス提供責任者、介護部門長など、いずれも管理的な立場にある介護福祉士である。事例5では、チームリーダーを支え・育てる、管理者として統括的マネジメントを行う介護福祉士の実践が報告されている。リーダーやチームの状況をアセスメントし、個々のリーダーの特性にあわせた助言やチームの課題に応じたOJTやOff-JTの実施など、質の高いケアの実践に向けて個々の職員の能力開発が行われており、その展開として介護過程が活用されている。事例3では、看取りに関する介護職の不安を受けとめ、主治医や看護師等との情報共有のための

ノートを用いるなど、チームを育て、目標に向けて多職種が連携するためのマネジメントが展開されている。

② 対象者の生活を地域で支えるための実践力

　高齢期を迎えても住み慣れた地域で安心して暮らせるよう、地域包括ケアシステムの構築が推進されている。高齢者のみの世帯や一人暮らしの高齢者世帯が増加しており、介護が必要でなくとも買い物等の日常生活に支障がある高齢者等が増えている。認知症になっても看取りの時期を迎えても、住み慣れた地域での生活を続けるためには、家族や地域の人の理解や協力が必要となる。事例3は地域の人の気づきで支援が始まり、地域の人に見守られながら自宅での看取りが行われており、そのための環境整備や地域へのはたらきかけが行われている。また、事例1では利用者のニーズに対応するため、制度に縛られない社会資源の創造が介護福祉士の役割として示されている。

　住まいの場が変わっても、介護予防やリハビリテーション、看取りなど状況が変わっても、その人の人生（生活の営み）は続いており、「生活の継続性」を支援するためには、本人の生活へのアセスメント能力や他職種や他機関との情報を共有する力が求められる。

③ 介護過程の実践力

　専門的な知識や技術にもとづく質の高い介護実践を裏付けるものとして、介護過程の展開にもとづく介護実践があげられる。チームで介護サービスを提供するためには、利用者の望む生活の実現に向けて介護福祉士が介護過程の展開における介護実践を適切に管理することが求められる。

　「求められる介護福祉士像」に、「専門職として自律的に介護過程の展開ができる（めざすべき像2）」と示されているように、複雑化・多様化・高度化する介護ニーズに対応するためには、利用者等のニーズや課題を適切にとらえたうえで支援を行っていく必要がある。介護過程については、個別ケアの実践を適切に行うためにアセスメント能力を高めることや、計

画にもとづいてケアを実践する業務遂行能力が求められるが、介護過程を適切に展開するためには、実践を評価する力が重要となる。

④ 認知症ケアの実践力

　高齢化が進むにともない認知症のある人も増加している。認知症になっても、本人や家族が住み慣れた地域で安心して生活を送るためには、本人の思いや症状などの個別性に応じた支援や家族への支援を含めた認知症ケアの実践力が求められる。

　本人の症状という点では、認知症の原因となる疾患の医学的な理解が必要となるが、ケアを行ううえでは、認知症の進行に応じた心身の状態変化や心理症状への理解が重要となる。

　また、認知症のある人が安心して自立した生活を送るためには、その人を取り巻く環境が大きく影響するが、そのなかでも家族や地域の力が大きい。この点でいうと介護福祉士の役割として、家族への支援や、地域住民へのはたらきかけが期待される。事例1では、多職種が連携し、独居生活となった認知症のある人の生活の立て直しが行われている。

⑤ 介護と医療の連携をふまえた実践力

　介護ニーズの複雑化・多様化・高度化の1つとしてあげられるのが、医療の継続が必要な人への支援である。医療的なニーズのある人や看取りへの対応においては、人体の構造や機能、疾病に関する知識が求められる。なかでも介護福祉士に求められるのは、その疾病が症状としてどのように表れるのか、日常生活上でどのようなことに気をつけなければならないのか、今後どのような心身の状態の変化が予測されるのかといった、生活を支援するための視点と将来予測のための視点である。事例4は、回復期病院から在宅復帰への支援であるが、リハビリにおいても日常生活動作（ADL）に焦点があてられており、病院での多職種連携における介護福祉士の見立てと目標は、一貫して生活と結びつけたADLの向上にある。

介護福祉士の役割と機能について、「求められる介護福祉士像」とカリキュラム改正で強化された5つの実践力を中心に確認してきた。これらの実践力は、それぞれが関連しあって発揮される。重度の認知症や精神障害のある人、医療やリハビリテーションの必要性が高い人の支援は、多職種と連携しながら利用者に対応することが求められる。また、事例4のように突然の疾病や事故により介護が必要となる人もいる。その場合、ライフステージのどの段階で生じたのかによって、だれが主介護者になるのか、その後の経済状況など、生活への影響もさまざまである。

　介護を必要とする人はさまざまなニーズをかかえており、介護を必要とする人の生活を支援するには、複数のサービスや専門職がかかわることとなる。多職種連携は、それぞれの職種が「役割分担」するということではなく、介護を必要とする人のさまざまな課題に対して、同じ目標、価値を共有し、それぞれの専門性を発揮しながら「協働」するということである。その際に発揮される介護福祉士の専門性は、介護を必要とする人の「生活」にかかわることであり、その人が望む、その人らしい生活を支援することである。そして、その生活が、よりよいものになるように QOL（生活の質）の維持・向上のための支援を行うことにある。

2 介護福祉士の実践事例

● 事例の全体像

時期	地域ケア会議後・サービス担当者会議：独居生活開始 10 月～ 12 月	
本人を取り巻く状況	認知症夫婦の認認世帯により、それぞれの BPSD が助長され、互いに暴言や暴力を行う様子がみられた。担当ケアマネジャーが地域ケア会議にて課題複雑ケースとしてはかる。 会議助言から家族を巻き込んだ話し合いがもたれ、妻が隣県の長男に一時的に引き取られることになる。 残された A さんの独居生活を支えるべく、サービス担当者会議が行われ、妻がになっていた家事部分と、服薬管理、妻不在の喪失感に対する支援が、総合的な方針となった。	妻が不在になったことの理解にムラがあり、喪失感による混乱がみられた。 日常生活では新しい食生活が定着するまで期間を要した。 入浴や室内移動、準備された食事を食べることなど、一定の生活行動は 1 人で行えていた。
訪問介護	【独居生活開始前のサービス内容】妻の介護負担軽減が主目的。トイレ誘導。排泄にともなう掃除、更衣。（平均 1 時間）	【独居生活開始後のサービス内容】訪問介護の量と訪問介護計画を大幅に修正。（毎日 1 ～ 3 時間）食事用意、掃除、洗濯、排泄支援、服薬支援、環境整備と A さんの精神的支援を通じて、独居日常生活の安定をめざす。
訪問診療	薬の処方、健康管理、医療に関する生活上の相談。（夫婦ともに月 1 回）	処方薬をホームヘルパー訪問時の朝 1 回ですむよう調整。
訪問看護	健康管理、ADL 維持・向上のためのリハビリテーション。（週 1 回）	健康管理、ADL 維持・向上のためのリハビリテーション、妻喪失に対する精神的援助。
ケアマネジャー	地域包括支援センターへ相談。家族相談。サービス担当者会議開催。	家族との金銭管理調整。配食サービスの手配。

妻と離ればなれになり独居生活になった男性利用者が、新たな日常生活習慣の自立を獲得するまで

冬の体調変化に対する支援時期 1 月～ 3 月	新たな生活課題に向けての現在地
独居生活が安定してきたが、冬になり、活動量の低下、便秘と大量の便失禁がサイクル化し、BPSD が顕著になる。 床生活からの起居動作、移動の負担が大きくなっていた。ホームヘルパー、看護師の説得により、いす生活へ変更する。	排泄サイクルが安定し、疾患のコントロールも安定するようになる。 保存している食事をいっぺんに食べてしまうなど、状態像が一段進んだ。 妻同居時からいっさい外出していなかった生活だった。しかし、なじみの床屋の話題をきっかけに外出への意欲がみられるようになる。
便秘と便失禁のサイクルを確認。要因特定としてトイレ環境の管理、機能性便失禁を考え、床生活からいす生活への転換を提案。 主治医との情報共有と相談。 看護師と連携し、保温の支援。 血圧・体温の測定と医療職への報告を行う。	本人の食欲、食生活習慣の変化に対して新たな対策を検討。 地域のインフォーマルサービス創造のためのアクション。 社会参加への具体的検討を開始。
薬の処方、調整。バイタルサインの確認、入浴など生活行為の基準を提示。	
ホームヘルパーとのバイタルサイン情報共有。保温方法の提示。 環境変更の説明。	
家族と暖房器具、電子血圧計の購入交渉。 サービス担当者会議開催。	家族と社会参加の具体化について相談を開始。

☑ チームマネジメント   ☑ 医療介護連携
☑ 認知症ケア   ☑ 地域生活支援
☑ 介護過程

● ジェノグラム

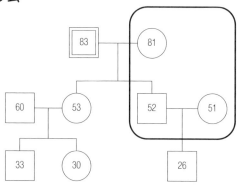

　夫婦2人で暮らしていたが、双方の認知症進行にともない、妻は隣県の長男夫婦が引き取ることになった。妻はAさんの世話に疲れており別居に抵抗はまったくなかった。

● 独居生活開始時の支援体制

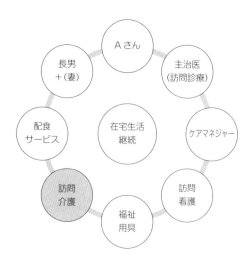

❶ 支援開始時の状況

〈事例基本情報〉

Aさん・男性・83歳・要介護4

持ち家2階建、独居（妻が長男に引き取られた）

認知症高齢者自立度：Ⅳ　　　**障害高齢者自立度**：B1

診断名・障害名等：脳梗塞、右不全麻痺、言語障害、脊柱管狭窄症（腰）、高血圧

内服薬：バイアスピリン、カンデサルタン、ファモチジン、薬は一包化

利用中のサービス：訪問診療（月1回）、訪問看護（週1回）、福祉用具貸与（車いす）
　　　訪問介護（当初平日1時間→独居になり毎日1〜3時間へ）、配食サービ
　　　ス（独居になり導入）、自治体のおむつサービス

移動：室内つかまり歩行、車いす自走。床生活で車いす移乗自立

排泄：自立（失敗し汚すことが多い）、リハビリパンツ（毎日尿失禁）

食事：用意すれば自立

清潔：入浴は自立。整容はうながしが必要

服薬：　掌 にのせれば可能
　　　　てのひら

コミュニケーション：意思疎通は可能だが、発語は聞き取りづらい。

認知機能：短期記憶障害、見当識障害、失認、失行あり。

その他：

・家事全般、身のまわりのことは妻がすべて行っていた。

・冷暖房器具はすべて壊れており、長らく修繕されていない。

・外出は数年しておらず、人との交流はない。通院や血液検査に強い抵抗感をもつ。

・経済的に余裕はなく、月2万円の範囲で生活必需品をホームヘルパーが代理購
　買している。

・長男・長女とAさんは関係が悪く、具体的な支援は望めない。

　Aさんは妻と二人暮らしだった。定年後に脳梗塞をくり返したことで、歩行能力など日常生活動作（ADL）全般が低下し、言語障害も発症したことにより1人でできることが少しずつ減っていった。当初、私たちの訪問介護事業所は、介護者（妻）の介護負担軽減を目的として支援を行っていた。

　しかし、妻もアルツハイマー型認知症を発症し、徐々に認知機能障害が

進行して家事を行うことに支障が出はじめたことで食事の準備などがうまくできなくなっていった。Aさんの失禁による掃除や洗濯にも追われることで妻自身の不安や葛藤、介護負担は徐々に重くなっていった。さらに夫婦ともに認知症が進行し、互いに暴言や暴力が出てしまうなど認知症の行動・心理症状（BPSD）を増悪させる環境下にあった。経済的に困難な状況に加え、隣県に長男・長女がいたがAさんとは絶縁状態にあった。担当の介護支援専門員（ケアマネジャー）が地域ケア会議にはかったところ、以下の意見が出され、Aさん夫婦の支援の指針として採用された。

①長男・長女と相談を行い、家族介護の可能性をはかること

②夫婦の意思を尊重しつつ、入所の選択肢も検討してみること

③とくに脳梗塞既往歴があるAさんの再発予防を重視すること

　この結果、隣県に住む長男が比較的関係が良好な母親（Aさんの妻）を引き取ることになった。残されるAさんに対して経済的な援助や具体的な介護支援はできないということ、Aさん自身は自宅生活継続を希望し、まだ家で生活できる力もあることを鑑み、新たに独居生活を行うこととなった。

　サービス担当者会議が開催され、訪問介護の提供内容が平日週5回、1回1時間だったものが、毎日1〜3時間の支援へと大幅に拡大した。

　本事例では、妻が不在になりAさんが独居生活となった時期から、Aさんが新たな日常生活習慣の自立を獲得するまでのおもだった支援を取り上げて紹介する。

1　支援体制

　まず、Aさんを支えるヘルパーチームの構成を紹介する。週に4回入り生活全般を支援するメイン担当の訪問介護員（ホームヘルパー）B（介護福祉士）、週1、2回入ってメインをサポートするホームヘルパーC（介護福祉士）、毎日のサービスになったため、ローテーションのフォローを

● Aさんを支えるヘルパーチームの構成

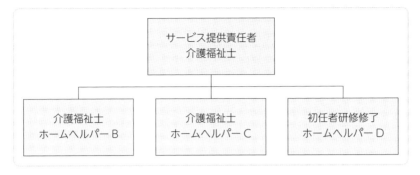

するサポート担当としてホームヘルパーD（初任者研修修了）、そして、
週1、2回の訪問に加え、サービス提供責任者として介護福祉士の私がチー
ム責任者を担当した。

● チームマネジメント：ポイント

　訪問介護は基本的にはケアプランと訪問介護計画書にのっとったサービ
ス内容を行うことが求められている。しかし独居生活となり、混乱をとも
なう状況下で認知症状態であるAさんのサービス内容には柔軟性が要求
された。食事が不足しているようであれば調理や買い物、失禁が多いとき
は衣類や寝具の交換、着替えの準備や洗濯、片づけなどを行うほか、体調
や食事量、転倒やけがの有無の確認、自宅のタンスや台所の引き出しなど
の生活環境のささいな変化の確認などを行い、Aさんの生活状況を把握す
ることに努めた。

　Aさんの生活状況をふまえると現場状況における随時の判断・対応が求
められるため、ホームヘルパーには確認ポイントを示し、多角的視点から
の情報収集やアセスメントを行ってもらい、情報共有と報告を通常ケース
よりも強化するよう指示した。独居生活開始直後は集中的にヘルパーチー
ムで見立てを行い、必要な情報は、ケアマネジャーとつど共有するほか、

状況に応じて訪問診療の医師に直接相談できる体制を確保し、Aさんの生活が破綻しないよう、混乱を最小限に抑えたうえでの自立支援をめざした。

● 医療介護連携：ポイント

　地域ケア会議で示された方針の③では疾患の再発予防の重要性があげられていた。残念ながら自宅にはバイタルサインを測定できる機器がなく、購入のめども立っていなかった。そのため、訪問看護師と情報共有を行い、訪問時に確認すべき観察ポイントを共有してもらった。そのポイントと異常の判断基準をヘルパーチームで共有し、観察内容と環境情報等をあわせて自宅の情報共有ノートへ記載し、随時ダイレクトに相談や判断を仰げる連絡体制を構築した。

　また、朝夕の服薬はこれまで妻が管理していたが、訪問介護が限度額の関係で1日1回しか提供できない事情から、サービス担当者会議で医師より訪問時の朝食後薬1回だけですむような調整を行ってもらい、薬の変更にともなう経過情報を最初の1か月は毎日共有する形とした。

　ケアマネジャーには食事確保のために新たに配食サービスの手配を行ってもらい、食事支援の連携を行った。

● 介護過程・認知症ケア：ポイント

　Aさんとは最低限の意思疎通は可能だが、妻が不在となった環境変化による影響は大きく、納得している様子や言葉は聞かれたものの、あるときはそれを忘れている様子や強い混乱が表出された。妻がになっていた家事支援の穴は主としてヘルパーチームがになうことになっており、多職種連携もふまえたうえで私たちは独居生活開始時のAさんへの支援計画を次のように定めて支援を開始した。

ケアプランの総合的な援助の方針

- 妻が長男家族へ引き取られ、独居状態となる。Ａさんは、妻が帰ってくることを信じており、それ以外の表出されたニーズはない。
- Ａさんは住み慣れた自宅で「このままでずっと暮らしたい」と言っている。経済的事情などもあり、体調と日常生活を安定させ、自宅生活を継続する方向性。

独居生活開始時の訪問介護の計画

本人にとっての課題	介護福祉士の見立て支援の必要性	介護福祉職チームの具体的支援内容
①妻不在の喪失感 妻不在の喪失感による生活意欲の減退、孤立感。自尊心の低下。妻に依存していた家事が滞り、日常生活が破綻する可能性がある。	妻不在による喪失感が生活意欲、BPSD出現など全般に影響を与える可能性があり、精神的援助や妻がになっていた役割をおぎなうことで生活への影響を軽減する必要がある。	役割分担を行い、主として精神的支援を行う介護福祉士と情報を共有し、その情報をもとにチーム全体で精神的支援を行うようにした。
②食事 買い物を含めて妻が3食を用意していたため、食事がとれなくなってしまう。	3食を限られた時間内で調理準備し、食事量を確保する必要がある。配食サービスと連携しつつ、できるだけ妻が行っていた食事（手料理）に近づけることで、混乱や喪失感につなげないようにする必要がある。	訪問してから朝食の調理と提供、夕食の調理と冷蔵庫への保管。退室前に届けられる配食サービスの受け取りと配膳。
③疾患のコントロール 妻が管理していた服薬ができなくなり疾患の再発、増悪のリスクが高まる。	毎日の訪問時に確実に服薬できるよう支援する必要がある。	訪問し、朝食後に一包化された薬の服薬を援助し確認する。異常の早期発見と医療職との情報共有を行う。
④排泄 排泄の失敗、失禁後の保清・更衣、洗濯ができず、不衛生な状態が継続してしまう。	排泄の失敗にともなう掃除・洗濯、保清等の支援を適切行い、清潔を保持する必要がある。廃用症候群を予防するため、トイレ誘導を行い、見守り歩行とすることで、ADLの維持・向上をはかる必要性がある。	トイレ誘導と見守り、車いす操作の声かけ。失敗時の清潔支援、更衣。
⑤掃除 妻がいなくなったことで、行き届かなくなる可能性がある。	排泄失敗時の掃除に加え、生活範囲の掃除を行い、清潔な生活環境の維持を行う必要がある。	排泄失敗時の掃除、生活空間の掃除。

⑥社会参加		
妻への依存、自宅から出ない生活が固定化し、社会とつながるステップへの方向性が滞り、地域社会から孤立してしまう。	社会参加の意欲を高め、孤立を防ぐとともに、通院および必要な検査等につなげる必要がある。 （支援内容） ・毎日（1～3時間） ・コミュニケーション、服薬支援、食事準備、トイレ誘導、入浴支援、シーツ交換、洗濯、掃除、買い物、金銭管理	社会参加につながる本人の意思や言葉、情報の収集。 上記に加え、妻不在にともなう混乱や状況、背景などについて多角的に情報を収集し、記録、会議を通じて情報共有を行い、支援内容の更新、統一をはかる。

❷ 支援開始後の状況

　独居生活開始時のＡさんは、便失禁・尿失禁はあるものの、自分である程度トイレで排泄することも可能であった。入浴も2階にある浴室に向かって自力で慎重に階段をのぼり、自分で入りたいときにお湯を張って入ることができていた。また、炊飯器に白米があれば、自分自身で茶碗にご飯を盛り、冷蔵庫においてある主菜・副菜を取り出して食事をすることもできていた。

1　妻が不在となったことに対する精神的支援

　Ａさんは、妻がいなくなったことを口では理解していると言いながらも、いつか戻ってくると信じている様子があった。訪問するたびに「今朝あいつ（妻）が帰ってきたよ」「あいつはどこにいる？」と話すことがあり、認知症であることを差し引いてもＡさんの妻に対する思いや存在が大きかったことが見てとれた。何よりも独りになったＡさんは妻がいたころに比べて明らかに落ち込んだ様子や焦燥感が強くなっていたことがチーム全員から報告された。妻が戻ってこないことに対する不安や喪失感から、日々の生きる意欲を失うことが懸念されたことから、ヘルパーチームと訪問看護師双方で精神的支援を行い、本人の喪失感の受容過程の進捗

を確認した。ホームヘルパーは日常生活支援の量が多いため、独居当初は
とくに訪問看護師による精神的支援から得られた本人を力づけられる話題
の情報を共有してもらい、妻不在による悲しみの受容や仕事としていた車
関係の話をすることなどに注力した。

　喪失体験がある人に対してはさまざまな心理受容プロセスがあるが、認
知症の症状もあるＡさんは怒りや否定、抑うつなどそれぞれの面が段階
的に出現するとは限らない。こうしたむずかしさではそれぞれの段階ごと
に本人がこころを開きやすい話題やポイントを探索しつつ、情報共有をし
てチームでそれらをおさえながらかかわることで、本人の精神的支援とエ
ンパワメントが円滑に進むと考えている。1人の専門職個人への属人的な
関係性ではなく、複数人のホームヘルパー・多職種チームに対する信頼関
係の構築は、今後の新たな支援フェーズにおいて重要になってくる。

　妻が同居していたころから妻と2人だけの世界、妻だけへの依存生活
だったことから、通所介護や通院など社会参加につながる支援の方向性も
課題としてあげられていた。独居生活になり、まずは生活自体の混乱を最
小限に抑えることが中心となってしまったが、精神的支援ではこうした将
来的な支援のタネをまいておくことも考慮して多職種と連携しながらチー
ムによる支援を行っていた。

2　食事の支援

　次は妻不在により大きな課題となった食事である。訪問回数が1日1
回と限られているため、1回の訪問で3食分の食事の確保、そして栄養
バランスが整った食事をいかに提供するかが課題だった。食事提供体制に
ついてはケアマネジャーとおもに検討を重ねた。できるだけ妻が行ってい
た食事に近い形を継続すること、経済的事情もふまえてホームヘルパーが
3食を調理・提供することも考えた。しかし食事以外にもさまざまな支援
を行う必要があること、1人分の調理では多種多様な食材が使用できない

状況があることをふまえ、配食サービスを一部活用することを視野に入れて検討した。地域の社会資源を色々と探したところ、ニーズにマッチした昼食の配食サービスがスタートしたとの情報があった。この配食サービスは、メニューを選択するという楽しさも担保されていることからこのサービスを活用することとした。実際に私たちはＡさんに昼食のメニューを選んでいただく支援の計画を立て、実際に行うことで、本人が自分の食事に主体的になれるようにした。一番の課題であった食事の方向性が決まったことで、毎日の訪問介護は午前の早い時間に訪問し、まず朝食の提供を行ったうえで、夕食の準備、洗濯やトイレ掃除、居室の掃除等を行い、退室前に届けられる配食サービスを提供して１回のサービスを終了する流れとした。妻の食事とまったく同じとはいかないが、Ａさんもこの３食とほかの支援を少しずつ自身の日常生活として習慣化していった。

● 食事支援の一部変更：新たな情報から支援内容を修正する介護過程の取り組み

新たな情報

　いったん習慣化したと思われた食事について、わずかな変化が生じるようになった。昼食は配食サービスのお弁当をプラスチックのトレイのまま、温めたみそ汁とともに提供していた。そして夕食は、白米のご飯を炊飯器で用意しておき、冷蔵庫に主菜・副菜・みそ汁を入れておき、それぞれ夕刻に自分で出して食べていただくこととしていた。しかし、昼食が残っていたり、夕食の用意も自分でしていない日が出てきたのだ。Ａさんとの会話のなかで「まだ用意していないのか」「あいつ（妻）はどこにいった」「なぜ自分で用意をするのか」という発言が聞かれるようになったことから、Ａさんのなかで、身体機能か認知機能、あるいは何か別の要因によって、できていた食事のスタイルができなくなってきていることが推察された。

新たな見立て

　ヘルパーチームで情報を共有し要因について話し合った。そのなかで訪問看護師から有力な情報が提供され「妻が行っていた食事の準備を自分が行うことの虚しさ」という心理的要因が可能性として一番高そうだという見立てを行った。今までしていなかった食事の準備という生活習慣を新たに自分でになうことが習慣化したことで、それまでの自分との違いについて葛藤やプライド、自己同一性のズレが生じていると考えたのだ。

修正した新たな支援内容

　精神的支援の焦点を「新たな生活習慣の獲得」に移して継続し、自分でできた行為について承認の言葉をより多くするようにした。そして、配食サービスの昼食を、プラスチックのトレイのまま提供するのではなく、お皿やお茶碗に盛り直して提供することにした。夕食は、お盆にごはん、主菜・副菜・みそ汁を乗せ、そのまま食べることができる準備にあらためることで、食事をとる意欲を引き出す対応を行った。その結果食べ残しがなく、しっかりと摂取されるようになり一定の効果を得ることができた。

　こうした配慮は配食サービス導入当初から行うべきことではあったが、限られた時間のなかで私たちもこのような一手間の工夫をすることができていなかった。ただ、生活のなかでのささいな変化、しかも定性的な情報をキャッチし、おそらく一般の人にとっては一見あたりまえに思えるような、生活に彩りを加えるという支援を行うことによって、本人の生活や生きる意欲を引き出していくことは訪問介護の醍醐味だと考えている。

3　疾患のコントロール

　毎日の観察ポイントをふまえた情報共有と、新しい服薬支援の経過については、最初の1か月で主治医と訪問看護師に情報共有ノートを中心に密に報告を行い、バイタルサインも比較的安定して過ごすことができた。

もちろんふだんと異なる状態のときもあった。ホームヘルパー訪問時にA さんがふだんよりもわずかに赤ら顔であったことや、やや興奮気味であったことから自覚症状などを聞き取りその場で訪問看護師に相談を行い、ホームヘルパー退室後に訪問した看護師により血圧が高い状態であったことが確認された。原因について主治医の意見と訪問看護師の意見、そしてヘルパーチームで意見交換を行ったが特定はできなかった。しかし、話し合いのなかで水分摂取に関する課題がヘルパーチームより提起され、3食に加えて訪問介護・訪問看護がサービス中に水分摂取をうながす支援が追加されることになった。

● **独居生活開始時から約3か月の全体的な成果**

これらの支援を続けることで、妻が不在となった不安や喪失感は残るものの「妻がいなくなってもやっていかなきゃな」といった言葉もあり、事実として受けとめていく心境の変化が少しずつうかがえるようになった。11月には、排泄の失敗等はあるものの、3食の食事の摂取、自力での入浴、服薬などについては安定して行えるようになり、体調の異常も基本的にはみられることなく、妻と同居時にみられていた強いBPSDも大幅に減少し、安定した気持ちと生活を介護を通じて実現するという方向性はいったん達成された。

❸ 支援見直しをめぐる状況

季節が変わり、安定していた生活に変化が訪れた。それは排泄の失敗の増加である。

1月に入り、たまにしかなかった排便の失敗が数日続く状況が生じた。その際、訪問していた3人のホームヘルパーに対して「部屋が汚くてしょ

うがない」「だれが汚したんだ」「早く掃除しろ」など、それまでほとんど聞かれることがなかった強い言葉を投げかけることがあり、Aさんの感情が高ぶる様子が確認されたのだ。

それまでも排便の失敗はたしかにあったが、数日続くことはなく、威圧的な態度を表出されることもほぼなかったため、新たな課題としてケアマネジャーに報告を行い、サービス担当者会議が開催された。そこから新たに訪問介護計画を見直した。その計画と、冬の支援経過とその後の概要が以下である。

1　排便リズムがくずれたこと等の確認

数日続く便失禁については、いずれも1日分の量とは考えられないほどの多量便であった。しかし、食事のほかに貯蔵していた食材を大量に摂取しているといった様子は見受けられなかった。そのため、数日分の便がまとめて出たものと推察し、便秘が数日続いたうえでの排便ではないかと見立てた。

そのころは、トイレでの排便も比較的うまくいっている時期で、2日に1回程度の間隔で排便されていると理解していたため、あらためて排便リズムを確認することとした。訪問介護は当然ながら1日数時間しか提供していない。加えて認知症のAさんの言葉だけでは正確な排便回数や量について情報を得ることができなかった。私たちは環境から排便の有無を確認することにした。つまりトイレの利用状況から排便状況を確認することにしたのだ。便器を徹底的に磨き上げ、便器のわずかな汚れの有無から排便の状況を確認するなどしたのだ。加えて訪問看護師による腹部や排泄状況に関するアセスメントなども共有し、排便リズムについて見立てた。

その結果、排便がない日が1週間程度続くと、その後2・3日にわたり、大量の排便が続くことが確認された。さらに本人のイライラは、排便がない日が4、5日続くと表出することもあわせて確認された。

2 食事内容での工夫

　私たちは排便習慣とともに便秘の要因を見立てていった。暖かい時期は、日中に寝室の置物を移動させたり、タンスの中の服を入れ替えたり、部屋の片づけをしている様子がみられていた。しかし、寒い時期となりその行動の足跡がみえなくなってしまった。Ａさんの自宅はエアコンもこたつも壊れており、ストーブで暖をとっていたのだが、衣服を焦がしてしまった経緯から親族の強い希望で使用しないようになってしまった。暖房器具の修理が思うように進まず、この時期Ａさんは上着を重ね着して、食事と入浴、トイレ以外はほぼ動かない毎日を過ごすようになっていた。

　このような活動量の低下によって、排便がうながされなくなったことが原因の１つと想定された。私たちは限られた時間のなか、少しでもＡさんの活動量を上げようと、片づけのお誘いなどからだを動かすための声かけをしたものの、心理的要因か、活動量の低下による廃用症候群の進行なのかＡさんは動くことができなかった。私たちにできることはまず「日常生活からのアプローチ」である。最初はバナナやヨーグルトなど排便をうながす食材を増やしてみた。しかし効果は限られ、もとの状況に戻ってしまった。

3 環境整備の対応

　食事内容のほかに環境面からも考えることにした。このときの視点は便秘ではなく失禁のほうである。Ａさんは日中、板張りのリビングの床に座布団を敷いて座り、こたつテーブルで日々を過ごしていた。そのためトイレに行くには、床から立ち上がったうえで車いすに移乗する必要があった。以前はできていたこの動作が寒さによる活動量の低下、ADLの低下によってできなくなってきているのではないかと考えた。事実を注視すると、動作が緩慢になってきていることが各ホームヘルパーからも報告されてい

た。つまりトイレへの移動に時間がかかることによる機能性の便失禁の可能性が高いことが考えられた。Ａさん自身も起居動作がつらくなってきていることの自覚はある様子であった。しかし、長年続けてきたこたつテーブルでの生活というあたりまえの習慣を変えることには拒否的であった。Ａさんの排泄の失敗を減らすことはもちろん、環境変化にともなう新しい習慣をＡさんが獲得できるには心身機能の状況から今がギリギリの時期だと私は判断していた。そのため私はこたつテーブルをスタンダードなテーブルといすに変更することをＡさんに提案し、Ａさんと話し合うこととした。また訪問看護師とも情報を共有し、両者でアプローチした。

　説得には2週間がかかったが、最終的にＡさんに了解をいただき、こたつテーブルからスタンダードないすの生活に変更した。環境調整の結果は明らかだった。Ａさんも以前より移動に時間がかからなくなり、排泄の失敗の回数も減少したほか、スムーズに移動できる環境が整ったことでＡさんの活動量全体の増加にもつながった。本人にはみえない潜在的なニーズ、支援の必要性について、ときに本人の価値観や大事にしていることを変えなければならないこともある。そうしたことも強制的ではなく、本人が自律的に決めていけるようにするために、日ごろからの信頼関係の構築、その信頼を得るための実際的なニーズ充足の支援が私たち介護福祉士の機能だと考えている。

● 他職種との連携の取り組み

排便のコントロール

　食事内容の工夫による試行錯誤や排泄に関する生活環境へのアプローチと並行して行ったのは他職種との連携である。主治医、訪問看護師にもＡさんの状況や私たちの取り組み結果等を共有したうえで、それぞれ検討を行った。職種間でいろいろと検討をした結果、医師から頓用の下剤を処方するアプローチも一手加わることになった。

具体的には 3、4 日の便秘が続いた際に、頓用の下剤を使用する流れが確立し、数日にわたる大量の排便やイライラが爆発するような状況はみられなくなった。結果としてこの 3、4 日の便秘＋頓用の下剤のサイクルが継続したため、排便のサイクルが寒くなる以前の状態に戻ることはなかった。

　また、3、4 日の便秘となった場合の便量は多く、毎回ではないにせよ、廊下やトイレ内での便失禁やトイレが汚れることはなくなっておらず、清潔な環境という点で課題は残った。その後も頓用下剤の効果と経過を医療職とつど情報共有をした結果、下剤の使用量の調整を行い、常用での下剤が処方されることとなった。独居の要介護高齢者では薬の変化の経過観察は重要だが、どうしてもリアルタイムで把握することはむずかしい。そうした意味でも生活にもっとも近く、もっとも高い頻度で接している私たち介護福祉士による情報収集と他職種との共有は、在宅生活支援において重要な機能だと理解している。

　そして 3 月に入り常用での下剤が定着したころ、便秘もなくなり、以前の 2 日に 1 回程度の排便間隔に戻った。自分でのトイレ対応も以前のように可能となり、おだやかな生活を取り戻すことができた。

保温の支援

　このころ、排便の課題に加えて訪問看護師とともにヘルパーチームでも課題感が強くなったのが“寒さ”である。暖房器具については修繕や購入についてケアマネジャーが家族と交渉をしていたが、よい返事はなかった。しかし、独居当初から相談をしていた体温計と電子血圧計はようやく購入してもらえることになり、これまで以上にバイタルサイン測定による状態の把握が正確になった。ホームヘルパーは訪問時と退出時に測定し記録することを新たな内容とした。

　また、訪問看護師から温罨法の提案があった。看護師がホットタオルで

ケアプランの総合的な援助の方針

- ・「早くきれいにしてほしい。こんななかで生活してられない」大量の便失禁により、身体や生活環境が汚染され、不快な気持ちで過ごす時間が増えてしまった。
- ・便秘と大量の便失禁のリズムを改善する必要性
- ・汚染や寒さなど不快な環境を緩和して活動量を確保し、廃用症候群を予防する。

冬の体調変化をきっかけとして更新した訪問介護の計画

本人にとっての課題	介護福祉士の 見立て支援の必要性	介護福祉職チームの 具体的支援内容
⑦活動量の低下 寒いうえに暖房器具がなく、からだの動きが悪くなってきた。自分で動くことも億劫になってきている。活動量が減ることでさらに動けなくなっている。	移動環境 トイレまでの移動について、床生活から起居動作を楽にするようないす生活への環境調整が必要である。長年の習慣を変えることへの抵抗感に対してていねいな説明と同意をとっていく必要がある。	起居動作の負担を軽減するために、リビングのこたつをテーブルに変え、新たな起居動作の獲得、移動習慣の定着を支援する。
⑧排泄 寒いなか、トイレまで移動するのが大変になっている。便もなかなか出なくて苦しい状態でイライラする。	食事内容を見直し、排便をうながす食事内容を検討する必要がある。	排便をうながすために食事の工夫と情報共有をチームで行う。日常生活行動の機会を増やすため、整容や掃除などできることをうながす支援を行う。
	排泄リズムの変化について、排泄間隔、排泄がうまくいかない要因の特定が必要である。	大量の便失禁の原因を明らかにするため、便器の観察から利用状況を推察して排便間隔を特定する。
⑨疾患 寒さとからだの動きの悪さ、痛み、不衛生な環境などイライラする状況で血圧の上昇や疾患の再発、転倒など大きなリスクが懸念される。	暖房器具についてはケアマネジャーや家族との相談が必要である。経済面が厳しいため、環境面でできる限りのサポートを行う。医師と連携し服薬支援を確実に行い、異常につながらないようにすることが必要。できるだけ心穏やかに過ごせるよう思いの傾聴と、認知症症状に対する混乱に対して必要な支援を行う必要がある。	医師と支援の取り組みと結果の情報共有を行い、見解を得ながら処方の見直しを検討してもらう。毎日の確実な服薬支援を行う。 看護師と連携しバイタルサインの測定と排便状況、保温や環境整備について情報共有を行う。 ケアマネジャーと現状共有を行い、暖房器具の改善について家族と連絡してもらう。
⑩清潔 排便の失敗があると洋服も家の中もあちこちが汚れてがまんならない。気持ち悪い。不快な気持ちの継続と不衛生な環境による影響が出てくる可能性がある。	身体や衣類、環境の汚染に対して清潔保持と、更衣に加え、清拭や保温を行う必要がある。	汚染の掃除と洗濯、本人の更衣をうながし、清拭や保温により、清潔と寒さへの対策を行う。

実施したところAさんも大変喜んだということであった。これをふまえて毎日の支援内容として実施することとなった。そしてある日、1人のホームヘルパーが自宅で古い金属製の湯たんぽを見つけた。訪問看護師とヘルパーチームで低温やけどに十分留意する使い方を検討し、毎日実施することにした。Aさんを保温する環境を整えることにつながり、なんとか体調が悪化することなく冬を乗り切ることができた。

④ 新たな課題

　さて、冬を乗り越え私たちはAさんの新たな課題に向き合っている。それは食欲の抑制がむずかしくなってきていることである。Aさんはホームヘルパーが帰ったあとすぐに夕食を食べていたり、冷蔵庫や冷凍庫の食材を食べたりしていることが確認されるようになり、朝食を食べたばかりでも、「まだ食べていない」「腹が減った」とくり返し訴える様子がみられるようになった。

　手料理による生活習慣の継続を重視してきたが、夕食を配食サービスに切り替えることも視野に入れなくてはならなくなってきた。しかし、私たちの地域には夕食の配食サービスがない。地域によっては社会資源が限られているところも少なくないのだ。ゆえに直近の対応としては、経済的問題があることを前提としつつ、訪問回数を増やすことも含めてケアマネジャーと検討を重ねているところである。もちろん、食欲の抑制がむずかしいことに対するアセスメントや生活環境のアプローチなど、これまで紹介した支援も並行して進めているところである。

● 地域生活支援の取り組み

　他方で、社会資源の創造も介護福祉士の重要な役割であると考えている。

現在私が中心となり、ほかの訪問介護事業所や地域包括支援センター、訪問診療の医師などにもお声がけし、地域で夕食の配食ニーズがどの程度あるか等について調査しているところである。もし一定のニーズが確認された際には、地域にあるインフォーマルサービスの提供機関に対し、夕食の配食サービスの実施にかかる要請をしたいと動いているところである。制度のなかで働くのが私たちではあるが、制度に縛られない利用者や地域のニーズに応じて制度の枠組みを超えた動きや連携を行っていくことも介護福祉士の役割である。

● 社会参加への期待

　妻が不在になってしまったことによる日常生活の安定、継続が優先的支援になっていたが、同時に私たちはＡさんの社会参加についても並行してアプローチしてきた。私たちヘルパーチームとＡさんの関係性は構築されてきているが、私たちは私たちを通じてＡさんと地域社会がつながり、Ａさんがこの地域社会の大切な１人として他者とつながりをもって生活できることを視野に入れなくてはならない。なぜならそれが人として社会で生きる尊厳につながるからだ。そして、最近その糸口が少しずつ現れてきたところである。

　あるときＡさんとの会話のなかで「床屋」というキーワードが出た瞬間、ふと笑顔が浮かんだのをメイン担当のホームヘルパーＢが見たというのだ。そこで、日々の支援のなかで意図的に「床屋」というキーワードを使った会話を重ねていくと、近所に長らく通っていた床屋があり、そこの主人と意気投合していたという情報をＡさんから得ることができた。さらに会話を掘り下げ、Ａさんから聞き出した断片的な情報を組み合わせてその床屋を探してみたところ、自宅から歩いて10分程度のところに、Ａさんが通っていたと思われる床屋があることを確認した。このことを交えてＡさんと会話を重ねると「行きたい」「床屋で髪の毛を切るんだ」と外出に

意欲的な言葉が聞かれるようになった。

　現在、Aさんが床屋に行くことについて、金銭管理の依頼元と相談をしているところである。外出をすることをきっかけに、新たな地域社会とのつながりや長らく行けていない病院での本格的な検査なども視野に入れている。「一度きちんと病院で全身診てもらえると本人に必要なケアもはっきりしてくるんだけどね」という言葉は、高齢者の在宅生活支援にかかわる者ならだれもが聞いたことがあるセリフだ。私たちの事業所も連携する他職種事業所でも、Aさんのこれからの生活をより密度高く支えていくうえでも、さまざまな面から本人を知り、本人に寄り添い、Aさんが望む生活についてできる支援を少しずつ進めていきたいと考えている。

❺ 最後に

　訪問介護は利用者が生活する24時間のうちの一部に過ぎない。ゆえに断片的に散りばめられている利用者の生活状況を、本人はもちろん、とくに自宅環境のささいな変化などから見立て、利用者のニーズをとらえながら実践を行うという特徴がある。

　Aさんのような認知症がありながらも独居生活を営む利用者はめずらしくなく、むしろ増えてきている。そして、こうした方々を支援していくうえで、私たち介護福祉士の実践と他職種との連携は必要不可欠だと実感している。Aさんのように医療依存度がそこまで高くなくても、多職種の専門性をもち寄り、それぞれの専門性をもって利用者本人が望む生活を実現していく在宅チームが求められている。私たち介護福祉士は、より多くの時間を本人と接することができ、多職種チームがより具体的な支援を進めていくための大切な情報源であり、役割であると自負している。今後も、私たちの役割と専門性を自覚して多職種チームで実践していきたい。

最後に、Ａさんとたくさんの時間を過ごしたなかで私が考えているＡさんの１番のニーズは「妻に会いたい」ではないかと思う。彼の言葉の端々、表情、仕草、視線、そして何よりも自宅の写真や家具、調理用具などあちらこちらから感じられる夫婦で過ごしてきた生活の軌跡にふれるたびに、私はＡさんからそう訴えられている気がしてならない。今目の前にある顕在化したニーズに対応することはもちろん、本人が抱く本当に大切なその人らしい想いにそった支援を、介護福祉士としてかなえたいと考えている。

生命の危機と生活の支障が生じている
未認定利用者に対する
在宅の初期の集中的支援

● 事例の全体像

時期	退院から半月、初回アセスメントまで
本人を取り巻く環境	大腸の良性腫瘍の手術から退院半月。それまでの自立していた生活から一転、日常生活全般に支援が必要な状態になる。同居の長男はEさんの現状と支援の必要性を十分認識できていない状態。入院前と比べて体重が約30kg減少。要介護認定未申請。早期介入の必要性が認められる。
日常生活	食事は退院後ほとんどとれておらず、海苔巻き<ruby>海苔巻き<rt>のりまき</rt></ruby>などを口に入れている程度。栄養不足、軽度の脱水が疑われ、心身ともに活力がない状態。室内ははって移動し、トイレ以外は居室の布団に寝ている状態。
家族（長男）	長男と二人暮らし。長男は平日は仕事で帰宅は遅く週末は不在なことが多い。それまでEさんとは互いに干渉せず自立した生活を<ruby>謳歌<rt>おうか</rt></ruby>していたため、Eさんの現状について日常生活全般に支援が必要なことを認識できていない。Eさんの老いに向き合いたくない気持ちも推察される。
活動性、社会性	ほぼ布団で寝ている。元来社交的で活動的な生活歴であり、親戚や友人と旅行やカラオケに出かけていた。体重激減によるボディイメージの低下と活力の低下によって内向的になっている。

この事例にみられる介護福祉士の実践力

- ☑ チームマネジメント
- ☑ 医療介護連携
- ☐ 認知症ケア
- ☑ 地域生活支援
- ☑ 介護過程

探索的に介入した初期集中支援時期	支援開始から約2か月 要介護認定が出るまで
要介護認定申請中は暫定プランのもと、地域包括支援センターのケアマネジャーが一時的に担当となり、訪問診療、訪問介護、訪問看護、福祉用具、長男が支援チームとなる。必要な支援によって日常生活のなかで本人が力を発揮するための環境が徐々にととのい、しだいに活力が出てくる。	訪問介護、訪問看護の支援と、長男の協力により、日常生活が徐々にととのってくる。体重は支援開始から約1か月で33kgにまで増加。自宅内の活動が拡大したことにより声に力が入るようになり、全体的な活力が改善していった。
1日3食をホームヘルパーと長男で準備するようになり、適切な食事量を摂取できるようになる。入浴、排泄の支援や自宅内での移動環境もととのい、日中独居であっても、生活行為が少しずつできるようになってくる。	食事、排泄、清潔（入浴、口腔ケア）、室内での移動などが改善し、支援開始当初と比べて、日常生活の基盤がととのうこととなった。
働きながらも、専門職らとノートやメールを通じてEさんの情報共有ができるような環境が整う。当初はEさんに自立的姿勢を求めていたが、徐々にEさんの状態を受け入れ、できる範囲で必要な日常生活支援を担うようになっていく。	仕事とプライベートの忙しさは変わっていないが、自宅にいるわずかな時間で、Eさんの食事の準備や服薬、排泄状況の確認など、できる面での協力が定着してきた。ノートやメールを通じて、支援チームとの情報共有も進み、Eさんの生活をできる範囲で支えようという姿勢が現れてきた。
歯科通院時の買い物など、自宅以外で社会とつながる機会を得ることで、本来もっていた外交的な人柄が現れてくる。また、生活支援を受けるなかで、自己選択の機会をもち、主体性を少しずつ取り戻していくようになる。居室の手すり設置により、活動の幅が徐々に広がる。	少しずつ自宅内での活動性が増したこと、外出機会があったこと、ホームヘルパーらによる自己選択の機会の提供により主体性を取り戻している様子がみえる。生活歴の会話から、外出など社会生活を取り戻したいという欲求が現れはじめている。

時期	退院から半月、初回アセスメントまで
訪問介護 （ホーム ヘルパー）	要介護認定が出ておらず、その間地域包括支援センターのケアマネジャーが担当していたが、情報がほとんどない状態。このため、Eさんと接触機会が一番多いホームヘルパーがアセスメントと必要な支援の実施、他職種・家族との連携の中核をになう。ヘルパーチームは筆者に2名加えての3名体制。
訪問看護	インテークから医療職による健康管理の必要性が認められ、週1回の訪問支援に入る。訪問介護とともにEさんのアセスメントや得られたニーズに対して医師との連携をにない、家族、訪問介護、ケアマネジャーを仲介。日常生活支援と健康管理全般の支援を行う。

● 支援チーム体制

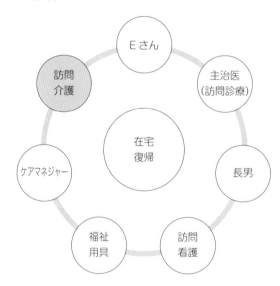

探索的に介入した初期集中支援時期	支援開始から約2か月 要介護認定が出るまで
週2回の入浴支援、食事の準備、服薬確認を中心に、本人の心身の状態をアセスメント。記録とチーム内カンファレンスを通じてニーズの抽出を行い、長男や他職種へ共有を行い、必要な支援を行う。とくに長男との情報共有を通じて信頼関係を構築。必要な支援をになってもらうよう巻き込みに注力した。	日常生活全般を安定させること、必要なニーズを他職種と共有することに注力した2か月。要介護認定結果が出たあとのことを鑑み、本人の社会生活への意欲をキャッチしたことから、外出機会につながる動機づけの支援を始める。
本人、長男ともに服薬管理ができておらず、医師・訪問介護と連携し、毎日の服薬が確実に行われるよう全体的な服薬管理をになう。また、便秘傾向に対する対応、疾患の異常に関する徴候がないか観察、全身の健康管理について支援をになう。	生命の危機、日常生活に支障がある状況から、全身の健康状態がいったん安定するところまで改善。週1回の訪問のなかで引き続き健康状態の管理や異常の早期発見、医療介護連携の要としてかかわる。

● Eさんの担当ヘルパーチーム

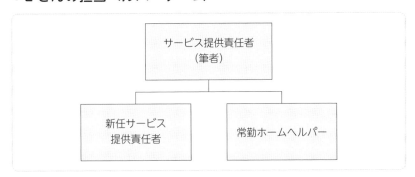

① 支援開始時の状況

〈事例基本情報〉

Eさん・女性・80代・要介護認定未申請状態・認定申請し暫定で支援開始。2か月後要介護2

持ち家（アパート）・長男と二人暮らし

認知症高齢者自立度：Ⅱa　　障害高齢者自立度：A2

診断名・障害名等：変形性膝関節症、骨粗鬆症、高血圧症、大腸の良性腫瘍（術後退院半月）

内服薬（回数）：エハデカルシート、バセドキシフィシン、バルサルタン、トビナース：支援開始時（息子が自己調整し各朝夕）→介入後（各朝1回）

利用中のサービス：訪問介護、訪問診療、訪問看護、福祉用具貸与

移動：室内伝い歩き。外出時は車いす（地域包括支援センターのもの）

排泄：紙パンツ着用、トイレ利用

食事：1日に海苔巻き3個ほどだった。

清潔：退院後1度娘が入浴させたがその後約1か月入浴していない。

服薬：退院後息子が薬の管理をしていたが残薬多量、家族による自己中断薬あり。

コミュニケーション：日常会話、声が小さく聞こえづらい。

認知機能：判断力低下、抑うつ状態

その他：

・息子は母親が自分のことを自分でできていると思っていたため、実態を把握し「そんなこともできなくなっているんですか」と愕然としていた。

・食欲減退により体重が減少しボディイメージの低下により意欲低下。

・元来社交的で、入院前は親戚や友人と旅行やカラオケなどを楽しんでいた。

1　基本情報

　Eさんは資産家の夫と見合いで結婚。夫の他界後も遺されたアパートのオーナーをしており、経済的には比較的余裕をもって暮らしていた。2人の子どものうち長女は他県へ嫁ぎ、長男と2人きりで長年暮らしていた。Eさんは旅行やカラオケが好きで、友人や親戚らと頻繁に出かけ、充実した日々を過ごしていた。同居する長男は独身で平日は早朝から遅くまで働いており、休みの日は趣味の登山へ出かけてほぼ不在。親子は同居しながらも、互いに干渉もせずそれぞれが自分の暮らしを謳歌していた。

　コロナ禍に入り転機が訪れた。ある日長男はEさんの体温がずっと37度台で微熱が続いていたことに気づいた。通院すると血便が出ていたことを知り、検査の結果初期の大腸の腫瘍であることがわかった。幸いなこと

に良性だったため、Eさんは手術で腫瘍を取り除き自宅へ退院した。

　私が勤めている訪問介護事業所には地域包括支援センターが併設されている。その地域包括支援センターに長男が飛び込みで相談へ来たのはEさんの退院から約半月経ったころだった。「大腸のポリープを取って退院してから、風呂に入っていないみたいなんです。私は忙しくてかまっていられないので。とりあえず臭いので風呂に入れてほしい」というのが主訴だった。相談を受けた地域包括支援センターのケアマネジャーによると、長男からの本人情報があいまいで、同居している割に母親のことをほとんど把握していない様子だったという。こうして、ケアマネジャーと私はインテークのためにEさん宅を訪問することにした。

　お会いしたEさんは、長男から断片的に聞いていた情報とはかけ離れた状態だった。第一印象として驚いたのは、骨の形がわかるほどにからだがやせていたことだった。聞けば入院前の体重は60kgほどあったという。私は起居動作能力を見ることも目的にその場で体重計に乗っていただいた。そして衣類を着た状態で30.1kgという数値に 驚 愕した。大腸の腫瘍と聞いていた情報も大腸がんだったことをこのときに知るなど、情報に不正確さがあることがみえてきた。本人は質問への回答があいまいなことが多かった。まったく覇気がないEさんに対して気が立ってきた様子の長男は、まくし立てるように話し、本人からの情報は十分に聴取できる状況ではなかった。また、長男は予定があったためそのときはほとんど情報収集ができないまま退出、後日サービス担当者会議を開催することとなった。

　これがEさんと私たちが出会うまでの経緯である。地域包括支援センターの職員とも確認しているが、本事例はネグレクトなどではないと考えられる。これまでEさん、長男ともに、お互い自立した生活を送っており、よくも悪くも相手がどのように生活しているか知らないなかで自由に生きてきたのである。しかし、入院・手術がEさんの身体・精神機能に大きなダメージを与え、セルフケア能力がいちじるしく低下する事態となった。

ところが、これまで長男は健康管理という家族機能を十分に果たすことなく過ごしてきていた。本人も「大丈夫」と言っていたため、支援の必要性を認識できずにきてしまったのだ。在宅生活を支える私たち専門職は、こうした事例に出会うことはめずらしくない。むしろ半月ほどで長男が地域包括支援センターに相談へ来たぶん、早期介入をする機会を得られた事例ともいえる。

　本事例は家族の健康管理機能が低く、本人のセルフケア能力がいちじるしく低下している状況下で、本人に生命の危機と生活の支障が生じているところからスタートする。訪問介護にたずさわる介護福祉士として、アセスメントと介護実践、他職種連携を同時並行的に進め、Eさんの生活が安定するまでの約2か月の初期支援に関する事例である。

2　支援体制

●訪問介護事業とサービス提供責任者

　ここで、私が勤務する訪問介護事業所についてふれておきたい。私は訪問介護事業所に勤務する介護福祉士で、人員配置基準に定められている「サービス提供責任者」である。訪問介護事業は、介護保険制度のなかで資格要件が求められる数少ない事業である。たとえばデイサービスや特別養護老人ホームなどでは現在のところ無資格未経験でも働くことができる。しかし、訪問介護員（ホームヘルパー）は「介護職員初任者研修（旧訪問介護員（ホームヘルパー）2級）修了」といった資格が求められる。そしてサービス提供責任者はより上級の「介護福祉士」や「介護福祉士実務者研修修了」資格が求められている。介護関係職種のなかではある意味唯一の業務独占ともいえる職種なのである。サービス提供責任者はホームヘルパーのリーダー的位置づけであり、ホームヘルパーの業務管理・調整、教育などをになっている。訪問介護計画を立案し、みずからも現場に出て介護サービスを実施。本人・家族、他職種とヘルパーチームをつなぐ

さまざまな業務をになっている。

　弊社の組織体制は管理者とサービス提供責任者4名、ホームヘルパーは15名勤務している。ケアマネジャーから依頼があると、利用者のニーズ、疾患、地域、訪問を希望する曜日や時間、ホームヘルパー個々の力量などから、適性が高い数名をヘルパーチームとして構成し対応する体制をとっている。

　Eさんに対してはサービス提供責任者の私と新任のサービス提供責任者、新卒3年目の常勤ホームヘルパーの3名体制とした。Eさんのようにととのった情報がないなか、探索的にサービスを組み立てて支援を進めるケースを経験してもらい、在宅の複雑なケースをになえる職員教育を目的としての編成である。

● Eさんの支援チーム体制

　Eさんは要介護認定が未申請だったため、そこからのスタートとなった。ただ、一刻も早い支援の必要性があるため、暫定ケアプランのもと、Eさんの生活を支える支援チームをつくる必要があった。入院前に定期的に高血圧症の治療をしていたクリニックの医師は、訪問診療も行っていたため主治医としてかかわっていただき、訪問看護も支援チームに組み込まれることになった。ここまでの連携体制づくりをケアマネジャーと相談しながら進めた。

　ただ、この時期はコロナ禍で感染者数が急拡大していた時期ということ、Eさんの入退院があった時期に有休を使い果たしてしまった長男となかなか連絡がとれなかったことなど、思うように支援体制構築が進められずにいた。長男は手術をした病院からの情報も一切もっておらず、探索的に情報収集を進めるというケースだった。なんとか契約とサービス担当者会議を実施したが、対面での会議はごく短時間でしか行えなかった。

　地域包括支援センターのケアマネジャーが一時的にケアマネジメントを

になっていたが、Eさんはおそらく要介護認定が出る状態と考えられた。しかし、要介護認定が出ていない状況下では、担当の居宅ケアマネジャーが確定しないまま支援が進められることも多い。加えてコロナ禍により認定調査も遅れていた。つまり、本来ならば担当ケアマネジャーや認定調査によって一定程度進められるべきアセスメントやニーズの顕在化が十分とはいかないなかで、Eさんの支援はスタートしたのだ。必要なサービスを実施するため、もっとも頻繁に本人宅へ訪問する私たちサービス提供責任者やホームヘルパーがサービスを実施しながらニーズを抽出し、他職種と連携する役割をになうという進め方だった。

ケアプランの総合的な援助の方針

体調を整え、生活に張り合いをもてるように支援していく。

当初の介護計画

本人にとっての課題	介護福祉士の 見立て・支援の必要性	介護福祉職チームの 具体的支援内容
①食事 入退院を経て、体重が約30kg減少した。 それまで自分でできていた食事の準備ができなくなっており、同居長男はそのことに気づいておらず、本人も適切に伝えられていなかった。このため、食事や水分を十分に摂取できていない状態が続き、身体機能や活力の低下につながっていた。また、適切なセルフケア能力が低下しており、口腔状態も不衛生で、義歯も合っていなかった。	食事に必要な運動機能は残っていたが、食事の準備に支援が必要である。訪問介護で提供できるサービスでは限界があるため、同居長男にも3食の準備、食事摂取状況の確認など、協力してもらうことが必要である。栄養状態の改善が必要であり、配食サービスなどバランスと量が整った食事提供方法を検討する必要がある。 口腔状態の改善をはかるため、歯科通院の必要性がある。	自宅の冷蔵庫を確認し、本人の意向を聞きながらそれまでの食生活・習慣に合った食事の提供を行う。低下した現在の身体機能に加え、咀嚼嚥下状態を確認し、食形態や栄養価を考えた食事提供を行った。 長男に現在のEさんの食事摂取状況や身体状態を伝え、3食の提供について協力を依頼し、摂取量の記録・共有をお願いした。配食サービスの選択肢を本人、長男に伝え、前向きに検討していくこととなった。市販の栄養ドリンクについて本人の嗜好を確認し、訪問看護師経由で医師より栄養剤の処方につなげた。歯科医院通院を行い、口腔内のクリーニング、義歯の調整を行ってもらった。

②服薬管理
入院前はEさん自身で薬の管理をしていたが、残薬が多く、適切な管理ができていない様子だった。退院後は長男がピルケースへ仕分けるなど一部管理をしてくれていたが、保管方法は適切ではなく、また一部の薬は長男による自己中断があった。

→

適切な服薬管理を習慣化する必要がある。長男の協力をねぎらいつつ、適切な管理方法の提案を行い、合意と継続的な協力を得る必要がある。
服薬状況について、訪問看護師、医師と連携し、Eさんの服薬状況や心身の状態について報告し、支援チーム全体でEさんの服薬支援を行う必要がある。

→

服薬管理に対する長男の労をねぎらいつつ、一包化や服薬カレンダーによる管理方法を提案。これまでのやり方の変更と変更後の協力について合意を得る。訪問看護師経由で、医師が一包化で処方してくれることになった。服薬カレンダーへのセットを訪問看護師が行い、服薬確認はホームヘルパーと長男で分担して行うことになった。

③家族指導
Eさんは長男と長年二人暮らし。互いに自立した日常生活・社会生活を送っており、同居はしているが、互いに干渉せずにそれぞれの生活を送っていた。そのため、退院後Eさんの生活に一部支援の必要性が発生していたが、長男はそれを認識できておらず、Eさんの日常生活に支障が生じ、生命の危険も生じようとしていた。相談に来た当初の長男はその事実を認識していなかった。

→

Eさんと長男のそれまでの生活スタイルを尊重しつつ、長男に対してEさんの現状について正しい認識と適切な支援の必要性を自覚してもらえるようなはたらきかけを行う必要がある。長男への支援を通じて、Eさんに必要な日常生活支援に長男の協力を得られるよう、長男への負荷を考慮しながら支援チームの一員として共同していく必要がある。

→

長男に対して、Eさんへの小さなかかわりや支援についても、感謝とねぎらいを伝えるよう、ヘルパーチーム、他職種に対して共有した。長男を含む支援チーム全員でEさんに関する記録、情報共有を行うための共有ノートを自宅に設置し、チーム全体でEさんを支えていること、また長男のかかわりにメッセージを残せるしくみをつくった。
仕事とプライベートで連絡がとりづらい長男に対して、メールでの連絡ができるような体制を整えた。

④排便
食事の量がいちじるしく低下していたことに加え、食物を十分にとれない状況が続いたことで排泄機能の低下が考えられ、排便ができず、便秘傾向である可能性がある。

→

他職種やヘルパーチームの情報、自宅の生活環境から、排便が十分にできていないことが推測された。食事の支援と同時に、定期的な排泄ができるよう、適切な排便コントロールができるよう支援する必要がある。
また、本人のできる力を活用してより正確な排便状況を把握する必要がある。

→

Eさんに排便があった際に○をつけて自分で排便の管理ができるよう、カレンダーやペンの設置、本人への指導を行い、排便状況の情報収集が行えるように支援した。また、長男に対しても在宅時はEさんの排便状況を確認してもらい、適宜記録をつけてもらうようにした。記録に加えて、自宅環境や他職種情報をあわせて排便の状況を把握し、医療職へ必要な情報を提供する体制を整えた。

⑤自宅内の活動性	長年の布団生活習慣を尊重しつつ、自宅内での活動性を向上させ、廃用症候群を予防する必要がある。	Eさんの起居動作能力、転倒リスクをヘルパーチーム内で評価した。現在の本人の能力や動線を鑑みて、居室内に手すりを設置することによる生活の幅の拡大が見込めると判断。Eさん、長男への相談、意向を聴取し、ケアマネジャーに連絡。据え置き型の手すりを居室内に設置したことで、居室でスムーズに立ち上がることができるようになり、自宅内で立位移動がしやすくなり、生活の幅が広がることになった。
全身の活力や身体機能の低下により、室内での活動性が低下していた。日中布団で寝ていることが多く、移動時は床からはって移動し、台所でシンクにつかまりながらようやく立ち上がっているという状況であった。	入浴支援や訪問時に観察できるEさんの身体機能や転倒リスクを評価し、適切な環境整備ができれば、自宅内での活動性を向上させられる可能性がある。	
⑥本人らしい生活の幅	元来社交的で、活動的な生活歴から、本人らしい生活を取り戻していく必要がある。生活環境を整えることによる心身機能の改善をはかるとともに、社会性や活動性を取り戻していけるようなかかわり、支援が必要である。	買い物へ行くことを提案し、自己選択による金銭管理の機会をつくった。また、入浴支援や食事支援では原則本人に衣類や食事内容の選択をしてもらうことで、生活のなかでの主体性を取り戻していただくはたらきかけを行った。要介護認定の結果を想定しながら、外出支援やデイサービスの利用など、社会性や活動性の向上につながるような動機づけをヘルパーチームで行っていった。
退院後、ボディイメージの低下が強く、また心身機能の低下によって社会への関心や活動意欲の低下がみられた。		

❷ 支援開始時のアセスメント

　このように、Eさんを取り巻く状況は切迫感がありながらも、情報不足、家族機能不足、コロナ禍によるさまざまな制限があった。そこでまとまったアセスメント時間が必要と考えた私は、訪問看護師に直接連絡をとり、いっしょにEさんをアセスメントすることを提案した。快諾した看護師といっしょに感染症対策をしてEさんを訪問した。

　30分程度だったがそれでも集中してEさんの生活状況をアセスメントできたことは大きかった。訪問看護師と話し合い、Eさんにとって優先す

べき支援は大きく3つだと見立てた。

● 食事

1つ目は「食事」に対する支援である。退院後に激減した体重だったが、実は退院後ほとんど食事を食べていなかったことがわかった。これは先述したように、それまで食事は準備を含めて自立していたため、長男も自分で食べていると思い込んでいたのだった。本人は「飲み込みにくいの」とか細い声で話した。また、口腔状態もかなり不衛生で義歯もあっていない状態であった。

● 服薬管理

2つ目は服薬管理であった。退院後、薬は長男が管理していたがその管理が不十分であった。長男は1週間分の薬を包装シートから出して、小分けされたピルケースに入れていたのだが、本人がそれを服薬できていなかった。そして湿気が強い時期だったのでケース内の薬は最適な保管状態とはいえなかった。また、薬袋を調べると残薬がたくさん出てきたため入院前から薬の管理ができていないことがわかった。きわめつけは降圧剤を長男判断で中止していことだ。後の確認で判明したが、長男自身も高血圧であり、その自分と比べてEさんの血圧はやや低いため（それでも正常値以上）、薬で血圧が下がりすぎると危険ということを知人から聞いての対応ということだった。

● 長男の協力

3つ目は、その他の日常生活支援を含めて、Eさんの状態を長男に正しく理解してもらい、必要な協力を求めるための家族支援であった。自宅環境やEさんの言葉から、長男は忙しいながらも、端々にEさんを気にして支援している様子がうかがえた。ただその方法と現状認識が最適ではな

かったのである。

　訪問看護師には身体状態や薬に関することを主治医に相談、必要な対応を行ってもらうこと。私たちは食生活支援、歯科通院、家族の理解をうながすかかわりをになうことを合意した。また、介護、看護、長男で連携するための連絡ノートを自宅に設置し、ノートを介して情報を共有することを確認した。長男とはノートと別に訪問介護事業所のメールでもやりとりをすることを提案すると「そのほうが助かります」との返事。働く長男にとって円滑な連絡体制を整えた。

❸ 崩壊している生活を整える最初の1か月

1　生命にかかわる食事支援

　暫定プランのもと、訪問介護は週2回1時間の訪問となり、入浴支援がメインだったが、上記アセスメント情報をもとに、食事の準備の必要性をケアマネジャーに伝え、時間内での実施をプランに盛り込んでもらった。Eさんはもともと近所のコンビニで好きなもの（おにぎりやホットドック等）を購入し、レンジで温めて食べるというやや偏った食生活だった。まずは冷蔵庫を確認し、本人の意向を聞きながら食生活を確認した。冷凍食品の炒飯を温め提供すると「歯が痛くて噛（か）みにくい」と歯の痛みあり。次の訪問にて長男に買い物代行の了承を得てプリン、ヨーグルト、バナナなど栄養価、食形態を考慮して購入。Eさんの状況を長男にも伝え、食事の配膳をすることで、食事がEさんの手の取れる位置に置いてあるという環境にした。食事摂取量を連絡ノートに記載し長男・訪問看護師と情報共有を行った。

● 栄養ドリンクの活用

　また、ヘルパーチームで初回訪問2週間目に話し合いを行い、メーカー試供品の市販の栄養ドリンクを試してもらう案がでた。ヘルパーが訪問して飲んでいただいたところ「おいしい」と好評だったため、訪問看護師に情報提供の連絡をした。主治医より栄養剤が処方され、配膳が長男とホームヘルパーの役割となった。

● 歯科診療

　さらに、休みのとれない長男に代わりEさんの歯科通院に通院介助を行った。かかりつけの歯科医師に連絡し、入院や手術、体重減少等の情報提供をすると、急いで予約をとってくれた。通院移動用の車いすは地域包括支援センターのものを私が手配した。義歯の調整、歯のクリーニングを実施。「食べ物がおいしく感じます」と変化が生じ、食欲も増進することになった。また「久しぶりに外に出て気持ちがいい」とリラックス効果もあった。1か月ほどすると、体重も33kgほどまで増え、声量も上がり、活力が感じられるようになってきた。お弁当を食べられるようになってきたことを機に、本人、長男に配食サービスを提案。栄養バランスのさらなる向上をめざすことになった。

2　訪問看護と連携した健康管理の改善

● 薬の一包化と服薬カレンダー

　長男が行ってきた服薬管理をねぎらいつつ、薬の一包化と服薬カレンダーでの管理を提案した。一包化自体を知らなかった長男は「ケースに入れなくていいなら楽です」と合意。訪問看護師に連絡し提案。主治医から一包化の指示が出た。1週間分の服薬カレンダーのセットは訪問看護が行い、服薬した袋をカレンダーに残すことで服薬状況を管理することとした。

●排便管理

　また、食事量の増加とともに、排便も増えていると考えられたが、「出ていないかもしれない」と排泄状況について本人の回答はあいまいであった。訪問看護と連絡をとり合うなかで、新任サービス提供責任者から「入浴で着替えるときの紙パンツは毎回汚れておらず、水分摂取量もいつも少量を口にするだけで皮膚もカサカサしている。下腹部がぽっこり出ているので便秘傾向なのでは」との発言があった。訪問看護師も「便がたまっている」と見解を示した。食生活がとぼしくなった期間に排便の機能低下が考えられた。長男にも排泄状況の確認をすると「そこまでわからない」との回答、これらの情報を訪問看護と共有、主治医より下剤の処方となった。

　加えて本人の能力を評価し、ホームヘルパー提案で本人に排泄記録をつけてもらうことにした。トイレのカレンダーに排便の○をつけるよう、ペンをぶら下げた。排便があったら○をつけてもらうことを訪問のたびにお伝えした。こうした支援を行い、Eさんは定期的に排便があることがカレンダーや本人の状況から確認されるようになった。

3　働く長男の理解をうながす地道なかかわり

　長男は電話がなかなか通じず、基本的には共有ノートやメールでのやりとりが中心だった。2か月のあいだに私も直接お会いできたのは初期の2回だけだった。

　Eさんの支援では、長男の理解をうながし、介護や看護・医療では支えきれない時間にいかに長男の協力を得られるかが鍵だった。母親の急変を長男はなかなか受けとめきれず、見て見ぬ振りではなく、何をすればよいかわからなかったと考えられた。ヘルパーチームでは、それぞれが共有ノートやメールでやりとりする際、必ず長男の協力に感謝し、Eさんを支えてくれていることに対して言葉を添えるように決めていた。長男からは「お袋はそんなこともできなくなっちゃってたんですね」「今日は全部ごはん

を食べられていたようです」「なんだか1人で面倒見てるんじゃないって思えるようになりました」というメッセージが返ってくるようになり、少しずつ母親の状態と介護に向き合っていこうとしている変化がみられるようになった。

このような長男へのかかわりや変化については訪問看護師や主治医にも共有し、共有ノートには長男をねぎらう一言がいつも添えられるようになった。

④ 安定した生活から社会生活へ

1　生命の維持から生活の広がりへ

覇気も活力もなく、やせ細っていたEさんだったが、サービス初期の集中的なかかわり、家族・他職種での連携によって少しずつではあるが身体の状態は改善していった。この間、限られた1時間の訪問についてヘルパーチームでは、Eさんの言葉や様子を共有し、今後要介護認定が出たときを想定して、どのような方向性で支援していくべきかを話し合った。そして、「自宅内で活動性を広げること」「本人らしい生活の幅を広げていくこと」の2つが大事なのではないかと考えた。

● 自宅内で活動性を広げること

Eさんの居室は和式で、敷かれた布団の上で基本的に生活していた。訪問時の入浴や食事は介助にて移動を支援していたが、ふだんははって台所まで移動してシンクにつかまって立ち上がっている状態だった。身体状態の改善傾向を機に、ヘルパーチームで起居動作能力、転倒リスクをチームで評価。置き型の手すりの設置を提案した。ケアマネジャー手配で設置さ

れた手すりにつかまることで、Eさんは居室で立ち上がることができるようになり、室内移動の幅が広がることになった。これは入浴支援などから見立てたEさんの残存能力を評価したうえでの支援であり、ベッドなどにまだ頼らないでできる生活習慣の継続をめざしたものだった。

● 本人らしい生活の幅を広げていくこと

Eさんは入浴支援に入った当初から「こんな（やせ細った）からだになっちゃって」とボディイメージの低下を強く恥じて、自信を喪失したような発言が多かった。ふくよかだったころ買いそろえたお気に入りの服もすべて買い換えなければならなかった。ピンク色の服がお気に入りで、いっしょに服を選ぶときも「それ、娘が買ってくれたの」とオシャレで元来社交的な人柄がみてとれた。コロナ禍で外へも行けず、長男は不在がち。食事がとれず活力が落ち、閉め切ったカーテンの部屋で1人きりの生活が続いていたEさん。友人や親戚と旅行やカラオケへ行っていたころを懐かしむ言葉から、こうした気持ちを具現化していくための目標設定が必要だと考えた。

歯科通院帰り、行きつけのコンビニに買い物へ行くことを提案した。目を輝かせホットドッグや唐揚げなど、現在の細身からは意外すぎるものをチョイスしていた。このことをチームでふり返り、今後は買い物代行ではなく、買い物同行にサービス内容を変更し、生活の幅を広げていくこと、Eさん自身が日常生活のなかで自己選択・自己決定を重ね、主体性を取り戻していく必要があると話し合った。ヘルパーチームは認定後を見すえて、訪問時「外へのお買い物」「ご友人ができてカラオケ、お出かけが楽しめるデイサービス」などについてEさんに伝え、少しずつ動機づけをしていくこととした。「いいですね」「行ってみたいわ」という前向きな発言は、出会った当初のEさんからすると大きな変化だった。

こうしたEさんのニーズや私たちのかかわりに対する反応については、

長男やケアマネジャーらとも共有し、要介護認定後のEさんらしい自立した生活を支援チーム全体で共有していった。

❺ 最後に

　契約から約2か月したころ、Eさんは要介護2の判定が出た。まだまだ入院前の状態と比べると心身機能の状態は良好とはいいがたい。ただ、限られたリソースで制約も多い環境であったが、サービス提供責任者としてホームヘルパーとして、他職種と連携しながら、Eさんの生活を一定水準まで生活をととのえることができたと考えている。

　訪問介護を取り巻く環境は「だれでもできる仕事」だと過小評価される厳しいものがある。しかし、私は在宅で生活する要介護者や障害のある方が自分らしく自立した日常生活を過ごすうえで訪問介護はなくてはならないものだと強く思っている。訪問介護は利用者の複雑化する生活課題に向き合い、生活を整える仕事なのである。

　だれでもできる仕事ではなく介護の「専門職」として訪問介護が認識されるよう、これからも訪問介護を提供し私たちの仕事を少しでも多くの方に知っていただきたい。

事例 3 小規模多機能型居宅介護

本人の意思を尊重した本人らしい
最期を迎えるための支援

● 事例の全体像

時期	看取り開始時期	
本人を取り巻く状況	退院後、飲食の経口摂取量が大幅に減る。ADL も全体的に低下し移動は車いすが必要な状態となる。自宅では室内歩行がギリギリ可能だったが、生活全般に支援が必要な状態となる。病院からの看護サマリーや検査データからも予後は厳しいと多職種チームで見立てられた。本人も心身のおとろえを自覚しており「もう年やからそんなに長くない」「みなさんにご迷惑をかけられん」という発言が聞かれた。低下した心身機能と今後について、本人自身の受けとめを確認し、チームでどのように支援していくことが必要か方向性を定める必要があった。	
家族（姪）	痛みや苦しさがひどくないようであれば、本人の意向にそいたい。しかし仕事もあり頻繁に訪問したり介護できるわけではないという不安をかかえていた。唯一の肉親としてすべての判断や責任が自分にかかってくることがしんどいこと、もう少し近くに住んで様子をこまめに見てあげられたらと常々思っているのに仕事もあり、それができない苦悩を話す。	
訪問看護	退院後の状態と情報から残された時間が長くないことを確認。本人の希望にそうため、訪問回数を増やしたり、必要な健康管理・緊急時の対応、相談連絡体制を整える。とくに、筆者とは看取りや本人主体における価値観を共有し、目標を強く共有。家族や介護職に対して具体的な援助内容や精神的支援を実施。チーム全体が目標に向かって進むためのこころの拠り所としての役割をになう。	

☑ チームマネジメント　　☑ 医療介護連携
☑ 認知症ケア　　　　　　☑ 地域生活支援
☑ 介護過程

看取りまでの支援の実際（期間6か月）	看取り最後の1か月
サービス担当者会議を開催し「やっぱり最期は家がいいと思います」という本人の意思が確認された。家族も「本人の望むように」と同意しつつ、もしもの際の不安をかかえていた。こうした本人家族の意向をふまえ、自宅での看取りを最大限支援していく方向性で合意形成が行われた。また、大きな状態変化があれば、自宅だけにこだわらず、そのつど本人にとってよい方法を検討していくことも確認した。	最後の1か月はほぼ寝たきりの状態となった。苦痛や大きな悪化はなく、自然な状態で看取り期の経過をたどった。「こんなに人に迷惑かけてまではいやや〜」との発言もありつつ「お世話になっていつもおおきに」「しんどいけどまぁぼちぼちやってます」「最期は家がいい」と希望は継続した。家族、近隣住民らに囲まれて旅立たれる。
自宅での看取りを決め、半月に1回のペースで訪問。食べやすいプリンなどを買ってきたり、話し相手になる。「いつも自分よりまわりを気づかう。今日も、あんた仕事帰りやろ、すまんなあと言われた」と本人とのかかわりや心情を職員に吐露。定期的に事業所から電話などで様子を報告し、家族の不安感と負担の軽減をはかった。また、最期に向けたこころ構えや連絡体制を確認した。	亡くなる前日から泊まり込み、最期の瞬間に立ち会うことができた。「死ぬときはだれにも迷惑かけんとぽっくり逝きたいって昔から言っていた。結局たくさんの人に囲まれて幸せだと思う」と安堵された様子だった。
週2回の健康管理、状態が悪化する徴候などを観察し、介護職の情報とあわせて本人の全身状態の管理をになう。咀嚼や嚥下、水分出納バランスなどから、栄養剤の処方や脱水治療の相談、排便コントロールなどについて主治医との連携の要をになう。 介護職員や家族へ看取りのこころ構え等について適宜指導をしてくれた。	介護職の相談を機に、褥瘡予防や本人にとっての適切な体位等について具体的に介護職と連携。最期までできるだけ安楽に過ごせるような援助を実施。

時期	看取り開始時期
主治医	退院時の情報や本人の状態から長くなさそうという見解を示し、支援チームや家族とそのことを共有。担当者会議は決まった本人の望む最期に向け、緊急時の対応や相談体制に注力。
近隣住民	近所の友人の1人は商店街の婦人部でいっしょに活動、元気なころからいっしょに出かけたり、家でお茶をする仲だった。家族や事業所職員らとも顔なじみ。入院前から変わらずかかわりを続けていたが、退院後の本人の様子に「あんなに元気だったのに。私に何かしてあげられたら」と困惑しつつも、変わらず関係を続けてあげたいという気持ちを示していた。
小規模多機能型居宅介護	入院前より本人が「最期は家で」という希望を職員間で確認していた。本人、家族、他職種の見立てを含め、事業所としては本人の希望にそう形での意思決定支援や日常生活支援、本人らしさの支援を念頭に、計画、担当者会議へのぞむ。

〈事例基本情報〉

Fさん・女性・86歳・要介護4

一戸建て（平屋）、一人暮らし（夫と死別、子どもなし）

認知症高齢者自立度：Ⅲa　　**日常生活自立度**：B2

診断名・障害名等：レビー小体型認知症（疑い）、高血圧症

内服薬（回数）：ランソプラゾール、ドネペジル塩酸塩　各1錠/日

利用中のサービス：小規模多機能型居宅介護（訪問5回/日：7時～21時半、通い2回/週、宿泊（必要時））

　　　　　　　　　訪問診療、訪問看護、福祉用具貸与（特殊寝台、床ずれ防止用具、体位変換器、車いす）

移動：屋外：車いす　屋内：つかまり立ちで数歩可能

排泄：紙おむつ使用、バルンカテーテル留置

食事：一部介助

看取りまでの支援の実際（期間6か月）	看取り最後の1か月
訪問看護や介護職員、ケアマネジャーからの情報を受けながら、月に2回の訪問診療を実施。全体的な健康管理、処方薬の調整などを行う。	自然な看取りに向かうべく、適宜必要な連絡相談に見解を示してチーム支援の方向性を見守る。
家で最期まで過ごしたいという本人の意向も本人家族などと共有。本人を訪ねておしゃべりをしたり、本人の代わりに日用品を買ってきてくれるなど、かかわりを継続してくれた。	本人が寝たきりになってからも、自宅へ来てベッドサイドで話し相手をしてくれていた。最期の時も家族や職員らといっしょに見守ってくれていた。
訪問看護や主治医とより詳細な本人情報共有のための"共有ノート"を自宅に設置。職員とは昼ミーティング、書面で情報共有。とくに食事介助時・介助後のポジショニングや安全面に配慮した柵の位置などは写真で回覧。食べたいときに食べられるだけ、量より本人の満足度を尊重。口腔内のケア方法をチームで確認、唇の乾燥にも留意。1日5回の訪問と適宜必要な訪問で支援した。	本人らしさとして自室の間取りを変更したり、近隣住民が訪問しやすい環境を整備。本人らといっしょに昔の話をするなどおだやかな時間をもてるような支援を実施。入浴ができなくなったため曜日を決めながら本人負担のない範囲で清拭・洗髪実施。本人が、洗髪を望むときはケリーパットで実施。褥瘡予防のための体位変換、安楽な体位を訪問看護と連携し工夫。

清潔：全介助

服薬：一部介助

コミュニケーション：耳が遠く、近くで大きな声で話すと聞こえる。ジェスチャーを交えながらコミュニケーションをとる。視力は老眼鏡を使用。

認知機能：記銘力の低下は顕著。場所（屋内）および人物の見当識は比較的保たれており、家族や介護チームの職員の顔も判別している。

① 看取り期までの経緯

　Fさんに子どもはおらず、夫を亡くしてから身寄りは市内に住む姪だけ。商店街にある自宅で長年一人暮らしだった。ただ、Fさんは地域でたくさんの人とのかかわりをもって生活していた。商店街の役員をしたり小学生の登下校の見守り隊をになったり、近所にも仲がよい人が多く、まさに地域のなかで生活している人だった。そんなFさんについて、数年前に民生委員経由で住民から相談があり地域ケア会議で取り上げられた。見守り隊が休みの日曜日でも交差点に立っていたり、季節に合わない衣類、尿臭などに対して心配の声が寄せられたのだった。会議を経て、地域包括支援センターや民生委員、商店街役員が自宅を訪問しながら情報を収集したところ、支援は必要だができることがたくさんあることがみえてきた。

　小規模多機能型居宅介護事業所(以下、小多機)の管理者をしていた私は、地域ケア会議でFさんを知った。そして、事業所に隣接する地域サロンでFさんにボランティアをしていただく形で徐々に関係性をきずいていった。事業所の職員らとも顔見知りになった数か月後、少し体調をくずしたことを機に要介護認定を受け、正式に私たちの事業所と契約した。

　Fさんは食事など日常生活のサポートと、訪問看護、訪問診療による定期的な健康管理を利用することで自立した生活を送れるようになった。認知症の症状はみられたものの、私たちはFさんが長年きずいてきた地域との関係性を継続できるよう近隣住民にはたらきかけ、認知症に関する理解をうながした。その結果、Fさんが道に迷ったり困ったりしているときは商店街の人がサポートしてくれるようになり、それまでと変わらず住み慣れた地域で生活を継続することができていた。

　この事例はこうした生活を数年間維持してきたFさんが腎盂腎炎を発症して入院、退院後に身体状態が大きく低下して看取り期となり、最期を迎えるまでの支援についてまとめたものになる。

❷ 支援体制

● 他職種等との支援体制

　私が管理者を務める小多機は訪問、通い、宿泊とケアマネジメントが一体の月額利用料が定額の包括報酬制の事業所である。プランで決まった時間・サービス内容が前提の訪問介護や通所介護等ではそのニーズに十分対応することがむずかしいと考えられる認知症の人を想定した事業形態で、2006（平成18）年4月に制度化された。現場の介護職たちが本人の状態やニーズをリアルタイムでアセスメントし、それに応じて支援内容を柔軟に変更し即時対応していけることが強みの事業形態だ。私たちの事業所は図の上のような体制になっている。内部に介護支援専門員（ケアマネジャー）や看護師もおり、最前線の介護職のアセスメント情報を多職種で検討し、事業所としての意思決定がしやすい。そこから連携する他事業所や他職種と迅速に対応できる点も強みである。

　私たちの事業所とチームを組んでFさんを支えたのが図の下の体制である。Fさんが退院したあと、それまで週1回だった訪問看護は週2回となり、緊急時訪問看護加算による支援体制を整えてくれた。訪問看護事業所と私たちは密に連携をとり、そこで得られた情報やニーズを主治医やほかの支援者と共有していた。また、仕事で忙しい姪も定期的に訪問しFさんを支えてくれた。そして、日々おだやかにFさんを見守り、Fさんらしい最期をそばで支えてくれたのが近隣の地域住民の方々だった。こうしたチーム体制で私たちはFさんの看取り期を支えていった。

● チームマネジメント：ポイント

　私は介護福祉士として自分の事業所の職員たちに常々伝えていることがある。それは「みんなが利用者さんの暮らしに伴走すること。そのために何が必要かをみんなで考えること」である。かかわる一人ひとりが利用

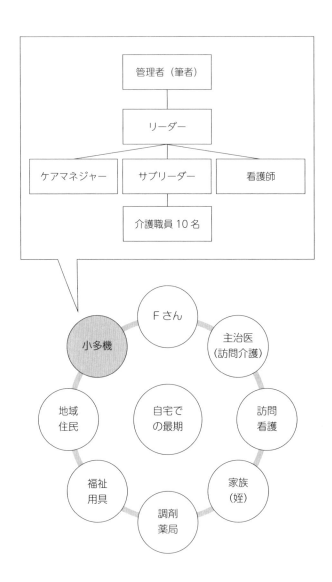

者のためにできることを考え、その人が望む暮らしの実現をめざすという理念だ。そして、私はこの理念を実現するために毎日の"昼ミーティング"を業務フローのなかに入れ込んでいる。ここでは約30分間、出勤している職員の6割以上が集まり、利用者の情報共有や支援内容の変更修正を行い、よりニーズに即した支援を行うための場としている。それだけではなく、職員同士の支え合いや育成の機能もあわせもつ場となっている。

　昼ミーティングは自分たちの介護をふり返るための心理的安全性が担保された場である。そして「よりよい支援は何か」を話し合える場であり、日常の細かな状態変化に応じたひとまずの支援内容の変更と合意形成の場と位置づけている。これにより先述した利用者のために個々の職員が考え合い、望む暮らしのために伴走するという理念を具現化しているのだ。

❸ 具体的支援の経過

　さて、Fさんの背景と支援体制にふれてきたが、ここからはFさんへの具体的支援についてみていきたい。本事例では、大きく2つの支援フェーズがある。1つは退院直後に看取り期に入ったことを共有し、それまでの支援とは異なる体制を構築していくフェーズで次の3つに取り組んだ。①最期に向けた本人の意思決定支援、②看取りに向けた医療職との連携体制構築、③介護職チームの看取り体制構築についてである。そしてその体制で支援を継続して5か月が過ぎたころ、いよいよ看取りがみえてきた最期の1か月におけるフェーズで、④日常生活支援、⑤最期まで本人らしいあり方を支える支援について取り組んだ。この5つの支援を軸にまとめたい。

ケアプランの総合的な援助の方針

住み慣れた自宅で、家族や本人とかかわりが深かったご近所さんとともに最期を迎えられるよう、多職種によるチーム支援を行う。

当初の介護計画

本人にとっての課題	介護福祉士の見立て・支援の必要性	介護福祉職チームの具体的支援内容
①最期に向けた本人の意思決定支援 顔見知りの地域の人のなかで最期を迎えたい。 「本人：最期まで家がいい」 「姪：願いをかなえたいが、頻繁に訪問できないため不安はある」	腎盂腎炎による入退院後、ADL、検査データ、食事量、全身状態、活力の低下がみられる。担当者会議にて参加者より看取りを視野に入れた状態の共通認識あり。家族の不安払拭とともに、看取りに向けた支援チームを構築し、本人の願いにそえるようにする必要がある。	日常生活支援の量と内容を本人の状態像の変化にあわせて柔軟に変更できる体制を構築。医療職との連携により家族の不安を払拭する体制を構築。担当者会議での方針、計画を職員と共有し、職員らがチームとして本人らしい最期に向けた支援を考えられる場や体制をつくった。
②看取りに向けた医療職との連携体制構築 最期を家で迎えるために、急激な体調変化などを減らし、おだやかな状態の経過をたどりたい。	本人の日々の状態に応じた柔軟な日常生活支援を行うとともに、異常の徴候を医療職と密に連携し、苦痛をともなう急激な状態悪化などを招かないよう、医療職との支援体制を構築する必要がある。またこれにより家族の不安払拭と、最期に向けたこころ構えを家族がもてるようかかわる必要がある。	本人の状態に関する情報共有を職員で毎日行う機会を設けた。また、医療職と連携するための共有ノートを作成し、訪問時に水分出納や食事量、バイタルサイン情報を記録することとした。加えて、緊急時連絡体制を医療職と確認しいつでも連絡がとれる体制にした。こうした体制を家族に伝える機会を適宜設けた。
③介護職チームの看取り体制構築 日常生活支援をになう介護職員らは、看取り支援の経験値の差があり、不安や戸惑いをもつものがいる。	看取り期における本人の日常生活支援を途切れることなくつなぐために、介護職チーム内の看取りに対する不安を払拭し、継続的に支援を行える体制を構築する必要がある。	毎日30分程度のミーティングの時間を活用して、不安をかかえる職員の気持ちを受容し、具体的な困り事を解消できるような場とした。ベテラン介護職によるグループスーパービジョン機能をもつ場としたうえで、チームが総合的援助の方針にそうようなかかわりを行い、目標に向けた自律的なチームづくりを行った。

④日常生活支援	寝たきりの状態となり、嚥下機	食事、排泄、体位変換、口腔ケ
退院から5か月経過し、ADLが顕著に低下。ほぼ寝たきり状態のなかで、食事、排泄、清潔保持など基本的日常生活に支援が必要となる。	能・飲食量の低下、便秘、保清等のセルフケア能力が顕著に低下し、ベッド上の体動も減った。最期を迎えるにあたり、苦痛なく過ごせるよう、基本的日常生活支援を行う必要がある。	ア、保清等本人の状態像に応じた日常生活支援を行うとともに、記録と情報共有を行い、介護職チーム、他職種と適宜連携し、本人にとって必要な支援を行った。
⑤最期まで本人らしいあり方	本人が自分らしい生活、自分ら	職員の気づきをくみ上げ、チー
最期まで自分らしい生活を送ることができる。	しい最期を迎えるとはどういうことか。この問いをチームの職員らが考えながら、実践していけるような体制を支援し、本人が自分らしさを損なうことなく最期を迎えられる必要がある。	ム内で共有し、チームとしてできる本人らしいあり方を検討する場を用意。部屋の間取りを変更したり、地域の方とともに過ごせる空間をつくった。

1 退院直後の体制構築

● 最期に向けた本人の意思決定支援

　入院前のFさんは、認知症の症状はあるものの、独居生活を送ることができる程度の日常生活動作（ADL）であった。しかし、退院後は車いすが必要になっており、飲食量が顕著に低下、全体的に活気がなく、看護サマリーや検査データからも「そう長くない」ということが明らかであった。これは私たちの事業所だけでなく、主治医や訪問看護師など他職種も同意見であった。

　Fさんの最期に関する希望について、職員はこれまで生活をともにするなかで何度もうかがう機会があった。「最期まで家がええわ」である。職員たちと検討し、この言葉をケアプランの原案とした。また、姪の気持ちは「本人の願いをかなえたい。でも私も頻繁には通えないので不安はあります」というもので、本人の意思の共有と姪の不安の共有、払拭がサービス担当者会議の議題となった。

　会議の場で私たちはFさんに自分の今をどう感じているのか、そしてあらためてその意思をうかがった。認知症ではあるが、「迷惑かけたくな

いんやけど、やっぱりここ（家）がええわなぁ」と自分でもおとろえと長くないことを悟っているような言葉が聞かれた。姪もあらためて本人の意思を確認し、後述する支援体制やFさんらしさについて出席者全員で話すなかで、自宅での看取りの方向性を応援したいという言葉があった。ただ、苦痛など本人の状態によっては別の選択肢も排除しないことを本人を含め合意した。

このプランと方向性をすぐに昼ミーティングで職員と話し合った。本人の状態はもちろん、希望に関する気持ちの揺らぎを含め、本人の情報を密に共有していくことになった。

● 看取りに向けた医療職との連携体制構築

本人、家族はもちろん、私たちの職員のなかにも看取りというものに漠然とした不安をかかえる者はいた。本人の願いにそうために、支援チーム全体の不安払拭はとても重要である。こうした課題を前に、Fさんの事例ではとくに訪問看護師との連携がチーム全体の安心につながった。実際には、訪問回数を増やしたり、24時間の連絡体制を整えることで、「いつでも」「どんなことでも」相談できるというラインを構築した。しかし、私は訪問看護師と「同じ価値を共有したチームとしての関係づくり」を行っていったことが一番大きかったと考えている。

Fさんの事例では私は訪問看護師と"看取り"や"本人主体"といったことをよく話し合った。職種や事業所は違っても、Fさんの願いをかなえることをいっしょにめざしている本当のチームメンバーであることをお互いに強く感じられる関係になったと思っている。価値を共有しているからこそ「何かあったらいつでも連絡してね」という訪問看護師の言葉は不安をかかえる関係者に安心を与えていった。職員のあいだでも訪問の前後に訪問看護師と顔を合わせたときの言葉や情報、気づきや指導してくれたことが共有されるようになり、チームとしての一体感、連携と安心感が強く

なっていった。

● 介護職チームの看取り体制構築

　事業所ではとくに若い新卒職員を中心に、看取りへの不安の声が聞かれた。「何かあったらどうすればよいでしょうか」「自分が訪問したときにもしもの事があったら不安です」だれもが経験するこうした不安について、まずは前述の医療職との連携体制が1つの安心材料になった。訪問前後に訪問看護師が直接職員たちとやりとりしてくれる機会もあり、不安払拭のための助言は何度もしてくれた。21時の夜間帯訪問時、Fさんに何かしらの徴候があり、電話相談をしたときにも訪問看護師は安心できるよう助言してくれた。「行ったときに何かあってもあなたのせいじゃないからね」という言葉は事業所だけではカバーしきれない多職種連携チームならではの職員フォローだった。

　加えて、私が活用したのは昼ミーティングだった。若手職員がFさん宅を訪問した日はまずその職員の報告を皆で聞くことにした。気づきについては皆で褒め、どう考えたか、どんな支援をしたのかをていねいに深掘りすることを軸とした。そのなかでFさんが喜んでくれたことなどに対する職員の感情を皆で大切にするような雰囲気を意識した。そして具体的支援に落とし込むまで話し合ってもらった。不安な言葉が出たときは、ベテラン職員に「あなたのときはどうだった？」とたずね、経験談を引き出すことで不安の払拭につなげていった。

　ここで生まれた具体的な取り組みとして、訪問看護師や主治医と連携するための"共有ノート"をFさんの自宅に置くことにした。水分量や食事量、排泄のin outバランス、バイタルサイン情報、気づきやFさんの様子などだ。ほかにも"異常時"の基準について、職員で協議したり、訪問看護師と直接連絡をとり、「このときはどうする」といったことも現場職員が他職種と直接やりとりできるようになった。一般論だけでなく、Fさ

んという個別性に応じた支援内容、判断基準を職員自身がつくっていけるようにしたことで、不安はいつしかケアの醍醐味・やりがいにつながっていった。

2　看取りまでの最期の1か月

● 日常生活支援

Ｆさんはチームの支援を利用しながらできる範囲で自立した生活を送っていた。5か月ほど経過し飲食がいよいよむずかしくなり、ベッド上での生活が常態化するようになった。

このころは"共有ノート"を介した連携が定着し、食事形態の変更や嚥下状態の情報共有、それに対する訪問看護師からの助言、指示などが頻繁に行われた。排泄に関しては自然排便がむずかしくなり、訪問看護師による排便コントロールも始まった。異常時の基準もより明確に意識される一方、この時期の人間の自然な生理的変化について職員はもちろん、姪や地域の方とも共有し、必要以上に恐れないというスタンスも確立していった。

このころ、昼ミーティングではＦさんの体動や体位に関する気づきがよく上がってくるようになった。私は話し合いの方向を見守りつつ、「きれいなおからだで苦痛なく最期を迎えるためにはどうしたらよいか」という問いかけを増やした。職員の気づきから、訪問看護師と体位変換や安楽な体位、清拭等による清潔援助について話し合うことにつながった。そうして、その援助のポイントや観察項目が共有ノートに追加されていった。こうして追加されていった支援実施記録に並んで「お世話になっていつもおおきに」「しんどいけど皆さんのおかげでぼちぼちやってます」というＦさんらしい言葉が記載され、職員のていねいな支援成果として続いていった。

自宅での看取りは訪問を基本とする1対1の支援になるため、援助の標準化が重要になってくる。職員の経験値などにバラツキがあるなかで、

職員の主体性を尊重しつつ、いかに職員の力量を上げながらこの標準化をはかり、Fさんへの支援の質を上げていくか。これが私の大切な役割だと意識した。

● 最期まで本人らしいあり方

　ベッド上のFさんに対して、「寝たきり状態になってしまったFさんが、それでもFさんらしく生活しているってどういうことだろうね」というテーマが職員の中心にあった。

　そんなとき、若手職員から「訪問していたらご近所のお友達が様子を見にきてくださってFさんのベッドの隣でおしゃべりが始まったんです。だから私もいっしょになって3人でおしゃべりしたんです」と報告があった。私はふと、来客があったらケアを切り上げて退出しそうなものを、「どうしてそのままおしゃべりに参加したの？」と聞くと、「だって、ずっと商店街の人といっしょに生活してきたFさんが、仲よしのご近所さんとお話しているのってFさんらしいじゃないですか。ワイワイみんなで世間話しながら生きてきた方だから。その雰囲気を壊したくなくて」と答えたのだった。これを機にFさんらしさの話し合いが深まっていった。

　職員たちが話し合い、2つのFさんらしい生活を支えるための支援に取り組んだ。1つ目は「間取りを変える」であった。具体的にはFさんが寝ているベッドの向きを変えたのだ。Fさんは左側臥位になることが多く、そちらを向いたときに玄関が視界に入るようにしたのだ。日中ほぼベッド上で過ごすFさんにとって、だれかが訪問したとき、すぐに気づけるようにという職員の視点だった。もう1つの取り組みは、自宅の鍵を開けておくというものだった。これだけ聞くと不用心だという印象をもたれると思う。もちろん私たちのなかでもさまざまな検討を行い、本人はもちろん姪や他職種、近隣の方とも相談を重ねた。そして最終的に、いつも人を家に招き入れ、楽しく過ごしていたFさんの生活歴をふり返り、近所の

なじみの人たちがいつでもFさんを訪ねられるようにすることが必要な支援という結論にいたった。自分で鍵を開けられなくなった今、Fさんと世間話をしたり、様子を見にきてくれるご近所さんとの関係を継続するという選択が本人らしさの支援の1つだった。

こうして、ご近所さんはそれまでと変わることなくFさんを訪ねてきてくれた。玄関を開けると「あんた来たね」とすぐに気づいて微笑むFさんの表情は、訪問する関係者全員がうれしくなる忘れられない顔になった。また、ベッドの右側には、たくさんの写真を飾らせていただいた。Fさんが元気だったころ、皆でお花見をしたときの写真、商店街の催しで地域の人たちといっしょにいる写真などだ。こうした写真を話のタネに、ご近所さんや職員と懐かしい思い出にひたりながらおしゃべりを続けたのだった。

❹ 本人が望む自宅での最期

飲食が厳しくなってから、約1か月。Fさんは姪、仲よしのご近所さん、職員たちが見守るなか旅立たれた。「こんなに人に迷惑かけてまではいやや〜」という言葉もあったが、「やっぱり最期は家がええ」という言葉は最期まで変わらず、きれいなからだで、医療機関へ行くほどの変化もなく、ご希望どおり最期を自宅で迎えることができた。前日から泊まり込んでいた姪も安堵の表情だった。最期の瞬間は間に合わなかったものの、すぐに到着した訪問看護師や医師ともFさんの思い出を語り合った。

介護福祉士として私は多くの看取りを経験してきたが、本人の願いを関係者一丸となってかなえられることはまだまだ簡単なことではないと思う。とくに在宅では多様な関係者がいるため、その合意形成、実際的な支援体制づくり、そして揺らぎある身体の状態と気持ちの変化に伴走しつづ

けることはむずかしい。

　しかし、私はやはり本人が望む暮らしのために、皆で考え合えること、そしてその考えを本人といっしょに実現していくことこそが介護福祉にたずさわる仕事の醍醐味であり、私たち介護福祉士の強みだと考えている。

　私たちはFさんが元気なころから本人と地域、家族の関係性を断ち切らない支援を行ってきた。看取り期においても、その関係性を活かした支援が、一人暮らしのなかでの本人の安心感につながったのではないか。その人らしい生活を支援できるようにすることが私たち介護福祉士に求められる大切な役割だと考える。

一家の大黒柱である利用者が脳出血で回復期病院に5か月入院し自宅退院するまで

● 事例の全体像

時期	入院～1か月
本人を取り巻く状況	・病前は配送業の仕事をしながら家計を支えていた。突然病気を発症したため、Gさん・妻ともに何が起きたのかわからない状況。 ・妻は3人目を出産したあとということもあり育児休業を取得中であった。 ・Gさんは目の前で起きていることに気持ちがついていかない。妻は子育て・家事をしながらGさんの入院手続きなどで病院へ来院しており、負担が大きい。
ADL	入院前はADL自立、入院直後はADL全介助。
経済面	Gさんの収入が途絶えてしまうこと、妻も育児休業中であり経済的に非常に厳しい状態。生活保護受給の申請手続きを行うことになった。
精神面（本人）	「まさか自分が病気になるのかって感じだった。仕事ができるようになるの？」と涙を流していた。
精神面（妻）	「夫の精神面が心配です。本人にがんばってもらうしかないですけど、がんばれという言葉が負担になるのでは」と自分のことより夫を心配していた。

☑ チームマネジメント　　☑ 医療介護連携
☐ 認知症ケア　　　　　　☑ 地域生活支援
☑ 介護過程

1か月～3か月	4か月～退院
・入院1か月の時点で、退院後、身のまわりのことは1人でできるようになるが一部介助が必要な状況になるのではないかという見立てをGさん・妻へ提示。 ・住居が2階でエレベーターなし、バリアフルであることから転居を視野に入れて調整することになった。1階で段差が少ないこと・子どもの学区内であること・家賃の3点が条件であったがすぐに見つからず、転居先探しに難渋。	・入院から4か月でようやく転居先が決定した。 ・退院後の生活に備えて要介護認定を申請、要介護1の判定が出た。 ・転居先に家庭訪問を実施、自宅周辺・自宅内の環境調整の必要性を検討。 ・退院後も継続したリハビリが必要であると、外来リハビリの利用調整を行うこととなった。
ADLは一部介助。 移動は短距離歩行は介助にて実施。 車いす駆動は自立。	ADLは入浴以外すべて自立。 移動は杖を使用して自立。
生活保護受給申請中。 親族が近くにいるが迷惑をかけたくないと支援をお願いせず。	
回復している実感がないと話すが「もう少しきれいに歩けるようになりたい」と希望が聞かれた。表情は入院時と比較して笑顔も増えてきたが、妻・子どもに会うと涙が止まらない。	退院が近づくことで安堵（あんど）するが、先行きが不安であると涙を浮かべる場面もあった。また「もう入院している意味なんかないのに」といった発言も聞かれた。
夫のめざしているところ（目標）はとても高く、日々の様子をみて「今回の障害をまだ受け入れられていないのではないかしら」と話す。夫が涙を流すと、気丈にふるまっている妻も涙を流す。	転居先探しが難航していた。施設を経由して自宅退院を考えなければいけないかもしれない場面で「夫の気持ちが心配、がんばって自宅退院をめざします」と話す。入院時から変わらずGさんを心配する発言が聞かれた。

● 他職種等との支援体制

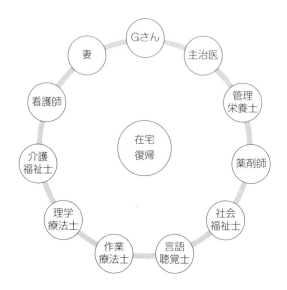

● 組織図

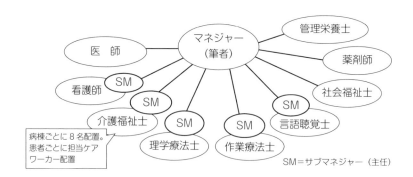

① 支援開始時の状況

〈事例基本情報〉

Gさん・男性・40代・介護保険未申請（入院中介護保険申請　要介護1）
借家・妻、子ども3人の五人暮らし

認知症高齢者自立度：非該当　　**障害高齢者自立度**：C1

診断名・障害名等：脳出血、左片麻痺、高次脳機能障害、嚥下障害、高血圧症

内服薬（回数）：ファモチジン（1日1回）、イーケプラ（1日2回）、ルネスタ（1日1回）、ロゼレム（1日1回）、薬は一包化

利用中のサービス：病前はADL自立しており介護保険未申請、サービス利用なし

移動：車いす全介助

排泄：入院当初は膀胱留置カテーテル挿入

食事：食べ残しがあったり、注意がそれて手が止まってしまうため声かけが必要

清潔：入浴は全介助、口腔ケアは動作をうながすことで自分でみがくことができる、ひげそりは一部介助

服薬：薬は看護師管理、薬を手に乗せるところまで介助

コミュニケーション：簡単な日常会話は可能（単語〜単文レベル）、みずから話をする機会があまりない

認知機能：高次脳機能障害あり（記憶障害・注意障害）

その他：

・家事全般は妻が行っていた。

・休日は子ども達とのんびり家で過ごしたり買い物に出かけるなど家庭をとても大事にしていた。

・経済的に厳しい状況になり、生活保護受給を開始する手続きを行った。

・近隣に親族はいるが、迷惑をかけたくない・支援をお願いするのは申し訳ないという思いが強く妻1人でがんばろうとしている。

1 基本情報

　本事例のGさんは40代、一家の大黒柱として働いていたが、急に脳出血を発症し、5か月間の入院が必要になった。Gさんが入院したときから退院するまで、介護福祉士としてどのような支援を行ったか、Gさん

がどのように自立していったか、支援の過程を取り上げて紹介する。

　Gさんは、妻と子ども3人の五人暮らしで、職業はトラック運転手をしていた。病前は日常生活動作（ADL）自立、健康診断で高血圧症を指摘されていたが未治療の状態であった。脳出血を発症したときは、職場から家に帰るために自家用車を運転している最中だった。左手のしびれを感じ、車を止めてみずから救急を要請し、急性期病院に搬送された。

　急性期病院に搬送された直後の状態は、意識レベルが低下し、左片麻痺重度、構音障害の症状があった。意識障害の進行もあり、内視鏡下血腫除去術が施行された。

　私が勤める回復期リハビリテーション病院に転院したのは、発症から約2週間後であった。転院直後の状況は、意識レベルは受け答えできる程度でぼんやりした状態。左片麻痺も重度であり、基本動作およびADL全般に介助が必要であった。また、高次能機能障害も呈しており、注意が散漫な状態であった。

　入院から1週間程度経過したところで、担当チームによるカンファレンスが開催された。私たち担当チームの入院時実施評価から、退院時目標は「基本動作は見守り。ADLはすべての動作において見守り〜介助が必要になること」が予測された。この結果をふまえて、Gさんと妻、主治医との面談が行われた。Gさんは「仕事ができるようになるのかな」と涙を流した。妻は「まさか自分の夫が……。テレビの世界の話だと思っていた。まだこれからの人なのに」と気丈にふるまっていた。主治医から現在の身体の状態と退院時の目標、入院期間の目安の説明があり、在宅復帰に向けた支援が開始となった。

　結果として、基本動作は自立、ADLも入浴以外自立となって退院することができた。本事例は、介護福祉士としてGさんの尊厳を大切にしたかかわり、生活と結びつけたADLの自立、障害の受容と家族支援を中心にかかわった事例である。

2 支援体制

● G さんの支援体制

　当法人の組織体制を紹介したい。リーダーとなる医師を中心に看護師、介護福祉士、理学療法士、作業療法士、言語聴覚士、社会福祉士、管理栄養士、薬剤師が G さんを支えるチームのメンバー構成である。全スタッフが病棟配属となっており、チームをまとめているのがマネジャーである。

　当法人の介護福祉士は、2000（平成 12）年に開設されたときから「看護助手」ではなく「介護福祉士」として、他職種と同様に国家資格をもつ専門職として位置づけられている。介護福祉士の配置数は 1 病棟あたり 8 人前後で病院の配置人数としては非常に恵まれている。そのため、入院〜退院まで多職種とチームを組み、月 2 回開催されるカンファレンスにも参加。介護福祉士としての見立てと目標を発信している。

　発信するにあたり、介護計画を立案し 2 〜 3 週間に 1 回評価を行っている。介護福祉士は日常生活支援が大きな軸となり、ADL 自立に向けて多職種と連携しながら病棟場面で自立支援の視点をもって患者を支援すること、患者の声なき声に耳を傾け精神的自立も支援することが役割である。

　この点は他職種からも期待されている役割である。病棟でのケアは看護師と協働しているが、看護師の役割はリハビリテーションができるように全身状態の管理が優先される。介護福祉士は、日常生活支援が中心であるため介助する機会が看護師よりも多い。そのため、リハビリテーションでできるようになったことを介護福祉士が中心になって生活に落とし込んでいく。それぞれの専門性を発揮できる協働体制になっている。

　1 病棟の介護福祉士チームをまとめているのがサブマネジャーであり、ケース相談・助言・アドバイスを行っている。病院全体の介護福祉士をまとめているのが部門長である。私は病棟のマネジャーと部門長を兼務している。部門長として、介護福祉士の専門性向上に向けた研修の実施および

現場での OJT を行っている。G さんの担当ケアワーカー（介護福祉士）といっしょに G さんの身体的・精神的支援の役割を担当ケアワーカーが中心となってになうこととなった。

● チームマネジメント：ポイント

　介護福祉士は、病棟生活のさまざまな場面で介助する機会がどの職種よりも多い。今回の事例は、40 代と年齢も若く、妻も子育てがあることを考えると、入院時の見立てでは介助が必要となっているが、ADL 自立をめざしていく必要があると考えた。ADL 自立をめざしていくうえで、リハビリテーションが非常に大事になるが、まずは全身状態が安定していなければ身体を動かすことはできない。そのために、担当ケアワーカーは日々のバイタルサインに変動がないかどうか確認しながら、いつもと違った症状があればすぐに看護師に報告した。

　また、身体を動かすには栄養確保ができているかどうかも重要となるため、毎回の食事摂取量を確認し、多職種で情報共有を行った。部門長としてアドバイスしたこととして、リハビリテーションでできるようになった動作があれば生活に落とし込み、病棟生活場面でできそうな動作があれば、リハビリテーションでも何度も練習してもらい、ADL 自立に向けて情報収集・共有・発信を積極的に行っていくことが重要になると伝えた。

● 介護過程：ポイント

　介護過程の中心は、ADL 自立をめざした内容になっている。当初、退院時目標は歩行での移動に見守り、一部介助、トイレ動作もズボンの上げ下げなど一部介助が残ると予測されていたが、介護福祉士として自立支援の視点をもってかかわっていることもあり、一部介助が残るとしても少しでも G さんが自分でできることを増やしていきたいと考え、電子カルテ内にある介護計画を担当ケアワーカーが立案、サブマネジャーが目標を確

認、その後カンファレンスで他職種とも情報共有を行った。

ケアプランの総合的な援助の方針

介護保険未申請のためケアプランなし

入院時の介護計画

本人にとっての課題	介護福祉士の 見立て・支援の必要性	介護福祉職チームの 具体的支援内容
①排泄・トイレ動作 ・排泄は入院時に膀胱留置カテーテルを挿入したが、すぐに抜去した。尿意あいまいのため失禁で経過。 ・トイレ動作は体格がよいこと・伝達内容が理解しづらいため2人介助でトイレ誘導。夜間は眠剤服用、介助が日中より重くなるため床上排泄。	年齢を考えても、終日トイレでの排泄をめざしていきたい。Gさんは脳出血であり、排尿障害がある可能性も考えられる。しかし膀胱留置カテーテルを抜去して間もないため、尿意があいまいではあるが失禁で経過している。まずは日中からトイレ誘導プランを計画して、尿意の有無と失禁の有無をアセスメントして、排尿障害のタイプ分類を行い、排泄自立に向けた支援が必要。	膀胱留置カテーテル抜去後ということ、尿意があいまいで失禁もある。まずは日中トイレで排泄でき、失禁回数を減らすことを担当ケアワーカーが介護計画として立案。具体的な支援内容として、食事前後のトイレ誘導とGさんが尿意を訴えたタイミングで誘導を行う。カンファレンスで担当ケアワーカーがチームメンバーに具体的な支援内容について発信、その後病棟スタッフとも誘導のタイミングを共有。尿意でトイレに行った際、自尿・失禁の有無がどうだったか排泄チェック表を用いて失禁のタイプ分類を行い、誘導プランの見直しを重ねていった。
②移乗 注意障害の影響と体格がよいため2人介助で車いすへ移乗している。	注意障害はあるものの、「柵を持って下さい」と声をかけることで協力動作がある。反復した練習が必要ではあるが、ストレスが多い入院生活において1人でできることが増えて、自由な時間を過ごせるよう動作獲得に向けた支援が必要。	病棟でのケア場面において、日を追うごとに協力動作が得られるようになっていた。注意がそれやすく、活動耐久性低下もあり時間がかかると思われたが、動作を反復して行うことで1人介助で移乗が可能になるのではないかと分析。担当ケアワーカーがリハビリテーション場面でどこまで自分でできるかリハビリテーションスタッフから情報収集。病棟でも同様の動作ができるよう、移乗が軽く触れる程度で行えることを介護計画として立案。リハビリテーションスタッフと日々情報共有しながら、主体的に動作が行えるよう動作を反復して練習すること、注意がそれやすいため声かけも工夫しながら動作獲得に向けて支援した。

③移動	座位保持・立位保持がな	カンファレンスにて移動について、
柵につかまり立ち上がることはできるが、左膝の力が抜けてしまうため歩行ではなく車いすでの移動。	んとかできる状態。反復した練習を行うことで、年齢も40代と若いこともプラスにはたらき歩行での移動を獲得できる可能性が高い。そのためにも、まずは主体的に生活が送れるよう支援が必要。	リハビリテーションスタッフの見立てでは、麻痺側に荷重をかけて病棟内を歩行で移動できるまでには数か月の時間が必要。担当ケアワーカーとして、まずは車いす駆動自立をめざしていくことを介護計画として立案した。ブレーキ操作が自分でできるようになる・フットレストの上げ下ろしができる・左側へ注意が向けられるようにならなければ駆動自立はめざせない。たくさんの情報が入りすぎると混乱してしまうため、リハビリテーションスタッフと相談しブレーキやフットレストに目立つ色のテープを貼り、Gさんの注意が向くように調整。1つずつ動作を区切りながら反復して練習。
④精神面	思うように身体が動かな	スタッフの前では常に明るくふるま
左半身が動くようになること、仕事をしたいことなどの希望が聞かれているが、麻痺の状態からむずかしい状況である。	いこと、何で自分がこんな病気にという思いが強くある。家族との時間を大事にしていたGさんにとって、何がなんだかわからず整理できていない状態。時間の経過とともに、自分のおかれている状況がわかるときがくると思われるので、日々の気持ちの変化を近くで受けとめ、前に進む手伝いをする支援が必要。	おうとするGさん。本当の気持ちを知るためにも、バイタルサイン測定、トイレ誘導、入浴介助、リハビリ前後の時間などでGさんと話す時間を設ける。Gさんの気持ちを傾聴しながら、できるようになったことを伝え、これから先の生活に必要なことをいっしょに考え、気持ちの揺れ動き・言動の変化を観察する支援を行った。

❷ 支援開始後の状況

1 ADL

●排泄・トイレ動作

入院時は膀胱留置カテーテルを挿入していた。入院当日、トイレ動作を

確認するためにトイレ誘導したところ、「トイレに行きたい」と尿意の訴えが頻回となり、がまんできずにルートを引っ張り血尿が確認されるようになった。入院当日に膀胱留置カテーテルが抜去された。担当ケアワーカーは、自尿はあるものの尿意があいまいであること、がまんできず失禁してしまう状態であったため、まずは日中にトイレ誘導し、排尿パターンを知ることを目的に介護計画を立案した。

　日中は2人介助でトイレ誘導を行ったが、夜間は睡眠薬を服用していたことも影響し、起居から介助する必要がある状態であった。そのため、夜間は床上でパッド交換を行っていた。着座後腹圧が弱く排尿まで時間を要していたという情報から、部門長として体幹・腹圧をかけられるようにリハビリテーションで訓練を行ってもらってはどうかと担当ケアワーカーにアドバイスした。また、「早く連れていって、がまんできないよ」と介助するスタッフに声をかける場面もみられた。がまんできずに失禁してしまう点から、トイレに行くまでの時間を短縮できるよう、担当ケアワーカーに、リハビリテーションスタッフと協力して起居動作や座位保持の練習、立ち座りがスムーズにできるように動作獲得に向けた支援を行ってみるとよいのではないかと助言した。

　その結果として、入院から1か月ほど経過した時点で、日中は失禁なくトイレで排泄ができるようになった。

　入院から半月ほど経過したころ、スタッフが声をかけなくてもみずから「トイレに行きたい」と訴えることができるようになり、日中の失禁はなくなった。入院1か月後には夜間の失禁もなくなり、終日トイレでの排泄が可能となった。入院から3か月経過したころには、手すりを使用してトイレ動作は自立となった。

● 移乗

　移乗においては、座位保持のために手すりにつかまってもらうよう声か

けするも、手を離して後ろに倒れ込んでしまったり、トイレに行きたい気持ちが動作の性急さにつながり注意がそれやすい状況であった。また体格がよく、担当ケアワーカーは安全・安楽に介助ができるよう2人介助で車いすへ移乗することを立案した。

　介入当初は「お願いします」と主体的に行動する機会は少なかったが、できる限り自分で行ってもらうかかわりをリハビリテーション・病棟生活両方で行った結果、入院から1か月後には1人介助で移乗できる機会が増えていった。入院から3か月で触れる程度の介助、さらに1か月後には手すりを使用した移乗自立となった。

● 移動

　移動は、リハビリテーションでは装具を着用し、早期から歩行練習を行っていた。「疲れるからリハビリ以外は歩けない」と発言するなど、病棟生活場面での実用的な歩行導入までに3か月程度時間を要した。私は、歩行導入のステップとして、居室から食堂までの往復から開始、その後範囲を広げていってはどうかと担当ケアワーカーへ助言した。しかし、歩行練習の導入について声をかけるも「え、やるの？」といった反応であった。担当ケアワーカーがリハビリテーションスタッフと相談し、少しでも歩行機会をつくれるよう介助できるスタッフを増やすために、リハビリテーションスタッフが病棟で歩行の介助方法を伝達してくれた。介助できるスタッフが増え、歩行機会も頻度を多くすることができた。その結果、退院1か月前に杖歩行自立となった。

2　精神面

● 入院時から1か月

　入院時、Gさんは突然の発症を受けとめきれずにいる状態だった。また、今後どうなっていくのか先がみえない不安もあってか妻と会うたびに涙を

流していた。しかし、病棟生活場面では、今後のことについて担当ケアワーカーが話をしても、Gさんは「大丈夫です」とどこか気丈にふるまっていた。スタッフに弱いところをみせないだけで、本当はつらい思いを抱いているのでないかと考え、担当ケアワーカーはGさんがどういう気持ちでいるのかを何気ない会話から引き出そうとしていた。

　入院から1か月ほど経過したころには、Gさんの表情も入院時より明るく入院生活に少しずつ慣れてきたようにもみえた。妻はGさんのことを心配しながらも、退院後の生活を考え転居することを視野に入れて家を探しはじめていた。周囲に親族はいるものの、迷惑をかけたくないとの思いからだれにも相談せず、妻1人でがんばっていることを知っているGさんは、妻と会うと「申し訳ない」と涙を流していた。

　Gさんは身体の状態が改善しているという実感がもてず、担当ケアワーカーの「できるようになりましたね」との声かけに、「そうかな。でもまあ、何とかなるんじゃないかな」と返答していた。弱みをみせまいとして出た言葉なのか、本心なのか判断に悩む場面であった。

● 障害受容のサポート

　そのころ、歩行距離もなかなか伸びず、介助歩行で何とか歩いている状況、リハビリテーションスタッフにGさんは「もう少しきれいに歩けるようになりたい」といった希望を伝えていた。リハビリテーションスタッフからその情報を聞いた担当ケアワーカーは、Gさんが今回の障害を受けとめきれずにいる可能性と高次脳機能障害の影響の2つが重なっているのではないかとアセスメントした。私は、真意は定かではないが2つの可能性両方ともに考えられるのではないか、Gさんが描く退院後の生活イメージや目標は高いところにあるとの印象を受けた。それでも、妻や子どもと会うと涙が出てくる。みずから不安を吐露する方ではなかったが、日々さまざまなことを考えながら入院生活を送っていると見立てた。担当

ケアワーカーにはGさんの顔を見かけたときには声をかけ、表情や言動を観察し、日々の気持ちの変化を追ってみるとよいのではないかと助言した。

　観察から、「疲れたから休みたい、面倒くさいな」といった発言が聞かれていた。Gさんはもともと自宅でも活動的に動く方ではなかった。今回の発症で疲れやすく動くことが億劫（おっくう）になってしまったのではないか。また高次脳機能障害の影響で、病識がとぼしく「家に帰ればなんとかなる」といった発言が聞かれていた。病識がとぼしいということは、自分のおかれている状況を理解ができていない、障害から目を背けてしまっている状況ともいえると担当ケアワーカーはアセスメントした。「障害受容」という言葉があるが、受容するまでにかかる時間は人それぞれである。人によっては受容できずに生活を続けている。Gさんも、日々葛藤していたのではないかと考えた。そのため、このような状況で私たちができる最大の支援は、患者に寄り添うこと。今の状況を少しずつでも理解できるよう、わかりやすい言葉で説明する。また、私たちがイメージする退院後の生活とGさんが描く生活のイメージをすり合わせる。ADLだけに着目するのではなく、Gさんが主体的に行動できるよう精神面のサポートもいっしょに行うとよいのではないかと担当ケアワーカーに助言した。

　入院当初は仕事への復帰に気が向いており、自分の身体の状況を理解しているとはいえない状態であった。担当ケアワーカーをはじめ、スタッフ皆が寄り添い続けた結果、状況を理解するまでに時間はかかったが、Gさんから「仕事はまだむずかしいと思う」「まずは家の中での生活が送れるようになることが大事だね」と発言があった。担当ケアワーカーとして小さな一歩であったが前に進むことができたと感じられた瞬間であった。

　こうして、介護福祉士部門長として担当ケアワーカーや他職種との連携を通じたGさんへの支援を実施し、当初想定以上の状態で退院し、在宅

生活へと移った。

③ 回復期リハビリテーション病院における介護福祉士とは

● 生活を支え自立支援を行う

　回復期リハビリテーション病院の使命は「在宅復帰とADL向上」である。在宅復帰には、機能回復を目的としたリハビリテーションはもちろん、獲得できた能力を病棟生活にどう落とし込めるかが鍵となる。リハビリテーションでできるようになったことを担当ケアワーカーと共有し、病棟生活でできるようになってきたことをリハビリテーションスタッフと共有する。

　ADL向上には、この情報共有が重要であることは言うまでもないが、病棟生活のADLに定着させていくことは容易ではない。だからこそ、多職種連携が重要である。その理由として、チームのなかにリハビリテーション職しかいない場合、リハビリテーションでできる動作が病棟生活でもできると予測してしまうかもしれない。リハビリテーションで獲得した動作を、いかに病棟生活に落とし込めるかが重要である。日常生活支援を行っている介護福祉士がその役割を一番になえる職種なのである。多職種チームのなかに介護福祉士は欠かせない重要な存在である。

　回復期リハビリテーション病院は多くの患者が先に続く生活を考え支援する機能を備えた位置づけにある。介護福祉士の専門性は、24時間の生活を支えることと自立支援であるととらえている。生活の基盤を整えるためには、介護福祉士の専門性が必要不可欠である。

❹ 最後に

　介護にたずさわる人も教育機関の教員も、多くの方が介護を提供する場は介護保険領域の仕事というイメージを強くもっている。しかし、介護を必要とする方は病院にも多くいらっしゃる。病院での介護が充実すると、生活の基盤がととのえられる。身体的自立だけでなく精神的自立にも目を向けられることが、患者の QOL 向上につながる。ADL 向上だけでなく、精神的な支援も行えるのは、生活をベースとした考え方を基本としている介護福祉士しかいないのではないか。回復期リハビリテーション病院も介護福祉士を必要としており、介護福祉士の専門性を十分に発揮できるフィールドであると考える。すでに介護福祉士はみずからの専門性を発揮し、日本介護福祉士会がかかげる「介護福祉士の専門性」を医療施設で実践している。みずから考え行動できることから「補助者・助手」ではないと、誇りをもちながら働いていることを医療関係者や介護職に知ってほしい。

新規立ち上げ施設における
介護福祉士の統括的マネジメント

❶ 介護福祉士による
統括的マネジメントの必要性

　2019（令和元）年度に介護福祉士の養成課程における教育内容が見直され5つの項目が設定された。その1つである「チームマネジメント能力」は、介護福祉士が介護職チームの要として位置づけられていることを意味している。

　この「チームマネジメント能力」を発揮する介護福祉士の立場には2種類あると考えている。1つは現場に立ちながら介護職チームをまとめる「プレイングマネージャー」の立場である。もう1つは組織全体をまとめ、各チームリーダーの育成やそれぞれの介護職チームが機能するための環境を整える「統括的マネジメント」を行う立場である。介護福祉士個人としての専門性・能力の醸成も重要であるが、実際の組織ではこの統括的マネジメントをになう介護福祉士の役割が必要不可欠と考える。いずれの立場でも「チームマネジメント能力」が発揮されることでよい組織・チームが醸成され、質の高いケアが提供されて利用者のQOL（Quality of Life）につながる。

　しかし、介護福祉士においてはマネジメントに関する十分な教育機会や、職位にひもづいた階層ごとの育成システムが浸透してきたとは言いがたい。とくに統括的マネジメントを行う介護福祉士の実践事例はそれほど多くはない。私自身もこうした能力を学び発揮する機会が十分だったと

はいえない期間があり、同じようなキャリアの介護福祉士は全国に少なく
ないはずである。だからこそ、私が施設長の立場で統括的マネジメントを
実践し、リーダーとともに介護職チームが機能する組織づくりを展開した
事例を述べさせていただきたい。

❷ 介護福祉士としての 統括的マネジメント実践事例

1 実践事例の前提

　前提となる事例の背景をご紹介したい。私は新規開設の特別養護老人
ホームに施設長(管理者)として配属された。ユニット型特別養護老人ホー
ムでユニット数は10。各ユニットにはユニットリーダーと、チームメン
バーとなる介護職が配置されている。リーダーは法人内別施設のリーダー
経験者もいれば、今回はじめてリーダーにつく者もいた。そして介護職メ
ンバーの約半数は法人内別施設からの異動組と、半数は中途の新規採用と
いう顔ぶれであった。さまざまな背景から集ったチーム構成、リーダーの
経験値の違いなどがあり、どのチームも課題と可能性が未知数だった。考
え方や価値観をすり合わせ、同じ方向を向いてチームケアができるまでに
統合していくはたらきかけが必要だったといえる。

2 チームをまとめるための仕掛け

　各ユニットリーダーはメンバー個々の介護職と信頼関係をきずき、現場
での介護指導や他部門との連携・情報共有はもちろん、日勤や夜勤など具
体的な現場業務を行いながら、チームをまとめていくことが求められる。
一方私の立場では、そのリーダーの育成や職場のしくみを改善することに

図表 5-2 施設の組織図

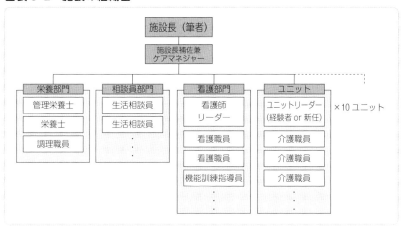

よる現場負担の軽減、時に上位者としてリーダー・メンバー間やメンバー間を仲介し、働きやすい環境をととのえることでチームビルディングやチームワークを後方支援するという役割が主となる。

　この後方支援として私は第一に「介護過程」に取り組んでもらうこととした。メンバーが関心をもって取り組むことができ、かつ利用者のためになることは何かと考えたとき、「介護」そのものに取り組む介護過程が介護職チーム形成のためにもっとも効果的なことだと考えたためである。

　まず各ユニットから 1 人の利用者を選んでもらい、その方の介護過程に取り組む旨を伝えた。各ユニットメンバー皆が支援に課題を感じている方を選定し、毎月のリーダー会議で各ユニットの取り組み状況を共有し、10 ユニット 10 事例を学ぶ機会とした。これにより、リーダーにはほかの実践やチームマネジメントを学ぶ機会となり、その学びをチームメンバーと共有することでチーム実践の改善やヒントにつなげ、介護過程の展開の向上とチームの結束が向上することをねらいとした。同時にリーダー個人に責任と業務がかたよらないよう、チームメンバーはリーダーを支えるフォロワーとなるようなはたらきかけも行った。このような取り組

みをくり返すことで、チームが自然と"介護の成功体験"を得られるような仕掛けを行った。

❸ 実践例

10ユニットのうち1チームを取り上げ、リーダーやメンバーに対する私の具体的はたらきかけの実践について紹介していく。

1 リーダーとチームを組織の視点からアセスメントする

プレイングマネージャーでも統括的マネジメントの立場でも、アプローチする対象の現状を評価し、課題を分析＝アセスメントすることは重要である。私の立場では、各ユニットの「リーダー」「チームメンバー」「ユニット全体」という視点でそれぞれをアセスメントした。

①リーダー：経験の浅いリーダー職。チームメンバーにリーダー経験者がいるためやりづらい立場であることがうかがえた。もっとも重要な課題は「マネジメントに対する理解が弱い」ということであった。リーダーの役割や具体的動きをていねいに指導する必要がある。

実は介護現場にこのようなリーダーはめずらしくない。私の立場にある介護福祉士は当該リーダーの状況をできるだけ客観的に評価し、必要な育成やマネジメントを行わなければならない。

②チームメンバー：年齢幅があり現場経験豊かな者が多く、またリーダー経験者もいる。個々の介護実践力は他ユニットより相対的に高いものの、経験が浅いリーダーのユニットであるためチームとして一丸となっているとは言いがたい。また、意見は言うものの建設的なものではなく、課題認識があってもなかなか行動することにつながりにくい"評論家タイ

プ”、指示待ちの“受け身タイプ”がいた。これも、こうした個々のメンバー以上に、新規立ち上げにともなう組織での役割分担や、責任の所在などを管理側が明確にしきれていない面があった。

③ユニット：こちらも管理側の責任によるところが大きい課題がみえてきた。他部門と各ユニットの役割や責任の所在が明確になっていなかったことで、それぞれがセクショナリズムにおちいっていた。他部門・他職種にコンサルテーションを行えず、介護職チームだけで課題をかかえこんでしまったり、逆に介護職の範 疇_{（はんちゅう）}である仕事を他職種に依存するといった状態であった。当該ユニットは後者の課題を有していた。

当該事例のユニットチームをこのようにアセスメントし「リーダーの育成」「メンバーのフォロワーシップの醸成」が必要だと分析できた。

一方、他ユニットにはそれぞれ別のアセスメント結果があった。こうした分析のときにはマネジメントに関するさまざまな理論が活用できる。大事なことはそれぞれのチームを適切に評価分析し、必要なアプローチを統括的マネジメントの立場で適切に実施していくことである。

2 リーダーへの具体的アプローチ

まず、リーダーとの定期面談を通じて、リーダーにどこまで主体性を求めるか、どのくらいこちらが直接支援するかを見きわめた。リーダーに求める役割を明確に伝え、具体的な行動をうながすためであり、まさにリーダーの自立支援である。面談でさまざまな相談を受けていくなかでリーダーが大きく３つの不安をかかえていることがみえてきた。

１つ目は「介護過程の進め方がわからない」ということ。２つ目は「他職種とのカンファレンスが不安」ということ。３つ目は「リーダーとして上に立ち、ベテランぞろいのメンバーをどうまとめればよいかわからない」ということであった。私は具体化された３つの不安に対して次のようにかかわっていった。

● 介護過程の進め方

　リーダーは「PDCA の P ができない」とのことだった。まさに PDCA という言葉だけが先にきてしまっている状態だと感じた。私は計画の「P：Plan（計画）」ではなく、今実際に行っている利用者への支援内容「D：Do（実践）」から考えてみることを提案した。その内容について「C：Check（ふり返り）」、どうすればよりよい支援になるかということにつなげて計画にしていけばよいと伝えてみた。すると自分たちの日々の実践は容易に言語化できていた。さらに「もっとこうできるのではないか」「どうしてだろう」といった考えを蓄えており、気づきもたくさん有していた。Do から考える道筋を拓くことで介護過程のサイクルに乗ることができた。目の前の利用者にあわせて考えてもらう発想の転換を与えることが重要だった。

● 他職種とのカンファレンス

　当施設では利用者の支援計画の共有や方向性を話し合う際、各ユニットリーダーと他職種とが集う合同カンファレンスの形式をとっている。他職種の前で介護側の意見を述べることは経験の浅いリーダーにとってはプレッシャーであった。「他職種から意見が出たときに回答できるか不安」という言葉から緊張した様子が伝わってきた。私は「介護計画をカンファレンス前に他職種に見せて、事前に意見をもらって準備してみては？」と提案した。リーダーは「そんなことしていいんですか⁉」と驚いた様子だった。「大事なことは利用者のための支援計画がよりよいものになるための場にすること」というカンファレンスの意義についてあらためてリーダーに伝えた。

　組織には意図しないうちに暗黙のルールや慣習ができてしまうことがある。それはよい方向にも悪い方向にも作用する。私の役割はそれらについて「何のためにある（やる）のか」を伝えつづけることだと考える。大事

なことをブレさせずに維持することは、メンバーが何のために働く（介護する）のかを保証することであり、統括的マネジメントの重要な役割だろう。

● メンバーのまとめ方と万能なリーダー像

　リーダーが立案した介護計画内容を端的にまとめると、昼夜逆転状態にある利用者の機能訓練を日常生活に落とし込むことで日中活動量を増やすという内容であった。リーダーには「どのような活動を、だれがいつどのくらい行うのか。しかも日々の業務に加えて新たにみんなにそれを指示しなければならない」という大きな不安がのしかかっていた。私も経験があるが「自分がリーダーだから職員にきちんと動いてもらえるように全部把握して、全部かかわらなければいけない」という万能なリーダー像にプレッシャーを感じていたのだ。

　リーダー像はそれぞれのリーダーの個性や力量、そしてチームメンバーの状況に応じて求められるものが変わってくると私は考えている。万能なリーダー像ができてうまくいくチームもあればそうではない場合もある。

　私はリーダーに「メンバーに頼って、助けてもらうリーダーでもいいんじゃない」と伝えてみた。抱いていた万能なリーダー像とは別のリーダー像を示されて当惑している様子だったが、少しずつメンバーの巻き込みをいっしょに実施してみることにした。たとえば、機能訓練に関心をもっているメンバーを募集したり、機能訓練の様子を動画撮影・編集して職員間で共有し、統一するための資料づくりができる者を聞いて回ってみた。すると、訓練内容に興味をもつ職員やIT に強い職員が出てきた。リーダーはこうしたメンバーとコミュニケーションをはかり、計画を実施できるような話し合いを頻繁に行うようになった。そして皆で利用者のことを真剣に話し合うという雰囲気が徐々にチーム全体に波及していった。

3　メンバー・ユニットへの具体的アプローチ

　メンバーやユニット・部門間での大きな課題は、新規立ち上げにともなうそれぞれの役割分担や責任の位置づけにあった。この点を念頭に私はそれぞれに対して次のようなアプローチを行った。

● フォロワーシップの醸成・目標設定

　まず私は年間を通じて全職員の面談を何度も行った。一人ひとりの職員と向き合うことでその人の考えや思い、現場で感じている課題などに耳を傾けた。信頼関係をきずくなかで評論家タイプの職員に対してはそのかかえている意見を建設的な方向へと導き「その意見をどうしたら実現できそう？」「リーダーの成長をいっしょに後押ししてもらえないかな」といった形で、具体的行動へ落とし込めるようにかかわった。また、ベテランゆえに感じる課題に対しては「以前の施設だったらこうした課題にどうしていたの？」と知見をいかすようにかかわり、チームやリーダーをフォローする位置づけを見いだしていった。

　また、受け身タイプの職員には仕事のスタンスや、短期から中長期的なキャリアをいっしょに考えたうえで、現在の働き方を見つめるような面談を行った。「将来はリーダーになりたい」「ほかの領域も経験したい」というさまざまなビジョンを共有し、そのために今の私たちの現場で何ができるかを話し合うといった具合だ。こうしたなかであるメンバーは役割を見いだし、得意をいかしてリーダーといっしょに利用者の機能訓練について話し合うメンバーになっていった。

● セクショナリズムの打破と専門性の自覚

　当該ユニットでは、利用者の生活に落とし込んだ機能訓練の課題について機能訓練指導員への依存が強い現状があった。他職種の専門性を理解し

て適切な連携ができていないばかりか、利用者の姿勢やシーティングがそもそもできていないという、自分たち介護福祉士の責任に対する自覚が不足している状態であった。私も一介護福祉士として、介護福祉職の専門性や職務の範 疇をきちんと後進に指導し、組織のなかで役割を明確にすることをおろそかにしていた一面がある。

　私はまずチームに対して、施設長ではなく介護福祉士として、姿勢やシーティングなどの基本的研修を実施し、介護福祉士の役割をあらためて伝える機会を設けた。加えて他職種の専門性を共有する研修機会を設け、どこの場面で連携し、どこまでは自分たちでしっかりと押さえるべきことかを組織のなかで明確に位置づけていった。各部門とユニットが連携する会議体の場を設定し、それぞれの役割と責任をもって利用者支援にのぞめる体制をつくったのだ。

　リーダーやメンバー、ユニット・部門間へのアプローチを通じて、組織における統括的マネジメントを実施していった。ここまで述べたように、組織における課題は個々の職員に問題があるようにみえるものも多いが、実は統括的マネジメントの役割の範 疇であることも少なくない。こうした点から逃げずにこの立場でなすべきこと、この立場でしかできないことに取り組むことが重要だと考える。

　当該ユニットをさまざまな形で支援した結果、介護過程実践によって利用者の身体機能や睡眠リズム、栄養状態まで改善の結果を出すことができた。他職種からの評価もあり、リーダーを含めてチーム全体の大きな自信と成功体験につながり、チームとして一体感が芽生えることとなった。

介護職チーム形成における総合的な援助方針

新規立ち上げ施設における1つのユニットが、介護福祉士リーダー、介護職員メンバーがチームとしてまとまり、他部門・他職種と連携しながら利用者のQOL向上に資する組織をめざす。

課題に対する支援計画

組織にとっての課題	管理者の見立て・統括的マネジメントの必要性	管理者の具体的支援内容
①新規立ち上げ施設であり、多様な背景をもつ職員たちをチームとしてまとめていくしくみづくりや人材育成が始まったばかりである。	個々の職員やチームの力量を分析しつつ、経営側である自分に求められる責任や役割を自覚し、管理者・施設長という立場でできる統括的マネジメントを実施し、組織のしくみづくりや人材育成を行う必要がある。	統括的マネジメントの責任と役割を自覚し、組織内における課題を「リーダー」「チームメンバー」「ユニット」「他部門との連携」などの切り口で分析し、行うべきアプローチ方法を考え実践する。各ユニットに利用者1名を選定しチームで介護過程に取り組む。
②当該ユニットの介護福祉士リーダーは、リーダー職の経験が浅くリーダーとしての役割の理解が十分ではない。そのため、チームをまとめて他職種と連携しながら介護過程実践を進める自信がもてない。	面談を通じてリーダーがかかえる3つの不安について把握した。これらに指導や伴走することを通じて、リーダーとしての人材育成をはかり、チームの要としてリーダーの自立を支援する必要がある。	介護過程を進めるための発想の転換をうながし、視点の広がりを与えるスーパービジョンを行った。他職種連携を円滑にするため、事前に他職種とリーダーの仲介を行い、リーダーのサポートを行った。リーダー像のとらえ直しを行い、メンバーと関係性を醸成できるようサポートした。
③介護職チームメンバーには、意見は言うが実動がともなわない評論家タイプと、指示待ちの受け身タイプがおり、足並みがそろわない状況。	リーダーの経験が浅いということもあり、経験豊かなチームメンバーが各々バラバラな動きをしないよう、メンバーのフォロワーシップをはぐくみ、リーダーを中心としたチーム形成を支援する必要がある。	全職員の面談を通じて、それぞれの強みや考え、キャリアにおける目標を尊重して、それらをチーム実践でいかせるような役割づくりや動機づけを行った。
④各ユニットや他専門職部門との役割や責任が明確になっておらず、セクショナリズムにおちいっている状態がある。	組織内の各セクションが有機的に連携して、利用者本位の支援を行えるよう、各ユニットにおけるチーム形成や介護福祉専門職としての役割の認識、他職種部門との連携のあり方を指導する必要がある。	介護福祉職としての専門性と責任、役割に関する研修、指導を行うとともに、それらを組織内に明確に位置づけた。

4 よりよい質を求める向上的チームへ

　当該ユニットは、チーム形成力が施設内でも高く成長したため、その後施設におけるさまざまな取り組みのモデルユニットになってもらう機会が多くなった。

　たとえば、当施設では利用者のベッドに設置して睡眠状態や覚醒状態を一元的に管理できるセンサーを導入していた。このセンサーを当該ユニット1か所に集中して設置し、モデルユニットとして稼働させた。しかし、チーム形成が進んでいたことでリーダーを中心にメンバーが協力し合い、おかげで貴重なデータを得ることができた。

　結果として夜間巡視時間や訪室回数、朝食準備等にかかる時間などが削減できることがみえてきた。業務の可視化が進み、さらに「利用者にかかわる時間が増えそうな感じがする」と生産性の向上が利用者視点に向いている発言が聞かれたのだった。介護職チームとして介護過程を通じた成功体験がこうした発言につながるようになったと感じている。

　今後の介護現場ではICTに限らず、新たな取り組みを導入していくことが求められている。現場で介護職チームが十分形成できてさえいれば、導入することの目的が共有されやすく、前向きにチームみずからチャレンジしてくれるのではないだろうか。そうしたチームが育つ環境をつくることこそが、私のような統括的マネジメントをになう介護福祉士の「チームマネジメント能力」だと考える。

❹ まとめ

　私が介護現場に入ったころは、介護福祉士に求められる能力は個々の感覚で習得し実践するという時代であった。しかし、これからの時代は統合された介護職チームによる継続的なチーム支援が行われなければならない。その中核において「チームマネジメント能力」を発揮する介護福祉士こそが必要である。

　一方で、介護現場は個々の介護職が組織人として働く場でもある。個々の介護職が集う介護職チームも組織において機能的な役割を果たさなければ、利用者の QOL に寄与する実践は弱いものとなる。そのために、組織において統括的マネジメント能力を発揮し、介護職リーダーを中心としたチームが機能する環境をととのえることも重要である。介護福祉士がこの能力を発揮し、組織としての環境をととのえ、利用者のための介護実践が行われることを願うと同時に、私自身もその目的のためにこれからも自分の立場でできる介護福祉士の役割を発揮していきたい。

第5章

3 介護福祉士のさらなる実践力向上をめざした認定介護福祉士の創設

日本大学文理学部　教授
公益社団法人日本介護福祉士会　理事
公益社団法人日本介護福祉士会認定介護福祉士認証・認定機構　運営委員

諏訪　徹

1　認定介護福祉士とは

　認定介護福祉士とは、介護福祉士に継続的な教育機会を提供し、資質を高めることを目的としてつくられたキャリアアップのためのしくみである。認定介護福祉士の目的として以下があげられる。

①利用者の QOL の向上
②介護と医療の連携強化と適切な役割分担の促進
③地域包括ケアの推進等の介護サービスの高度化に対する社会的要請への対応、など

　認定介護福祉士が生まれた直接的な契機は、2007（平成 19）年の社会福祉士及び介護福祉士法の改正時に、国会の附帯決議がなされたことであった。附帯決議の内容は、より専門性のある介護福祉士を育成するしくみを検討すべきというものである。さらに、厚生労働省「今後の介護人材

の在り方に関する検討会」により 2011（平成 23）年 1 月にまとめられた「今後の介護人材の在り方について（報告書）」において、認定介護福祉士の創設という具体的な形で提案された。

創設に向けての検討は、報告書において「介護福祉士の職能団体が主役となって行うことが望まれる」との提案がなされ、日本介護福祉士会が主体となって幅広く介護福祉の事業者団体や教育団体、学識者、実務者等々の参画を得て、国の補助を受けながら検討会が設置された。検討会が正式にスタートしたのは 2011（平成 23）年。その後、2013（平成 25）年度までモデル研修等を実施しつつ、具体的な検討が進められた。

2 認定介護福祉士の役割

認定介護福祉士の役割の 1 つは、介護部門の統括的なマネジャーである。介護サービスを提供する施設や事業所では、たとえばユニットケアに代表されるように、5 〜 10 人の介護職によるサービス提供チームが組まれている。そのような複数のチームで構成される介護部門のトップを認定介護福祉士がにない、介護サービスのマネジメントを行い、介護職チームによるサービスの質を向上させる役割を果たすことをイメージした。

また、介護サービスを提供するにあたって他職種の部門や他機関との連携・協働をはかる役割、さらには、地域における施設・事業所、ボランティア、家族介護者等の介護力を引き出し、地域の介護力の向上をはかる役割も認定介護福祉士が果たすことをイメージした。

認定介護福祉士に関する検討を行っていた時期には、ちょうど地域包括ケアシステムが具体的な政策として議論されていた。地域包括ケアにおいては、医療職をはじめとする他職種と介護職との連携はきわめて重要になる。そこで、介護部門側から代表して医療職とさまざまなルールを決めていく役割を認定介護福祉士に期待した（**図表 5-3**）。

図表 5-3 認定介護福祉士の役割

事業所や施設の介護サービスマネジャー	+	介護サービス提供における連携の中核となる者	+	地域における介護力向上のための助言・支援をする者
介護職チーム(ユニット等、5〜10人の介護職によるサービス提供チーム)のリーダーに対する教育指導、介護サービスマネジメントを行い、介護職チームのサービスの質を向上させる		介護サービス提供において他職種(医師、看護師、リハビリ職等)との連携・協働を図る		地域における、施設・事業所、ボランティア、家族介護者、介護福祉士等の介護力を引き出し、地域の介護力の向上を図る

〈例〉

- 事業所や施設の介護職チームへの指導
- 事業所や施設の介護サービスマネジメント
- 自宅療養中利用者への介護サービスマネジメント(定期巡回・随時対応型訪問介護看護 ほか)
- 自宅における看取り支援
- 重度認知症者の在宅支援

- 医療ニーズの高い利用者の主治医や訪問看護、リハ等と連携
- 行政や他職種と連携・協働で地域包括ケアの推進
- 地域包括支援センターで介護相談等

- 地域の介護に係る多様な人材への助言・指導
- 地域の介護福祉士との交流会等で助言
- 地域の学校等へ介護講座・授業の講師
- 自治会等へ介護出前講座
- ボランティア等、多様な人材の育成

▼

これらが行われることで地域包括ケアが推進される

出典：公益社団法人日本介護福祉士会認定介護福祉士認証・認定機構資料

3 認定介護福祉士養成研修検討の視点

　認定介護福祉士の養成研修を形づくるにあたっては、次の視点を意識して検討が進められた。

①他の職能団体の認定資格を強く意識
②将来的に介護報酬等の評価につなげることを意識
③福祉専門職としての心理・社会的支援に関する学習の補強

　1つ目の視点は、他の職能団体の認定資格を強く意識したことである。

たとえば、先行して取り組まれていた認定社会福祉士のほか、認定看護師、専門看護師、さらには理学療法や作業療法の認定資格などと比較して、認定介護福祉士が遜色ない水準の内容・時間数となることをめざした。

　2つ目の視点として、将来的には介護報酬等の評価につなげることを意識した。認定介護福祉士の役割は、各施設・事業所における介護部門の統括マネジャー、また多職種連携における介護職側の中核となることであるが、単に統括マネジャーというだけでは介護報酬で評価をされることはない。介護報酬などで評価されるときには、認定介護福祉士をおくことで、利用者の状態改善、あるいは悪化防止につながることがしっかり打ち出される必要がある。当然、地域包括ケアシステムにおける医療・介護連携に対応できることもめざされなければならない。

　ちょうど同じ時期に、介護職員による医療的ケア実施の検討会も行われていた。一定の研修を受講することを条件に、喀痰吸引等を介護福祉士が行うことが、この時期の法改正により可能となったわけである。このような動向も念頭におき、将来的な医療的ケアの範囲拡大に対応できる方向もめざすこととした。

　このように地域包括ケアシステムで求められる介護福祉士の知識・技能と指導力の獲得を重視した結果、医療やリハビリテーションに関する科目が、認定介護福祉士養成研修のなかで大きな比重を占めることになった。

　さらに3つ目の視点として、心理面あるいは社会的な支援といった、福祉専門職としての学習の強化を意識した。2009（平成21）年から実施された新たな介護福祉士養成課程では、従来の1650時間から1800時間に履修時間が拡充され、修得すべき内容が充実した半面、心理・社会的支援に関する学習がやや後退した面もあった。そのため、認定介護福祉士養成研修では、これらの科目を明確に位置づけ、そのうえでマネジメントの学習を行うという形にした。

4 認定介護福祉士養成研修の体系

　認定介護福祉士の養成研修は、「介護福祉士は生涯学び続ける必要がある」という視点を前提として、11領域・22科目を「認定介護福祉士養成研修Ⅰ類」と「認定介護福祉士養成研修Ⅱ類」の2段階に組み立てている（**図表5-4**）。総時間数は600時間である。

　Ⅰ類の考え方としては、医療、リハビリテーション、福祉用具と住環境、心理・社会的支援等、現在の介護福祉士養成課程では学ばない新たな専門的な知識をしっかり身につけることをめざし、これらを統合して、利用者の尊厳の保持や自立支援といった考え方にもとづき、介護過程を展開しながら介護職の小チームを指導できるようになる要素を含んでいる。

　そのうえで、Ⅱ類では、Ⅰ類で学んだ知識をもとに、介護部門の統括マネジャーとしてのマネジメント力を育成するという構成としている。具体的には、認定介護福祉士に必要な指導力や判断力、考える力、根拠をつくり出す力、創意工夫する力などの応用力を養成する。さらにⅡ類では、生活支援の視点から、地域の介護力を高める力を獲得することをめざしている。

5 認定介護福祉士養成事業運営のスキーム

　認定介護福祉士の養成研修の認証、資格の認定を公平・公正に実施するために、2015（平成27）年12月に一般社団法人として認定介護福祉士認証・認定機構（以下、機構）が第三者組織として設立された。

　認定介護福祉士養成研修は都道府県介護福祉士会のほか、介護福祉士養成校、事業者団体、社会福祉協議会等が行い、これらが研修実施団体となる。

　研修内容については一定の基準があり、機構は研修実施団体により行われる研修が一定の基準を満たしているかの「認証」を行う。また、修了者を認定介護福祉士として「認定」する。基本的にこの2つの機能を果た

図表5-4　認定介護福祉士養成研修カリキュラム

領域名	科目名	時間（課題学習を可とする時間）	形態
認定介護福祉士養成研修導入	認定介護福祉士概論	15（7）	講義・演習
医療に関する領域	疾患・障害等のある人への生活支援・連携Ⅰ	30（30）	講義
	疾患・障害等のある人への生活支援・連携Ⅱ	30（15）	講義・演習
リハビリテーションに関する領域	生活支援のための運動学	10（10）	講義
	生活支援のためのリハビリテーションの知識	20（8）	講義・演習
	自立に向けた生活をするための支援の実践	30（8）	講義・演習
福祉用具と住環境に関する領域	福祉用具と住環境	30（0）	講義・演習
認知症に関する領域	認知症のある人への生活支援・連携	30（15）	講義・演習
心理・社会的支援の領域	心理的支援の知識技術	30（15）	講義・演習
	地域生活の継続と家族支援	30（15）	講義・演習
生活支援・介護過程に関する領域	認定介護福祉士としての介護実践の視点	30（0）	講義・演習
	個別介護計画作成と記録の演習	30（0）	講義・演習
	自職場事例を用いた演習	30（20）	講習・演義
Ⅰ類　計		345（143）	
医療に関する領域	疾患・障害等のある人への生活支援・連携Ⅲ	30（15）	講義・演習
心理・社会的支援の領域	地域に対するプログラムの企画	30（15）	講義・演習
マネジメントに関する領域	介護サービスの特性と求められるリーダーシップ、人的資源の管理	15（7）	講義・演習

（左端：Ⅰ類／Ⅱ類）

	領域名	科目名	時間（課題学習を可とする時間）	形態
Ⅱ類	マネジメントに関する領域	チームマネジメント	30（15）	講義・演習
		介護業務の標準化と質の管理	30（15）	講義・演習
		法令理解と組織運営	15（7）	講義・演習
		介護分野の人材育成と学習支援	15（7）	講義・演習
	自立に向けた介護実践の指導領域	応用的生活支援の展開と指導	60（40）	演習・講義
		地域における介護実践の展開	30（0）	講義・演習
Ⅱ類　計			255（121）	
合計			600（264）	

すことになるため、「認証・認定機構」という組織名となっているわけである。

6 介護福祉士および認定介護福祉士の配置イメージ

　認定介護福祉士の基礎資格である介護福祉士をどのような形で配置するかについて、機構としては次のようなイメージをもっている。

①中重度者対象の施設・事業所への配置
②地域密着型サービス等への配置
③軽度者対象の施設・事業所への配置
④地域包括支援センター等への配置

　中重度者の支援を行う施設や事業所では、医師、看護師、リハビリテーションをになう職員との協働や連携が求められる。そのため、今後は生活

の場での医療的ケアや生活リハビリテーション、身近な健康管理などをになう介護福祉士について、その人員配置を介護福祉士が中心となるように基準のなかで検討していく必要がある。

　他方、小規模多機能型居宅介護、看護小規模多機能型居宅介護、定期巡回・随時対応型訪問介護看護等の地域密着型サービスは、在宅で中重度者を支えていくためのサービス群である。そのため、これら地域密着型サービス等についても、中重度者向けの施設・事業所と同様に、介護福祉士を中心として体制をとる必要がある。

　軽度者対象の施設・事業所では多様な人材が入ってくることが前提ではあるが、軽度であるからこそ要介護度が改善される可能性がある。介護福祉士はそこに関与していく必要があるだろう。具体的には、介護福祉士は、リハビリテーション職、歯科衛生士、栄養士などの専門職との協働で、介護予防や重度化予防に取り組んでいく必要がある。また、介護福祉士以外の介護職員についても、生活支援を通じて、要介護度の改善につながるように、介護福祉士が指導的な役割を果たす必要がある。

　また、地域包括支援センターでは、問題が複合している世帯への支援、退院後の不安定な時期への支援、初期の認知症で不安や混乱が強い期間の支援などを行っている。そのため、看護職や社会福祉士等との他職種協働のなかで、介護福祉士が対応できる体制をとる必要がある。

　これらのイメージをふまえ、入所型施設における介護福祉士および認定介護福祉士の配置を想定すると、**図表 5-5** のようになる。入所型施設ではさまざまな職種がそれぞれのサービスを提供することになるが、そのなかで、各部門の統括責任者は対等な形でドーナツ型リーダーシップを発揮することが求められる。認定介護福祉士は介護部門の統括責任者であり、介護部門の代表者として他部門の統括責任者と対等な形で 1 つひとつの事案に対応していくことになる。

　たとえば、ユニット型の施設であれば、1 つのイメージとして、介護福

図表 5-5　介護施設における配置イメージ（ユニット型施設の例）

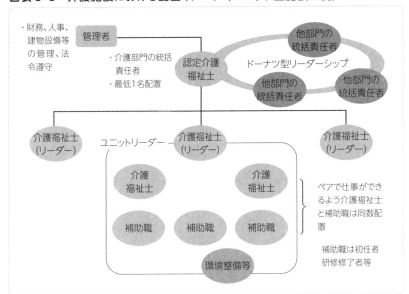

出典：公益社団法人日本介護福祉士会認定介護福祉士認証・認定機構資料

祉士がユニットリーダーとなり、各ユニット内の生活支援にともなうさまざまな業務は、介護福祉士と補助職がペアとなって行われる。そして、認定介護福祉士は、ユニットリーダーを統括・指導する役割を果たすこととなる。

　この配置イメージは、在宅の場面でも同様に考えられる。たとえば、**図表 5-6** に示す定期巡回・随時対応型訪問介護看護では、認定介護福祉士が居宅介護支援事業所や医療機関、訪問看護事業所といった他事業所との連携の中心となり、計画担当責任者である介護福祉士とともに事業所内の一貫した支援の計画・調整を行うことになる。

7　これまでの取り組み状況と課題

　現在、18 の機関（職能団体 13、大学 5）が認定介護福祉士の養成研

図表5-6　定期巡回・随時対応型訪問介護看護における配置イメージ

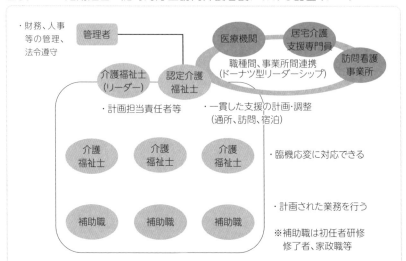

出典：公益社団法人日本介護福祉士会認定介護福祉士認証・認定機構資料

修を行っており、これまでに延べ約520人が受講、資格取得者は176人超という状況にある。また、機構としては、研修の質を担保するために「講師用ガイドライン」「教材資料集」「映像教材」等を作成してきた。

　課題の1つは、研修にともなう受講料についてである。研修は科目単位で受講できるしくみになっているため、一概にはいえないが、1人あたりの受講料は20～30万円程度となっている。医療職からみると、上級資格を取得するためにはあたりまえと思われるかもしれないが、介護現場においては高額な自己負担と受けとめられざるを得ない現状にある。

　この数年、コロナ禍の影響によりオンライン研修の技術も普及してきた。これを機に、課題となっている受講負担の軽減が可能になる方策を進め、受講者拡大を進める必要がある。

日本介護福祉士会と生涯研修

一般社団法人香川県介護福祉士会　会長
公益社団法人日本介護福祉士会　二代目会長
石橋真二

1) はじめに

　社会福祉士及び介護福祉士法が 1987（昭和 62）年に制定され、介護福祉士の数も順調に増えてきたなか、日本介護福祉士会は 1994（平成 6）年 2 月 12 日に介護福祉士の全国的な職能団体として設立した。

　その後、介護保険制度の施行および障害者自立支援法の施行など介護福祉を取り巻く環境は大きく変わってきた。なお、近年における介護の理念や概念の変化、介護対象者のニーズの多様化などにともない介護の現場では質の高い介護サービスが求められるようになり、介護福祉士の養成が量から質へと転換する方向性になってきた。

　介護福祉士の登録者数が、2023（令和 5）年 4 月の段階で 190 万人以上にもなるなか、これからの社会福祉を支える専門職として、多様な年齢構成、経験をふまえながら、いかに資質を高めていくかが課題であり、これからは、どのような専門的知識、経験を有しているかとともにサービス管理の責任および組織や事業の管理、後輩への指導能力等が強く求められる時代になってきた。

2) 生涯研修制度の検討

　日本介護福祉士会の基本目的は、介護福祉士としてみずからの専門的知識・技術および倫理的自覚をもって最善の介護福祉サービスの提供に努めることにあり、「介護福祉士の職業倫理及び専門性の確立、介護福祉に関する専門的教育及び研究の推進並びに介護に関する知識の普及を図り、介

護福祉士の資質及び社会的地位の向上に資するとともに、国民の福祉の増進に寄与すること」である。これらの目的を実行するためには、介護福祉士自身が自己研鑽を継続し、介護の実践をあらゆる側面からみて専門性を高めていくことが必要である。

このようななか、私が2006（平成18）年に日本介護福祉士会会長に就任したときに、専門職能団体として、優先的に取り組むべきことは、会員に対して、適切な学習機会とさまざまな情報を提供し、会員1人ひとりが自発的に学習を継続することができる生涯研修制度を整備することであった。

日本介護福祉士会設立後の生涯研修制度の枠組みとして、試行錯誤を重ね、2004（平成16）年に、基礎研修プログラムⅠ（初任者研修）、基礎研修プログラムⅡ、基礎研修プログラムⅢ（実務者レベル研修）および「管理介護福祉士」「専門介護福祉士」「研究介護福祉士」を育成する専門領域研修プログラムに分けて検討を進めていた。

その後、基礎研修プログラムⅠ、Ⅱ、Ⅲを整理し、「初任者研修」、「ファーストステップ研修」、「セカンドステップ研修」に分け、さらに専門分野別に技能研修の位置づけを行い、専門領域研修プログラムの考え方はこれまでと同じ内容で体系化することとなった。

3）生涯研修制度の見直しと認定介護福祉士の創設

2005（平成17）年4月の介護保険法改正のなかで介護福祉士の位置づけが明確化され、介護職員の中核的な存在である介護福祉士の質の向上が強く求められてくることになり、2007（平成19）年の社会福祉士及び介護福祉士法改正においては介護福祉士全体の資質向上のために資格取得方法の一元化、定義規定、義務規定の見直しが行われた。

介護福祉士の国家資格は、「幅広い利用者に対する基本的な介護を提供できる能力を有する資格」と位置づけられていることから、さらに、重度

の認知症や障害等の分野について、より専門的対応ができる人材を育成していくことが求められた。また、人材確保と資質の向上の観点からは資格取得後のOJTのほか、生涯にわたる自己研鑽や、介護の専門的な能力開発とキャリアアップへの支援が求められることになった。なお、2007（平成19）年8月に「社会福祉事業に従事する者の確保を図るための措置に関する基本的な指針」が厚生労働省より示され、介護労働環境の整備とあわせて、資格取得後の継続的な研修のしくみを構築する取り組み等が求められるようになった。

　また、認定介護福祉士の創設のきっかけとして、社会福祉士及び介護福祉士法等の一部を改正する法律案に対する参議院厚生労働委員会附帯決議（2007（平成19）年4月26日）、衆議院厚生労働委員会附帯決議（2007（平成19）年11月2日）があげられる。社会的援助のニーズが増大していることに鑑み、重度の認知症や障害のある者等への対応、サービス管理等の分野において、より専門的対応ができる人材を育成するため、専門社会福祉士および専門介護福祉士のしくみについて、早急に検討を行うことが示された。その後、2011（平成23）年の今後の介護人材養成の在り方に関する検討会において、認定介護福祉士創設の具体化に向けた検討を行うことが決まり、日本介護福祉士会が中心となり、厚生労働省や介護関係団体・養成機関・学識経験者等の協力を得て、2011（平成23）年から3年間にわたり、認定のしくみやカリキュラムの検討およびモデル研修などを行い、認定介護福祉士の創設に向けて具体的な取り組みを行ってきた。

　このような経過から、職能団体として早急に時代のニーズにそった介護福祉士の生涯研修体系を確立することが重要であるとして、認定介護福祉士を日本介護福祉士会の生涯研修に位置づけ、その重要性を国や関係団体に発信してきたのである。

4）人材確保と介護福祉士のキャリアパス

　介護の人材確保対策においては、介護現場での定着率をいかに高めていくかということが重要であり、そのためには、賃金の向上を含めた待遇面の向上など介護労働環境の改善と社会的評価の向上とをあわせて、将来の道筋を示す、いわゆるキャリアパス、キャリアラダーのしくみを構築することが必要である。認定介護福祉士の養成は、介護福祉士の役割の明確化・専門性の向上と介護福祉士のキャリアパス制度の構築につながり、今後の人材確保・定着につなげることはもとより、より質の高い日本の介護制度の構築のためでもある。

　人材の資源における特徴は、成長・発展することであり、常に明日に向けて向上することが大切である。介護の現場ではとくに、人材の質の向上がサービスの向上に直結するため、生涯を通じた能力開発のしくみを構築することが必要となる。人材の成長・発展をうながす能力開発は、組織としての長期的な投資であり、現場での定着率を高めるために有効な手段でもある。

　介護現場におけるキャリアパスとは、介護現場で働く者が、介護の仕事を通じて自分の職業人生を設計していくことであり、どのように将来を展望するか計画し、実行していくことである。

　経営者側としては、自分の経営する施設・事業所などで、介護職員が生きがいをもちながら、いっしょに満ち足りた職業人生を形成あるいは完遂できることである。

　キャリアパスの実現のためには、職員のやりたいことと組織の目的が同じ方向性をもつようにする必要があり、そのために、介護職員が自分のキャリア形成を客観的に眺め、そこから自分のやりたいことを把握し、その可能性をよく経営者側と話し合える状況をつくり出し、納得して取り組むようにすることが大切である。

　そのため、本人の意思や表明の機会を設ける、能力開発などを受ける機

会、各種キャリアパスの用意とその条件の提示、職員のキャリア形成の自覚をうながすなどの取り組みが必要である。

同時に、職員が生き生きと働くため、研修などで能力を向上する、自立的な活動をうながすことにより、みずから考える現場になり、仕事そのものが楽しくなることで職場の定着率も高まってくることが期待される。

大規模法人では、独自の人事・評価体制、能力開発、キャリア形成支援などをもっているところもあり、比較的キャリアパスを導入しやすい環境にあるが、小規模な事業者では、職員の能力開発、キャリア形成支援などが困難なところがある。

したがって、日本介護福祉士会としては、大規模法人はもとより、多様な介護事業所で働く介護職、介護福祉士のためのキャリア形成の提案および能力向上のための生涯研修制度を提供していく役割をになっていくべきである。

日本介護福祉士会における生涯研修制度は、介護福祉士、介護職員の能力向上とキャリア形成に役立つものであり、今後も介護職員の資質向上、職員の養成、能力開発についての研修体制（OJT）を確立し、介護人材の育成と定着率を高めるために役立てるよう深化してもらいたい。

5）おわりに

今後、認定介護福祉士研修につながるさまざまな研修なども含めて、その効果や研修内容への評価等をふまえ、研修カリキュラムのブラッシュアップ等を行い、また、全国の介護福祉士、介護職員が研修を受講しやすい体制の確立のために、介護関係団体、養成施設、事業者団体等と連携して受講生が身近で研修を受けられるように進められることを期待したい。

そのうえで、日本介護福祉士会の生涯研修制度が普及するとともに、認定介護福祉士がこれからの社会に求められる役割を発揮できることを祈念する。

おわりに

〇介護を取り巻く社会の状況

　わが国は、加速度的に高齢化が進展し、後期高齢者が増える一方で、少子化の影響から、介護のにない手が十分に確保できないという大変厳しい現実がある。介護を取り巻く社会環境も変容しており、8050問題、ヤングケアラー、老老介護、認認介護、介護離職、などと呼ばれるさまざまな課題が取り沙汰されている。

　介護人材の慢性的な不足は解決しないまま深刻化をきわめている。私たち介護福祉士には、地域包括ケアシステムの構築を進めているわが国において、地域で、可能な限り在宅介護の限界点を高めつつ、国民一人ひとりの生活・暮らしの継続を担保していくことが求められている。そのためには、医療と介護福祉の連携が不可欠であり、それぞれの専門性をお互いに認識し、尊重し合える体制の構築が望まれる。

〇介護福祉士が護るもの

　介護福祉士は、身体介護や生活援助、相談助言などの行為を行う専門職であるが、その「行為」が目的ではなく、このような支援を通して、国民の生活・暮らしの質に責任をもつ専門職である。

　第2章に記載があるとおり、「Life」という単語には「生命」「生活」「人生」等の訳があるが、「QOL（Quality of Life）」は一般的に「生活の質」と訳される。私たちが護るべきは、一人ひとりの「生活や暮らし」であり、一人ひとりの「人生」である。

　私たち介護福祉士は、ほかの専門職と比べて、利用者の生活場面にかかわる時間も長く、その人らしさや、その人らしい生活を理解することができる。そして、身体介護や生活援助などが必要な人にとって、何より大切にしなければならないのは、その人らしい生活・暮らしを継続できるよう

にすることであり、ここに、介護福祉の専門職である介護福祉士の専門性が欠かせない理由がある。

　ただし、生活や暮らしの継続には、生命の継続が前提となる。だからこそ、医療職等との多職種連携が必要であり、介護福祉士がこの多職種連携のなかで、専門性を発揮することが重要と考える。

○介護福祉士が介護職チームでになう役割

　国民の生活や暮らしを支える介護サービスは、1人の介護職だけで行うものではなく、チームで行うものである。しかし、チームメンバーの全員が、必ずしも介護の専門性を備えた人材というわけではない。深刻化する介護人材不足のなか、アクティブシニアや外国人介護人材、子育て世代の短時間労働など、多種・多様な人材もチームメンバーとなる。

　認知症のある人、自立歩行ができない人、寝たきりの人、終末期にある人など、複雑化・多様化・高度化する介護ニーズに対応するため、介護福祉士は、多職種と連携をとりながら、いかに最適な介護を提供するか思考をめぐらせ、介護計画を策定する。そのうえで、介護職チームが適切な介護サービスを提供できるよう、多種・多様な介護人材を束ねながら、チームメンバーへの技術指導や実践する介護内容の共有、そしてふり返り等までになっているのが実態である。

○時代の要請に応えるために実現させたい方策

　介護福祉士にはさまざまな役割が求められ、介護福祉の専門職として、実際に日々の業務に向き合っているものの、介護福祉士の専門性が十分に評価されるしくみとなっていないため、歯がゆさを感じる場面も少なくない。

　以下に私たち介護福祉士が、介護を必要とする国民の生活・暮らしに責任をもつ専門職であり、よりよい介護実践を提供するため、また、国民の生活を支えるために実現したいことを2つ示す。

①介護職チームの中核をになう介護福祉士の役割等の明確化

　介護職チームが利用者の支援を実践していくためには、根拠のある介護計画の策定とあわせて、介護の内容を共有する必要がある。

　介護計画の策定には、利用者の生活全般を通じての情報収集と分析（アセスメント）を行い、一人ひとりの状況に応じた目標を設定し、他職種の支援内容をふまえ、介護の内容を定める過程が必要である。また、介護計画に沿った形で、利用者の心身の状況等に応じた介護を実践し、モニタリングを行い、必要に応じた計画の見直しを行う。

　このサイクルを私たちは「介護過程の展開」と呼ぶが、この介護過程を適切に展開していくためには、介護職チームの中核となる、経験と知見のある介護福祉士の存在が欠かせない。しかし、たとえば、介護保険制度の枠組みにあっては、訪問介護（ホームヘルプサービス）以外のサービス種別では、その役割をになう介護福祉士の配置が義務づけられていない。

　また、厚生労働省は、生産性向上という呼称で、介護現場の業務改善を通した効率化・質の向上の取り組みを推進している。この取り組みを進めるためには、介護職が行う業務分析から業務改善計画等の策定などが必要であるが、この役割は、業務の効率化だけでなく、介護サービスの利用者に寄り添い、人の心身に介入する行為に求められる倫理観を備えた介護福祉士こそがになうべきである。しかし、この役割をになう職員の適切な配置にも言及がなされていない。

　介護職チームの形成が求められるなかで、その役割をになうことに対する責任や自覚、モチベーションを高く保つことができるようにするためにも、介護職チームの中核をになう介護福祉士の役割を明確にしたうえで、配置基準上でも介護福祉士が介護福祉士として従業できる環境を実現させる必要がある。

　職能団体である日本介護福祉士会としては、当該役割をになう人材の質を担保するための学びの機会を今以上に提供していく心づもりである。

②地域共生社会で地域を支えることができる介護福祉士の配置の推進

　今後、さらに、在宅での介護提供体制の強化が求められてくることをふまえれば、地域のみなさまが地域で生活を継続できる環境を実現していくことが必須であるが、その際、介護の知見をいかした相談支援の機能を強化することは欠かせない。

　要介護状態になられたご本人や、そのご家族のなかには、必要な状態に直面してはじめて介護に向き合う方も少なくない。介護が必要な状態では、これまでの生活の継続が可能なのかなどの不安が課題であり、ていねいな対応が求められる。また、地域住民の理解やサポートも必要となってくる。認知症を含めさまざまな課題をかかえつつも、地域のなかでそれぞれの生活や暮らしを維持・継続させるためには、生活そのものをととのえるなど、地域のなかで QOL の維持・向上につながる多様な支援を行うことが重要となる。

　さらに、介護実践を通して理解した課題を地域の課題としてとらえ、その課題の解決に向けた取り組みにつなげていくこともまた重要である。

　現在、わが国には、国会の附帯決議に取り上げられた認定介護福祉士のしくみがある。この認定介護福祉士の養成研修では、介護予防から看取りまで幅広く横断的に、ライフイベントに応じた生活のととのえ方に対応できる介護福祉士として、また、地域包括ケアを推進できる介護福祉士として、さらなる専門性の高度化をめざしている。

　チームリーダーとしてだけでなく、地域における相談支援を含む取り組みを推進できる人材として、効果的に活用する道筋をつけることが必要である。

　以上、時代の要請に応えるための方策として 2 点を示した。

　介護福祉士は、身体機能の回復や生活動作の実現等もになうが、要介護・要支援の状況にある人の立場に立ち、その人の尊厳を守り、生活や暮らし

の継続を考え、人生に寄り添う専門職である。

　私たち介護福祉士の専門職能団体は、全国の介護福祉士が、このことに自覚と責任をもち、自信をもって日々の実践ができるよう、ニーズに合わせた研修の提案と、介護福祉士の生涯研修体系の構築などの取り組みを進めてきた。今後も介護ニーズにあわせ、介護現場の変容を理解して、良質な介護を届けることにこだわりつづけ、それによって国民の介護福祉に寄与していきたい。

　さらに、私たち介護福祉士は、それぞれが専門性を高めつつ、それぞれの介護現場で活躍することを約束するが、私たちだけで国民の生活や暮らしを支えられるものではない。介護・医療等の関連専門職や関係団体との連携を強化するなかで、多くの国民に、私たち介護福祉士の専門性や存在価値をご理解いただきたいと考えている。

執筆者一覧（五十音順）

石橋真二 (いしばし・しんじ) ·· 第 5 章 コラム
　　一般社団法人香川県介護福祉士会　会長
　　公益社団法人日本介護福祉士会　二代目会長

石本淳也 (いしもと・じゅんや) ··· 第 2 章 第 1 節
　　一般社団法人熊本県介護福祉士会　会長
　　公益社団法人日本介護福祉士会　相談役・三代目会長
　　社会福祉法人リデルライトホーム　リデルライトホーム施設長

磯部香奈子 (いそべ・かなこ) ·············· 第 5 章 第 2 節 事例 4
　　医療法人社団輝生会 初台リハビリテーション病院　介護福祉士
　　一般社団法人回復期リハビリテーション病棟協会　理事

伊藤優子 (いとう・ゆうこ) ··· 第 5 章 第 1 節
　　龍谷大学短期大学部社会福祉学科　教授

及川ゆりこ (おいかわ・ゆりこ) ·················· はじめに、第 5 章 第 2 節 事例 1、おわりに
　　公益社団法人日本介護福祉士会　会長

大島伸一 (おおしま・しんいち) ····························· 研究代表者からのメッセージ
　　国立研究開発法人国立長寿医療研究センター　名誉総長
　　公益社団法人日本介護福祉士会認定介護福祉士認証・認定機構　機構長

太田貞司 (おおた・ていじ) ··· 第 3 章 第 4 節
　　長野大学大学院総合福祉学研究科　教授
　　公益社団法人日本介護福祉士会認定介護福祉士認証・認定機構　副機構長

太田秀樹 (おおた・ひでき) ··· 第 4 章 第 1 節
　　医療法人アスムス　理事長
　　日本在宅ケアアライアンス　事務局長

金山峰之 (かなやま・たかゆき) ·· 第 3 章 第 1 節〜第 3 節
　　ケアソーシャルワーク研究所　所長

黒澤加代子 (くろさわ・かよこ) ·· 第5章 第2節 事例2
　　社会福祉法人うらら みずべの苑　サービス提供責任者
　　北区サービス提供責任者の会　会長
　　日本ホームヘルパー協会東京都支部　会長

杉原優子 (すぎはら・ゆうこ) ·· 第5章 第2節 事例3
　　社会福祉法人リガーレ暮らしの架け橋・
　　地域密着型総合ケアセンターきたおおじ　施設長

鈴木俊文 (すずき・としふみ) ·· 第1章 第3節
　　静岡県立大学短期大学部社会福祉学科　教授

諏訪　徹 (すわ・とおる) ·· 第5章 第3節
　　日本大学文理学部　教授
　　公益社団法人日本介護福祉士会　理事
　　公益社団法人日本介護福祉士会認定介護福祉士認証・認定機構　運営委員

田中雅子 (たなか・まさこ) ·· 第2章 コラム
　　公益社団法人日本介護福祉士会　初代会長
　　社会福祉法人富山県社会福祉協議会富山県福祉カレッジ　教授

辻　哲夫 (つじ・てつお) ·· 第2章 第2節
　　東京大学高齢社会総合研究機構　客員研究員
　　一般財団法人医療経済研究・社会保険福祉協会　理事長

八須祐一郎 (はちす・ゆういちろう) ·· 第5章 第2節 事例5
　　一般社団法人千葉県介護福祉士会　会長
　　社会福祉法人慶美会特別養護老人ホームマイホーム習志野　施設長

二渡　努 (ふたわたり・つとむ) ·· 第1章 第1節・第2節
　　東北福祉大学総合福祉学部社会福祉学科　講師

堀田聰子 (ほった・さとこ) ·· 第4章 第2節
　　慶應義塾大学大学院健康マネジメント研究科　教授

介護福祉士の専門性とは何か
私たちの果たすべき役割と責任

2023 年 11 月 20 日　発行

編　集	公益社団法人日本介護福祉士会
発行者	荘村明彦
発行所	中央法規出版株式会社
	〒110-0016　東京都台東区台東 3-29-1　中央法規ビル
	TEL 03-6387-3196
	https://www.chuohoki.co.jp/
装幀・本文デザイン	株式会社ジャパンマテリアル
印刷・製本	西濃印刷株式会社

定価はカバーに表示してあります。
ISBN978-4-8058-8971-8

本書の内容に関するご質問については、下記 URL から「お問い合わせフォーム」に
ご入力いただきますようお願いいたします。

https://www.chuohoki.co.jp/contact/